Daß der Ball rund ist, wissen wir inzwischen. Daß Gott rund ist, dieser in der Euphorie des Augenblicks ausgestoßenen Behauptung eines brasilianischen Fußballreporters wollen wir uns nicht ohne weiteres anschließen, denn sie läßt sich schwer nachweisen. Wohl aber läßt sich erzählen, wie es kam, daß im Lauf von etwa 150 Jahren ein Elitesport der englischen Oberschicht zu einem internationalen Massensport wurde, der im Einzelfall sogar ein Bestandteil des nationalen Stolzes ist. Die Floskel von der »Nation im Fußballfieber« gehört zum Standardrepertoire der einschlägigen Berichterstattung. In der Entwicklung dieses Sports spiegeln sich die kulturellen, gesellschaftlichen, politischen und mentalen Entwicklungen eines ganzen Jahrhunderts. Mindestens ebenso wichtig wie die reinen Fakten sind dabei die emotionalen Ingredienzien, auf deren Boden die Faszination durch den Fußball gedeihen konnte. Im vorliegenden Band wird eine Analyse dieses Phänomens versucht: Es geht um das »Mutterland« England und die »Importländer« Deutschland, Österreich, Frankreich und Italien, Brasilien, Rußland, Argentinien, die USA und Australien.

Christiane Eisenberg, Jahrgang 1956, ist Historikerin und lehrt als Privatdozentin am Fachbereich Geschichtswissenschaft der Universität Hamburg. Sie lebt in Münster. Einer ihrer Themenschwerpunkte ist die Geschichte des modernen Sports.

Fußball, soccer, calcio

Ein englischer Sport auf seinem Weg um die Welt

Herausgegeben von Christiane Eisenberg

Deutscher
Taschenbuch
Verlag

dtv

Originalausgabe
Februar 1997

Umschlaggestaltung: Dieter Brumshagen
Satz: IBV Satz- und Datentechnik, Berlin
Druck und Bindung: C. H. Beck'sche Buchdruckerei, Nördlingen
Printed in Germany · ISBN 3-423-04709-7

Inhalt

Einführung

Christiane Eisenberg

Fußball ist am Ende des 20. Jahrhunderts eine der am meisten verbreiteten und wohl auch beliebtesten Sportarten der Welt. Der seit 1904 bestehenden Fédération Internationale de Football Association (FIFA) gehörten 1994 179 Länder als Mitglieder an, mehr als der UNO, und weitere 44 sind locker angegliedert.[1] Die erfaßten Fernseh-Zuschauerzahlen bei den Weltmeisterschaften in Italien 1990 und den USA 1994 beliefen sich nach Schätzungen auf 26 bzw. 32 Mrd. Statistisch gesehen hat sich damit jeder der 5,7 Mrd. Erdbewohner vier- bis fünfmal in die Turnier-Berichterstattung eingeschaltet.[2]

In manchen Regionen der Welt erfreut sich das Spiel allerdings größerer Wertschätzung als in anderen. Während sich in Südamerika die Begeisterung des Publikums oftmals geradezu überschlägt und in Europa kürzlich sogar ein »Menschenrecht auf Fußball« geltend gemacht worden ist,[3] hält sich das Interesse auf den anderen Kontinenten in Grenzen. Neben armen und rückständigen Ländern der sogenannten Dritten Welt stehen auch hochmoderne Industriestaaten wie Japan, Australien und die USA traditionell im Abseits der Fußball-Welt.

Wie erklärt man dieses Ungleichgewicht? Sicher nicht durch die bekannten Liebeserklärungen an den »runden Ball« und kluge Gedanken über die »Logik des Spiels«. Erforderlich sind vielmehr sozial- und kulturgeschichtliche Untersuchungen, die nicht nur das Spiel selber, sondern auch die Wechselbeziehungen mit seiner konkreten gesellschaftlichen Umwelt in den Blick nehmen. Dabei ist an solche Wechselbeziehungen zu denken, die sich *innerhalb* der einzelnen »Fußballnationen« herausbildeten (mit der Wirtschaft, der Politik, der Sozialstruktur und dem kulturellen Leben), und an solche, die *zwischen* ihnen zustande kamen (durch Länderspiele, olympische Turniere, Welt- und Europameisterschaften und den damit verbundenen Austausch).

Die in diesem Band versammelten Länderstudien versuchen eine arbeitsteilige Annäherung an diese komplexe Thematik. Dabei wird nicht die gesamte Fußballgeschichte behandelt, die angeblich so alt wie die Menschheit ist,[4] sondern nur die Zeit seit 1863, jenem Jahr, in dem in London einige Gentlemen eine Football Association (FA) gründeten, um die unterschiedlichen Spielweisen an den Eliteinternaten und Universitäten zu vereinheitlichen. Erst diese Initiative schuf die Voraussetzungen für die weltweite Verbreitung des Spiels:

Erstens entschieden sich die FA-Gründer gegen eine an der Rugby-Schule beliebte Fußballvariante mit einem eiförmigen Ball, bei der das Handspiel und das Treten des Gegners (»hacking«) erlaubt waren, und verständigten sich auf eine weniger verletzungsträchtige Variante mit einem kugelrunden Ball, den die Feldspieler nur mit den Füßen weitergeben durften. Dieses Associations-Spiel, kurz: Soccer, ließ Raum für Kraft und Artistik, Kalkül und Spontaneität. Und da die Beteiligten bestimmte Rollen, etwa die des Stürmers, Verteidigers oder Tormanns, übernehmen mußten, konnten sich wie in einem Drama Individualität und Gemeinschaftsgeist, Egozentrik und Opfermut, Starallüren und Heldentum entfalten.

Zweitens beanspruchte die FA uneingeschränkte Autorität über ihr Spiel. Sie veranlaßte nicht nur die Publikation der verabredeten Regeln, sondern traf durch die Lizensierung von Schiedsrichtern und sonstigem Fachpersonal auch Vorkehrungen zu ihrer Durchsetzung, so wie es der für den Pferdesport zuständige Jockey Club und der Marylebone Cricket Club schon im 18. Jahrhundert vorexerziert hatten. Diese Maßnahmen verhinderten Streitigkeiten unter den Athleten. Sie bewirkten zugleich, daß eine Grenze zwischen dem abstrakten Spiel und seiner konkreten Umwelt gezogen und Interventionen Außenstehender in das Wettkampfgeschehen abgewehrt wurden. So blieb das Fußballspiel auf sich selbst bezogen und konnte Eigenweltcharakter entfalten.

Drittens stimulierte die FA den Spielverkehr. Die entscheidenden Maßnahmen dazu waren die Organisierung eines Ligasystems bis hinunter auf die lokale Ebene und die Stiftung einer Trophäe, des seit 1871 ausgespielten »FA-Cup«. Auf diese Weise konnten auch indirekte Leistungsvergleiche zwischen den Mannschaften gezogen werden. Zugleich wurden die Spiele, die für sich gesehen singuläre Ereignisse waren, in eine Kontinuität gebracht und bekamen eine »Geschichte« (»legendäre Matches«, die »Ära« bestimmter Klubs, Spieler usw.). Unter diesen Voraussetzungen konnte die Symbiose von Fußball, Presse und Kommerz gedeihen.

Viertens verzichtete die FA auf die Festlegung sozialer Teilnahmekriterien. Im Unterschied zu den vergleichbaren Organisationen für Leichtathletik, Rudern und Schwimmen, die nur wenige Jahre später gegründet wurden, führte die für Fußball nicht einmal das Wort »Amateur« im Namen. Offenbar hatten die Gentlemen nicht vorhergesehen, daß das Spiel jemals etwas anderes als ein geselliges Vergnügen für ihresgleichen sein könnte.[5] Doch blieb die soziale Offenheit auch dann noch erhalten, als Anfang der 1880er Jahre ein Teil der Mitglieder versuchte, bestimmte Klubs, die Spielern aus der Arbeiterschaft mehr als die Spesen erstatteten, von der Teilnahme an den Liga- und Pokalspielen auszuschließen. Statt dessen führte die FA den Status des Berufsspielers ein, und 1888 eröffnete sie eine Profiliga.

Die Gründerväter der FA hatten damit aus einem alten Kampf- und Wett-Spiel ihrer Standeskultur einen rational organisierten Sport gemacht, der überall und von jedermann (im Prinzip auch von jederfrau) ausgeübt werden konnte. Sie hatten zugleich einen »Klassiker« der kulturellen Moderne auf den Weg gebracht, der das »Vorübergehende, Entschwindende und Zufällige« mit dem »Ewigen und Unabänderlichen« (Charles Baudelaire) vereinigte. Wenig überraschend, fand das Associations-Spiel nicht nur Anhänger außerhalb der Gruppe der Gentlemen, sondern auch außerhalb der britischen Inseln. Wie ein Historiker treffend bemerkt hat, wurde es Großbritanniens »most durable export«.[6]

Warum diese Entwicklung ihren Ausgang gerade von England aus nahm, an welche Traditionen die FA-Gründer dort anschließen konnten und unter welchen Umständen ihr Spiel im weiteren Verlauf des 19. und im 20. Jahrhundert in die Kultur der englischen Arbeiterklasse integriert wurde, arbeitet Tony Mason in der ersten Länderstudie dieses Bandes heraus; sein Beitrag über das »Mutterland« des modernen Fußballs bezieht auch die anderen »Fußballnationen« des Vereinigten Königreiches, also Wales, Schottland und Irland, mit ein.

An diese Pilotstudie schließen sich acht weitere Beiträge über ausgewählte Importländer in Kontinentaleuropa und Übersee an, in denen konkret und einfühlsam geschildert wird, auf welche vielfältige und zum Teil überraschende Weise die Aneignung des Spiels jeweils erfolgte. Das Spektrum dieser Länder umfaßt sowohl solche, die mehrmals den Weltmeister stellten, als auch einige weniger Erfolgreiche und Außenseiter der Fußballwelt. Pierre Lanfranchi schreibt über Frankreich und Italien, Michael John über Österreich; Christiane Eisenberg behandelt das Deutsche Reich und die Bundesrepublik Deutschland, Jim Riordan schreibt über Rußland und die Sowjetunion. Über Argentinien und Brasilien berichten Eduardo Archetti und Waldenyr Caldas, über die USA Andrei Markovits und Steven Hellerman, über Australien Wray Vamplew. Wer etwas vom internationalen Fußball versteht, wird einige wichtige Länder, z. B. Uruguay, Chile oder Ungarn, vermissen und auch das gänzliche Fehlen afrikanischer und asiatischer Beispiele vermerken. Diese Lücken sind in der Tat bedauerlich. Sie erklären sich jedoch nicht nur durch den begrenzten Umfang eines solchen Sammelbandes und die Notwendigkeit, eine Auswahl zu treffen, sondern auch dadurch, daß der Sport wegen der Leichtigkeit, mit der er Sprach- und Kulturbarrieren überwindet, der Wissenschaft an Internationalität so außerordentlich weit voraus ist.

Die Autoren sind allesamt Experten der Sportgeschichte ihres Landes, aber keinem gemeinsamen Ansatz verpflichtet. Sie setzen eigene zeitliche und thematische Schwerpunkte und wenden unterschiedliche Methoden an. John, Lanfranchi, Mason, Vamplew und Eisenberg sind gelernte Historiker, Caldas und Riordan Soziologen, Markovits und Hellerman Politikwissenschaftler, letzterer zugleich Sportjournalist, Archetti ist Sozialanthropologe. Diese Multidisziplinarität ist der Problemstellung durchaus angemessen, sollen in diesem Band doch die Besonderheiten der einzelnen »Fußballnationen« und die Voraussetzungen für Erfolg und Mißerfolg des Spiels herausgearbeitet werden. Sich darauf zu beschränken hieße jedoch, die große Chance eines solchen Unternehmens für die Sozial- und Kulturgeschichte ungenutzt zu lassen, die darin besteht, für ein besonders prominentes Phänomen der modernen Massenkultur die Entstehung, die Verlaufsmuster der Entwicklung und die Mechanismen der Internationalisierung nachvollziehen zu können. Die Herausgeberin hat die Autoren daher gebeten, in ihren Länderstudien die folgenden, vom englischen »Prototyp« abgezogenen Fragen im Auge zu behalten:

- Wo liegen die Ursprünge des Fußballspiels in dem jeweiligen Land? Auf welche Vorläufer in der Volkskultur und anderen populären Sportarten traf es dort?
- Wer waren die Athleten, Organisatoren und das Publikum in der Entstehungszeit? Wie änderte sich die soziale Basis des Fußballs bis zur Gegenwart?
- Gegen welche anderen populären Vergnügen mußte der Fußballsport sich durchsetzen? Wurde seine Verbreitung durch präexistente Organisationen, zum Beispiel die Kirchen oder politische Parteien, gefördert oder behindert?
- Welche Entwicklungsimpulse gingen von den internationalen Sportbeziehungen, etwa von Länderspielen und olympischen Turnieren, Welt- und Europameisterschaften aus?
- Wann und unter welchen Umständen erfolgte der Übergang vom Amateur- zum Berufssport? Welche Rückwirkungen hatte dies auf die Fußballentwicklung in dem jeweiligen Land?
- Welche Veränderungen haben die modernen Massenmedien, insbesondere das Satellitenfernsehen, bewirkt?

Nicht alle Autoren haben alle Fragen beantwortet, dafür aber dankenswerterweise manche Antwort gegeben, nach der nicht gefragt worden war – ein erster Hinweis darauf, daß die Geschichte des modernen Fußballs in den Importländern in mancher Hinsicht anders verlaufen ist als im »Mutterland« England. Auch die Importländer folgten »Sonderwegen«, wie insbesondere jene Autoren betonen, die vergleichende Perspektiven wagen. Um so bemerkenswerter ist der sich bei zusammenhängender Lektüre des Bandes aufdrängende Befund, daß diese »Sonderwege« auf vielfältige Weise miteinander verbunden sind und über weite Strecken in dieselbe Richtung führen.

Es lassen sich drei Phasen der internationalen Fußballgeschichte unterscheiden:
- Eine *erste* Phase, in der das Spiel bekannt wurde, umfaßt die Jahrzehnte zwischen der Jahrhundertwende und dem Ersten Weltkrieg.
- Eine *zweite* Phase, in der sich der Fußballsport dort, wo er nicht schon vor 1914 gescheitert war, zu einem Massenphänomen entwickelte, begann entweder im Ersten Weltkrieg oder direkt danach und endete erst in den 60er Jahren. In diesen Jahrzehnten

entfaltete das Spiel eine außerordentliche Eigendynamik und bildete Traditionen.
- Eine *dritte* Phase, in die der gegenwärtige Fußballboom fällt, ist noch nicht abgeschlossen.

1. Phase

Den ersten Anstoß – im doppelten Sinn des Wortes – erhielt der Fußball in allen hier vertretenen Importländern von britischen Unternehmern, Geschäftsleuten, Technikern, Studenten und Botschaftsangehörigen, die zur Zeit der Jahrhundertwende in bestimmten Vierteln der Hauptstädte und Handelszentren wohnten. Ersatzweise konnte ihr Part durch Einheimische übernommen werden, die das Spiel – etwa als Studenten – in Großbritannien kennengelernt hatten.

Das Associations-Spiel war also ein Fremdkörper und Eindringling, allerdings keiner, der sich aufdringlich gebärdet hätte. Das Urteil von Tony Mason, die Organisatoren der englischen FA und ihrer Klubs hätten keine missionarischen Absichten verfolgt, wird durch die anderen Länderstudien in diesem Band bestätigt, während sich für den Verdacht eines »Kulturimperialismus« keine Anhaltspunkte ergeben.[7] Konflikte mit traditionellen Volksspielen, an die man in diesem Zusammenhang denken könnte, scheinen allein deshalb nicht entstanden zu sein, weil derartige Spiele in den Metropolen, in denen sich der moderne Fußball etablierte, längst ausgestorben waren. Von den Autoren dieses Bandes erwähnen überhaupt nur zwei, nämlich Riordan für Rußland und Lanfranchi für Italien und Frankreich, solche vormodernen Traditionen – nicht jedoch ohne zu betonen, daß sie für das moderne Spiel unerheblich gewesen seien.

Entgegen der Kulturimperialismus-These konnte es allerdings vorkommen, daß Soccer der Konkurrenz anderer, schon länger etablierter »sports and pastimes« unterlag. Beispiele dafür sind die anfängliche Dominanz des Radsports und der Gymnastik in Frankreich sowie des Turnens in Deutschland, ferner das weitgehende Scheitern des Soccer-Fußballs in den USA und Australien. Markovits/Hellerman und Vamplew führen es übereinstimmend darauf zurück, daß bei Ankunft des Associations-Spiels im letzten Drittel des 19. Jahrhunderts bereits einige andere attraktive Ballspiele, z. B.

Baseball und Cricket, verbreitet gewesen seien und daß sich die Eliteuniversitäten, die ihren englischen Vorbildern Oxford und Cambridge auch darin folgten, daß Fußball bei ihnen traditionell ein Element der studentischen Geselligkeit war, am Ende eben nicht für Soccer, sondern für Rugby entschieden. Dabei habe auch eine Rolle gespielt, daß die Amerikaner und Australier keine große Neigung verspürt hätten, die Vorlieben der (ehemaligen) Kolonialherren unverändert zu übernehmen – weshalb auch die Rugby-Varianten erst nach der Fortentwicklung zu American bzw. Australian Rules Football populär geworden seien.

Da der Import von Soccer-Fußball also nachfragegesteuert erfolgte, stellt sich die Frage nach den sozialen Merkmalen derjenigen, die den Ball zurückspielten. Auch hier vermitteln die Beiträge ein einheitliches Bild. Es handelte sich zunächst um die unmittelbaren Kontaktpersonen der Briten, also Geschäftspartner, Manager und Techniker, zu denen sich in West- und Mitteleuropa einige junge Adlige, in Südamerika die Söhne der alten Eliten gesellten, die an britischen Colleges erzogen wurden. Viele der so rekrutierten Spieler gehörten zu den Immigranten bzw. – dies hebt Lanfranchi für den Mittelmeerraum hervor – zu den im Land anwesenden Ausländern. Hinzu kamen überproportional viele Juden, Studenten und Angehörige neuer bürgerlicher Berufe inklusive des wachsenden Heeres der Angestellten. Das gemeinsame Merkmal aller dieser Personengruppen scheint der Wunsch nach sozialer Integration gewesen zu sein.

Während in Masons Studie über den modernen Fußball in seinem »Mutterland« geschildert wird, wie aus dem Gentlemen-Vergnügen innerhalb weniger Jahre ein fester Bestandteil der Arbeiterkultur wurde, vermitteln die Studien über die Importländer den Eindruck, daß das Spiel seinen bürgerlichen, ja elitären Charakter dort sehr viel länger, zum Teil bis weit ins 20. Jahrhundert hinein beibehielt. Das lag verschiedentlich daran, daß die Industrialisierung noch in den Kinderschuhen steckte, es mithin noch kaum Industriearbeiter gab, wie Caldas für Brasilien hervorhebt. Zumeist waren jedoch andere Gründe ausschlaggebend. Ein erster bestand darin, daß in einigen Ländern der Klassenkonflikt so scharf ausgeprägt war, daß Arbeiter und Bürger auch beim Fußball nicht miteinander verkehren wollten; dies zeigen Eisenberg für Deutschland und Riordan für Rußland. Ein zweiter Grund bestand darin, daß außerhalb Englands die Arbeiter noch kaum Interesse für das Fußballspiel aufbrachten, sondern an ihren gewohnten Gesellungsformen, etwa den Turnvereinen und der Subkultur der organisierten Arbeiterbewegung, festhielten. Die Ausnahme von dieser Regel, Australien, erklärt sich nach Vamplew dadurch, daß hier der Betriebssport außergewöhnlich früh begann und daß die fußballfreudigen Arbeiter zugleich Immigranten waren.

In seinem bürgerlich-elitären Rahmen verkörperte das Fußballspiel das spezifisch moderne Lebensgefühl der Jahrhundertwende, insbesondere der Aufsteiger und »selfmademen«, die offen für alles Neue waren und sich um Konventionen wenig scherten. Für die Akzeptanz und den Verbreitungserfolg des Importartikels Fußball war diese Aufgeschlossenheit jedoch nur eine notwendige, nicht schon eine hinreichende Voraussetzung. Denn Wurzeln schlug dieser Sport in seinen neuen »Wirtsgesellschaften« nur dann, wenn es seinen Anhängern gelang, die abstrakte soziale Form des Associations-Spiels mit konkreten Inhalten zu füllen.

Ein Vehikel, solchen »Sinn« zu erzeugen, waren die vielfältigen ethnischen Subkulturen in der österreichischen k. u. k.-Doppelmonarchie und den überseeischen Einwanderstaaten. Wie die Beiträge von Markovits/Hellerman über die USA und von Vamplew über Australien belegen, konnte sich dieser Effekt jedoch schnell verbrauchen, wenn die Immigranten allzu schnell in den »melting pot« der Nationalkulturen absorbiert wurden. Nachhaltiger wirkte daher die »Sinngebung« aus dem übersteigerten Nationalismus und den Großmachtphantasien der Jahrhundertwende, zumal sie die Rivalität mit den britischen Lehrmeistern stimulierte und Förderer aus Politik und Militär mobilisierte. Geradezu klassische Beispiele für diese Aneignung des Spiels sind Rußland, wo die frühe Fußballbewegung nach Riordan zum Teil mit dem Panslawismus sympathisierte (bzw. dessen Sympathien auf sich zog), und das Deutsche Reich, wo sie, wie Eisenberg zeigt, von den Alldeutschen gefördert wurde.

Diese Symbiose zwischen Fußball und Nationalismus, die, wie man dem Beitrag von Mason entnehmen kann, in England kein Vorbild hatte, ging im politisch aufgeheizten und aggressiven Klima der letzten Jahre vor dem Ersten Weltkrieg mit einer Emanzipation von den britischen Lehrmeistern einher und führte zur Zurückdrängung des unbefangenen Kosmopolitismus der Zeit vor 1900. Das äußere Zeichen dafür war die Abkehr von der englischen Sportsprache. Die Fachverbände, die – mit Ausnahme des Deutschen

Fußball-Bundes – zunächst »Football Association« genannt worden waren, bekamen nun im allgemeinen neue Namen in der jeweiligen Landessprache, und aus »football« wurde »futbol«, »futebol«; die Italiener wählten »calcio«, den Namen eines alten florentinischen Spiels aus der Zeit der Renaissance.

Eine alternative Form der Aneignung des Fußballspiels, die »Erfindung« eines eigenen, nationalen Spielstils, ist für die Zeit vor dem Ersten Weltkrieg nur für Argentinien überliefert, wo das Associations-Spiel gut zwanzig Jahre früher als in anderen Importländern, nämlich bereits seit den 1870er Jahren, bekanntgemacht worden war. Wie Archetti herausarbeitet, bildete sich der »kreolische Stil« im internationalen Spielverkehr mit dem Nachbarland Uruguay heraus. Für die europäischen »Fußballnationen«, die sich nur gelegentlich zu Länderspielen trafen, blieb vorerst der britische »Kick and Rush«-Stil maßgebend.

2. *Phase*

Nach dem Ersten Weltkrieg entwickelte sich das Spiel in den meisten Ländern, in denen es sich vor 1914 erfolgreich etabliert hatte, zu einem Massenphänomen. In Südamerika wurde dieser Aufschwung vom Durchbruch der Industrialisierung befördert, in Rußland darüber hinaus durch die Oktoberrevolution, die eine Erweiterung der sozialen Basis erzwang. In West- und Mitteleuropa war es der Erste Weltkrieg, der dem Spiel neue Impulse gab, hatte doch, wie Mason, Lanfranchi und Eisenberg in ihren Beiträgen hervorheben, eine ganze Generation junger Männer hinter den Frontlinien Fußballspielen gelernt. Die Begleiterscheinungen dieses Booms waren überall sehr ähnlich:

Erstens trat der gesellige Charakter des Spiels nun in den Hintergrund. Es kam zur Ausdifferenzierung verschiedener Leistungsniveaus, und in vielen Städten bildeten sich rivalisierende Spitzenmannschaften. Diese wurden vom Publikum mit bestimmten ethnischen, konfessionellen und sozialen Subkulturen identifiziert, ohne daß sich ihre soziale Basis jedoch auf deren Angehörige beschränkt hätte. Lanfranchis expliziter Hinweis, daß solche symbolischen Konflikte oftmals erst durch das Spiel selber geschürt, ja künstlich erzeugt und institutionalisiert worden seien (das Beispiel der italienischen »Tifosi«), findet Bestätigung in mehreren anderen Beiträgen und korrespondiert mit der von John und Eisenberg hervorgehobenen Kontinuität der Verankerung des Fußballspiels in den bürgerlichen Mittelschichten.

Zweitens fand dieser Sport nun das Interesse auch jener Zeitgenossen, die selber niemals aktiv gespielt hatten. Die Zuschauerzahlen gingen in die Tausende und Zehntausende, und erstmals erzielten auch Klubs außerhalb Englands regelmäßige Einnahmen aus Eintrittsgeldern. Die meisten berühmten Fußballstadien Südamerikas und Europas (inklusive des Londoner Wembley-Stadions) entstanden in dieser Boomphase nach dem Ersten Weltkrieg.

Drittens intensivierte sich in Kontinentaleuropa und in Südamerika der internationale Spielverkehr. Um die Stadien zu füllen, luden die Klubs ausländische Teams ein, und um die Hypotheken bezahlen zu können, gingen ihre Mannschaften auf Auslandstournee. Darüber hinaus wurden internationale Turniere ins Leben gerufen. Die südamerikanischen Länder, die sich bereits 1916 in einer Confederación Sud American de Fútbol zusammengeschlossen hatten, spielten seit 1920 um einen Pokal und seit 1922 um die Südamerikanische Meisterschaft, und in Europa organisierten einige Verliererstaaten des Weltkriegs, die von den Siegermächten boykottiert wurden und von den Olympischen Spielen ausgeschlossen waren, internationale Fußballturniere der Vereinsmannschaften: seit 1927 um den Mitropa-Cup, seit 1929 um den Balkan und Baltic Cup.

Alle diese Faktoren trugen dazu bei, daß etwa seit Mitte der zwanziger Jahre das Thema Berufsfußball diskutiert wurde. Die Spitzenspieler sahen sich von den Vereinen immer stärker beansprucht und verlangten ihren Anteil an den Einnahmen. Die Klub- und Verbandsoffiziellen, im allgemeinen Angehörige der Gründergeneration, beharrten hingegen auf dem Amateurprinzip – teils aus Rücksicht auf die Finanzen, teils aus politischen Motiven: Fußballspieler sollten heldenhafte Vorbilder sein und daher nach außen Idealisten bleiben. Mit Ausnahme der Beiträge über die USA und Frankreich, wo das Thema Professionalismus niemanden aufgeregt zu haben schien, nimmt die Schilderung dieses Konflikts in allen Länderstudien breiten Raum ein – wohl auch deshalb, weil sich keine generellen Aussagen über seine Natur treffen lassen: Teils war der Scheinamateurismus die Grundlage für Ausbeutungsverhältnisse, wie etwa Caldas für Brasilien herausarbeitet, teils bot der vertraglose Zustand den Spielern die Möglichkeit, ihre

Marktchancen optimal auszunutzen; so argumentiert u. a. Riordan für die Sowjetunion.

Der Durchbruch des Berufsfußballs, sei es auf einer offen kommerziellen Basis, sei es verbrämt als Staatsamateurismus wie in Deutschland und der Sowjetunion, erfolgte im allgemeinen Anfang der dreißiger Jahre – also rund 40 Jahre später als in England. Ein Impuls ging dabei von der Weltwirtschaftskrise aus, durch die viele europäische Spieler in die Situation kamen, daß sie ihre Existenz aus dem »illegalen« Fußballeinkommen bestreiten mußten. Ein weiterer Impuls war ein nach Differenzen mit dem IOC über den Amateurstatus gefaßter Beschluß der FIFA aus dem Jahre 1930, kurzfristig eine Fußball-Weltmeisterschaft zu veranstalten. Bereits das erste Turnier, das noch im selben Jahr mit großem Aufwand von Uruguay ausgerichtet wurde, schlug auf die »Fußballnationen« durch, und zwar unabhängig davon, ob sie teilgenommen hatten oder nicht:

Zunächst einmal erweiterte die Weltmeisterschaft den bis dahin auf Europa beschränkten internationalen Spielermarkt, so daß – insbesondere in den kapitalschwachen südamerikanischen Ländern – ein Exodus von Spitzenspielern einsetzte. Wie Archetti und Caldas mitteilen, war die Einführung des Berufsfußballs dort nicht zuletzt eine Maßnahme, die Stars im Lande zu halten.

Diese Spielertransfers wiederum bewirkten eine gegenseitige Beeinflussung der Spielweisen, wobei sich die den Ozean überspannende argentinisch-italienische »connection« als besonders fruchtbar erwies. Der von John in seinem Beitrag über Österreich skizzierte »Donaufußball« blieb hingegen an seinen mitteleuropäischen Entstehungskontext gebunden – ein Beleg dafür, daß der globale Austausch in dieser Zeit wichtiger war als der europäische.

Schließlich stimulierte die Weltmeisterschaft erneut den sportlichen Nationalismus. Ähnlich wie in den Städten scheint es dabei auch auf dieser Ebene des »Überbaus« vergleichsweise unerheblich gewesen zu sein, ob den Rivalitäten reale politische Konflikte zugrundelagen oder nicht. Allein der Wunsch, in der Konkurrenz zu bestehen, reichte aus, um das Interesse der breiten Öffentlichkeit zu wecken.

Aus dieser Diagnose, daß das Spiel seit den 20er/30er Jahren eine Eigendynamik entwickelte und ein Faktor sui generis geworden war, erklären sich die differenzierten Urteile der Autoren über das Verhältnis von Fußball und Politik in den Diktaturen und autoritären Regimen Europas und Südamerikas. Auf der einen Seite berichten etwa Riordan für die Sowjetunion unter Stalin und John für Österreich in der Zeit des »Anschlusses« an das nationalsozialistische Deutschland von Willkürakten, Deportationen und sogar Morden. Auf der anderen Seite konstatieren diese beiden, aber auch Eisenberg für das Dritte Reich und Lanfranchi für das faschistische Italien, daß der Spielbetrieb nicht nur trotz, sondern auch und gerade wegen der Interventionen »von oben« florierte (Stadionbauten, öffentliche Mittel für Trainingslager, Mobilisierung von Zuschauern mit Hilfe von politischen Massenorganisationen). Das mag miterklären, warum jene Länder, die in der Zwischenkriegszeit Demokratien geblieben waren und Sport als Privatsache betrachteten, nämlich Frankreich, die Schweiz, die USA, Australien und nicht zuletzt auch Großbritannien, im Weltfußball nun (weiter) an den Rand rückten.

Mit Bezug auf den Eigenweltcharakter des Fußballs weisen mehrere Autoren darüber hinaus den naheliegenden Verdacht, daß dieser Massensport ein »Opium fürs Volk« gewesen sei und das politische Urteilsvermögen der Fans beeinträchtigt habe, explizit zurück. Zwar hätten sich die Regime durchaus in dieser Erwartung in den Spielbetrieb eingemischt; eine Steuerung der »Massen« sei ihnen jedoch nicht möglich gewesen. Archetti und Caldas gehen noch weiter und argumentieren, daß Fußball in Argentinien und Brasilien zu bestimmten Zeiten geradezu eine Bastion der Demokratie gewesen sei.

In seiner Eigenwelt entwickelte sich das Spiel von den vierziger bis sechziger Jahren, verschiedentlich auch noch in den Siebzigern, kontinuierlich weiter. Wenn man einmal vom Fußballfieber direkt nach dem Zweiten Weltkrieg absieht, dessen Ursachen (erneute Förderung durch Militär und Propaganda oder »Vergnügungssucht« nach dem Ende des Krieges?) noch kaum erforscht sind, blieben neue Entwicklungsschübe jedoch in dieser Zeit aus. Der Kalte Krieg hatte jedenfalls auf den Fußball nicht so positive Auswirkungen wie auf manche andere Sportart, wie Riordan hervorhebt, weil die Ostblockstaaten die Konkurrenz mit dem westlichen Professionalismus frühzeitig als aussichtslos betrachteten und diesen Sport nicht in dem Maß förderten wie andere.

3. Phase

Der Übergang zur dritten Phase der internationalen Fußballentwicklung begann im allgemeinen in den 60er Jahren. Die wichtigste Veränderung gegenüber den vorangehenden Jahrzehnten war die Umstrukturierung der Finanzierungsbasis des Spitzensports. Die großen Fußballklubs beziehen heute nur noch den kleineren Teil ihrer Einnahmen aus dem Verkauf von Eintrittskarten und sichern ihre Existenz zunehmend durch den Verkauf von Fernsehrechten sowie durch »Merchandising«, d. h. die Vergabe von Logos gegen Lizenzgebühr. Infolge dieses Eindringens von Marktprinzipien sind Höchstgehälter und Transferregelungen gestrichen worden, der Kartellcharakter der Ligen ist weitgehend verlorengegangen und auch der Beruf des Fußballspielers hat eine neue Qualität erhalten. Die Profis sind nach wie vor abhängig beschäftigt, doch zumindest die Spitzenstars sind zugleich Unternehmer in eigener Sache. Zusammen mit den Klubs verkaufen sie »Erlebnisse« und werden zu Akteuren des Showbusiness. Darüber hat sich auch das Publikum des Fußballs verändert. Statt der »local club supporters«, wie die sozialwissenschaftliche Sportforschung die traditionellen, üblicherweise dem männlichen Geschlecht angehörenden Fans nennt, dominieren mittlerweile die »soccer interested consumers«, unter denen ein wachsender Frauenanteil zu verzeichnen ist.

Ob auch die südamerikanischen Länder bereits in diese dritte Phase der internationalen Fußballentwicklung eingetreten sind und wie sie sich dort konkret gestaltet, darüber lassen sich auf der Basis der Beiträge in diesem Band keine qualifizierten Aussagen treffen. Für die europäischen »Fußballnationen« England und Deutschland, sicher auch für Italien, ist jedenfalls festzustellen, daß diese Modernisierung teils durch den »push« der Ausrichtung von Weltmeisterschaften im eigenen Land bewirkt worden ist,[8] teils durch den »pull«, der von der Auflösung der konfessionellen, klassenspezifischen und ethnischen Subkulturen ausging. In England, das in dieser dritten Phase der internationalen Fußballentwicklung wieder in den Klub der Großen zurückkehrte, kamen die Renovierungsbedürftigkeit der im 19. Jahrhundert entstandenen Stadien und die Gewalttätigkeiten der »Hooligans« hinzu. Ein weiteres Motiv der Modernisierung nicht nur der englischen, sondern auch anderer europäischer Klubs war der Wunsch, dem

Trend zur Dienstleistungsgesellschaft und den dadurch bewirkten Veränderungen in der Beschäftigungsstruktur Rechnung zu tragen.

In der Fußballöffentlichkeit wird verschiedentlich mit Befremden, zum Teil auch mit Besorgnis zur Kenntnis genommen, daß die umfassende Kommerzialisierung dieses Sports mit einer größeren Beliebigkeit und Unverbindlichkeit der Aneignungen und »Sinnstiftungen« einhergeht. Die Bindungen des neuen Publikums an die Klubs seien locker, es sei außerordentlich erfolgsorientiert und tendiere dazu, seine Präferenzen für bestimmte Mannschaften »wie die Hemden« zu wechseln. Infolgedessen könne der »Markt der unbewußten Sympathie« nicht mehr auf eine bestimmte soziale Basis rechnen, sondern müsse zunehmend »von der Historie« zehren, so z. B. Dirk Schümer, ein scharfsinniger Beobachter der deutschen Bundesliga.[9]

Diese Feststellung ist sicher zutreffend und kann durch die in manchen Länderstudien geäußerte Beobachtung, daß sich das Publikumsinteresse zunehmend auch auf andere Sportarten verlagert, noch unterstrichen werden. Doch ist dieses Phänomen der Beliebigkeit und Unverbindlichkeit weder neu noch bedrohlich, sondern ein Kennzeichen der dem Fußball innewohnenden Modernität. Eben weil dieser Sport von qualitativen Aspekten ganz absieht und, wie die in diesem Band versammelten Länderstudien belegen, einen spielerischen Umgang mit seiner Historie pflegt, kann er sich quantitativ ausdehnen und immer wieder das »Vorübergehende« mit dem »Ewigen« vermitteln.

Zweifel an der Zukunft des Fußballs drängen sich allerdings für solche Länder auf, in denen die bemerkte Liaison von Kommerz und Historie nicht zustande zu kommen scheint. Das ist, wie dem Bericht von Riordan zu entnehmen ist, in Rußland der Fall, wo nach dem Zusammenbruch der Sowjetunion die Kommerzialisierung wegen Kapitalmangels nicht schnell genug erfolgte, um den Anschluß an die Fußball-Historie zu wahren; ferner in den USA, wo Soccer zwar kapitalkräftige Förderer gefunden, aber – so das Argument von Markovits und Hellerman – im Verlauf des 20. Jahrhunderts keine marktgängige Historie entwickelt hat; und schließlich in Australien – nach Vamplew ein ganz hoffnungsloser Fall –, weil weder die eine noch die andere Voraussetzung gegeben ist.

[1] Angaben nach A. Tomlinson, FIFA and the World Cup: The expanding football family, in: J. Sugden/A. Tomlinson (Hgg.), Hosts and Champions. Soccer cultures, national identities and the USA World Cup, Aldershot 1994, S. 14. Ähnlich populär wie Fußball sind Baseball, Basketball und Volleyball.

[2] Angabe für 1990: B. Murray, A History of the World Game, Aldershot 1994, S. IX; für 1994: Mitteilung von Andrei S. Markovits.

[3] Anläßlich der Vergabe der Fernsehrechte für die Weltmeisterschaften 1998 und 2002 an Berlusconi, die Kirch-Gruppe und die Schweizer Sporis-Holding, nach der man damit rechnen muß, daß die Spiele künftig nur gegen Gebühr zu sehen sein werden.

[4] Angeblich wurde das Fußballspiel im Jahr 2967 v. Chr. von dem legendären chinesischen Kaiser Huang-Ti »erfunden«. Vgl. C. Bausenwein, Geheimnis Fußball. Auf den Spuren eines Phänomens, Göttingen 1995, S. 527.

[5] Die vorindustrielle Sportkultur in England kannte Berufsläufer und -ruderer, aber keine Berufsfußballer.

[6] J. Walvin, The People's Game. The History of Football Revisited, Edinburgh 1994, S. 96.

[7] Der Band bestätigt damit den Befund der allgemeinen Studie von A. Guttman, Games and Empires. Modern Sports and Cultural Imperialism, New York 1994.

[8] Vgl. dazu den Band von Sugden/Tomlinson (Hgg.), Hosts and Champions.

[9] D. Schümer, Gott ist rund. Die Kultur des Fußballs, Berlin 1996, S. 117, 119.

Großbritannien

Tony Mason

Vorindustrielle Traditionen des Spiels

Auf den britischen Inseln hat Fußball eine lange, wenngleich nicht immer gut dokumentierte Geschichte. Bereits im 12. Jahrhundert war das Spiel Teil der Shrovetide-Feierlichkeiten am Vorabend der Fastenzeit, und selbst heute noch findet man diesen Brauch in Ashbourne in Derbyshire und in Kirkwall auf den Orkney-Inseln. Shrovetide-Fußball wurde von Heranwachsenden und jungen Männern gespielt, deren Mannschaften oft Pfarrbezirke oder Dörfer repräsentierten. Die Anzahl der Mitspieler war hoch und oftmals auf beiden Seiten unterschiedlich. Es gab nur wenige Regeln, das Spielfeld war nicht genau festgelegt, und als »Tore« wurden Marksteine verwendet. Die Unterscheidung zwischen Mitspielern und Zuschauern war ebenfalls unscharf. Shrovetide-Fußball war eine lokale Angelegenheit, entfachte die Leidenschaften und war manchmal auch mit Gewalt verbunden.[1]

Es gibt Hinweise, daß Fußball auch an anderen Festtagen oder kirchlichen Feiertagen gespielt wurde, da mehrere englische Könige das Spiel gemeinsam mit anderen Vergnügungen auf den Index setzten. Die wehrfähigen Männer sollten ihre freie Zeit lieber mit Bogenschießen verbringen, meinten sie, und so zum Schutz des Königreiches beitragen. Doch darf man das Ausmaß des Fußballspiels im Mittelalter nicht überschätzen. Die meisten Engländer hatten für körperliche Anstrengungen weder Zeit noch Energie.

Mit der Herausbildung des Gentleman-Ideals kam es im 16. Jahrhundert zu einer bewußteren Einstellung zum Körper – vermutlich aufgrund von Einflüssen der italienischen Renaissance; denn in Italien wurde zu dieser Zeit ernsthaft diskutiert, welche körperlichen Betätigungen dem Status eines Edelmannes angemessen seien. Ein berühmtes Werk, ›The Boke of the Governour‹ von Sir Thomas Elyot aus dem Jahr 1531, in dem Regeln für die Erziehung und Ausbildung von Aspiranten für hohe Staatsämter aufgeführt wurden, behandelte Körperübungen mit militärischer Bedeutung, u. a. Reiten, Schwimmen, Ringen und die Jagd. Auch Fußball wurde erwähnt, jedoch mit dem Hinweis, daß das Spiel »bestialisch furios und extrem gewalttätig« sei, mithin »Sinnenlust«, »Arglist« und »Boshaftigkeit« stimuliere. In dem nur drei Jahre später publizierten Werk ›Castell of Helth‹ führte Elyot Fußball jedoch in einer Liste empfehlenswerter Betätigungen auf.[2] Auch ein Buch von Richard Mulcaster aus dem Jahr 1561 belegt die kontinuierliche Ausübung des Fußballspiels außerhalb der »rohen Massen«. Mulcaster war Rektor zweier renommierter Privatschulen, der Merchant Tailors' und St. Paul's Public Schools, und empfahl »Positions wherein those Primitive Circumstances be examined, which are necessary for the Training up of Children«. Ihm zufolge konnte das rohe Spiel von Nutzen sein, sofern ein »training master« berufen werde und eine weitere Person »judge over the parties and hath authoritie to commaunde«. Zusätzlich zu diesen Kontrollorganen schlug Mulcaster eine Reduzierung der üblichen Spielerzahl vor. Das so durchgeführte Fußballspiel könne die Schnelligkeit, die Stärke und den allgemeinen Gesundheitszustand eines Mannes verbessern.[3]

All dies deutet darauf hin, daß Fußball bereits im 16. Jahrhundert ein Schulspiel für die Kinder wohlhabender Eltern wurde, eine Funktion, die für einige Colleges in Oxford und Cambridge auch für das 17. Jahrhundert bezeugt ist. Berichte über Interventionen von Protestanten und Puritanern zeigen, daß die Matches im allgemeinen an Sommerabenden, meistens sonntags, stattfanden. Auch jetzt blieben sie keineswegs auf die Bildungsinstitutionen beschränkt. So schrieb der zeitgenössische Autor Edward Chamberlayne im Jahr 1694, daß die einheimische Bevölkerung nach harter Arbeit gern zum »Fuß-Ball, Stuhl-Ball oder Cricket« gehe.[4]

Im 18. Jahrhundert ging die Beliebtheit des Spiels unter den Söhnen begüterter Familien und der besser gestellten Handwerker allerdings stark zurück. Diese Gruppen legten nun Wert auf gutes Benehmen und versuchten sich von den Unterschichten abzuheben; Fußball galt ihnen als roh und unschicklich. Dennoch ist das vielzitierte Urteil aus Joseph Strutts bekanntem Werk ›Sports and Pastimes of the People of England‹ (1801), wonach das Spiel »früher« sehr beliebt gewesen sei, aber in den letzten Jahren kaum noch ausgeübt werde, wohl zu pauschal.[5] Denn zwanzig Jahre später bezeichnete ein Autor des ›Gentleman's Magazine‹ in einem Artikel über Herefordshire Fußball als »die verbreitetste aller Sportarten, insbesondere an Sonntagnachmittagen«.[6]

Es ist kaum vorstellbar, daß die alte Form des Fußballs unter Beteiligung ganzer Dorfgemeinschaften in einer Gesellschaft, die den Begleiterscheinungen der Industrialisierung und Urbanisierung ausgesetzt war, überleben konnte. In dieselbe Richtung dürften der wachsende politische Einfluß der bürgerlichen Mittelschichten und die Parlamentsreform gewirkt haben, die seit etwa 1830 nicht nur zum Erlaß neuer Gesetze führten, sondern auch dazu, daß ihnen mit Hilfe einer neugegründeten Polizei Geltung verschafft wurde. So wissen wir, daß das Fußballspiel in Berley (Yorkshire) bereits 1825 und in Derby 1847 verboten und eingestellt wurde; in Alnwick durfte nur noch einmal jährlich auf einem Gelände vor der Stadt gespielt werden, das der Herzog von Northumberland zur Verfügung gestellt hatte. Im allgemeinen überlebte daher wohl nur das gelegentliche Kicken auf einer brachliegenden Fläche, den unbefestigten Straßen der Arbeitersiedlungen oder den Pferdekoppeln der Wirtshäuser. Immerhin: Zu einer Zeit, als die Kinder der Landbesitzer und der aufstrebenden Mittelschichten an privaten Eliteschulen, den sogenannten Public Schools, mit »vernünftigen« Varianten des Fußballspiels bekannt gemacht wurden und die Studenten an den Universitäten das Spiel neu »erfanden«, wie im folgenden zu zeigen sein wird, war es den Unterschichten bereits vertraut.

Die Kodifizierung der Regeln

An den einzelnen Public Schools entwickelte sich das Fußballspiel sehr unterschiedlich. Dies lag zum Teil an den örtlichen Gegebenheiten. So diente in Charterhouse als Spielfeld ein Kreuzgang, der 70 yards lang und nur 4 yards breit war, und zwei hervorstehende Pfeiler sowie eine Tür stellten die Tore dar. Ein zweiter Grund für diese Uneinheitlichkeit ist darin zu sehen, daß auch der Fußball an diesen Eliteschulen zunächst sehr an das alte Massenspiel erinnerte. Die Anzahl der Mitspieler war unbegrenzt, es wurde geschoben und gestoßen, der Ball wurde mit Händen und Füßen gespielt. Die Regeln, sofern es sie denn gab, wurden mündlich weitergegeben. Eine schriftliche Fixierung erfolgte erstmals im Jahr 1846: in Rugby. Erst als dies geschehen war, wurden die Rugby-Regeln auch von manchen anderen Schulen übernommen.

Die Förderung von Ballspielen wie Fußball (und Cricket) durch die Schulleitungen erfolgte zum einen in der Absicht, die Jungen zu disziplinieren, zum anderen, um die Beziehungen zwischen Lehrern und Schülern zu verbessern; darüber hinaus sollten Loyalität und Selbstaufopferung des einzelnen gegenüber der Institution als moralische Werte vermittelt werden. Im letzten Viertel des 19. Jahrhunderts, als die Public Schools die Ballspiele in den Lehrplan aufgenommen hatten und geradezu einen Kult darum betrieben, wurden die Sportplätze mit mindestens derselben Sorgfalt gepflegt wie die Bibliotheken. Fußball galt nun als unverzichtbarer Beitrag zur Persönlichkeitsentwicklung und zur Herausbildung von Führungsqualitäten, wie man sie für die Verwaltung des Empire benötigte. »Eine Rasse von robusten Männern mit Initiative, regem Kreislauf, männlichem Edelmut und einem vitalen Geist« galt es hervorzubringen. In nicht wenigen Schulen kam es zwischen der Ballspiel-Lobby und den Befürwortern ernsterer Studien zu Auseinandersetzungen über die Prioritäten der Ausbildung; erst zu Beginn des 20. Jahrhunderts sollte der Gelehrte wieder so viel wie der Athlet zählen.[7]

Fußball war der wichtigste Mannschaftssport der Public Schools im Herbst- und im Frühjahrsquartal. Nach und nach bildeten sich zwei Varianten des Spiels heraus: Bei der einen wurde der Ball vorzugsweise mit den Händen, bei der anderen mit den Füßen weitergegeben. Gegen diese Vielfalt wäre nichts einzuwenden gewesen, wenn der Spielverkehr sich nur auf die Schulen beschränkt hätte. Aber die Absolventen, deren Anzahl beständig zunahm und die auch als junge Erwachsene gern Fußball spielen wollten, standen vor einem Problem: Welche Regeln sollten sie zugrunde legen? Zuerst stellte sich diese Frage an der Cambridge University, wo seit den 40er Jahren des 19. Jahrhunderts überwiegend nach Rugby-Regeln gespielt wurde. 1848 versuchte eine Studentengruppe dann, die Regeln zu vereinheitlichen. Diese Cambridge-Regeln hatten außerhalb der Universität aber vermutlich keinen großen Einfluß.

In den 60er Jahren wurde das Problem systematisch angegangen. 1861 kodifizierte die Schule von Charterhouse zum ersten Mal die Regeln ihres Spiels. 1862 gab der Rektor der kleinen, aber aufstrebenden Schule in Uppington, in den englischen Midlands, seine ›Rules of the Simplest Game‹ heraus. Eine weitere wichtige Entwicklung war die Gründung der ersten Fußballklubs durch junge Männer aus der bürgerlichen Mittelschicht, insbesondere aus dem Großraum London, aus Nottingham und aus Sheffield. Im Jahr 1863 schrieb schließlich ein John Cartwright einen Brief an das Gesellschaftsblatt ›Bell's Life‹, um ein Treffen der Repräsentanten verschiedener Schulen und Colleges und die Verständigung auf ein einheitliches Regelwerk anzuregen. Zu diesem Treffen, das in Cambridge stattfand, kamen Vertreter von sechs Schulen, u. a. von Rugby.[8] Die meisten von ihnen zogen das Kickspiel dem im Rugby gepflegten Handspiel vor und entschieden sich dafür, gewisse Besonderheiten des Rugbyspiels – das Treten des Gegners, das Beinstellen und das Rennen mit dem Ball in der Hand – zu verbieten; all dies sei für Erwachsene zu gefährlich. Die Vertreter der Rugby-Schule waren nicht einverstanden und zogen sich zurück. Am 26. Oktober 1863 kam es erneut zu einem Treffen in London, an dem Vertreter von elf Londoner Schulen und Klubs teilnahmen. Bei diesem Treffen wurde die Football Association (FA) gegründet.

Das Treten des Gegners (»hacking«) und das Aufnehmen des Balles mit den Händen blieben umstritten. Als am 24. November 1863 ein weiteres Treffen stattfand, an dem auch Vertreter von Cambridge teilnahmen, eskalierte der Streit. Die Gegner des »hacking« behaupteten, daß kein Erwachsener das Spiel ausüben würde, wenn es erlaubt bleibe. Die Befürworter meinten hingegen, daß das Spiel ohne »hacking« an Schneid und Härte verlöre. Die Befürworter wurden überstimmt, worauf sich Blackheath und einige andere Rugbyklubs am 8. Dezember 1863 verabschiedeten. Die Regeln der FA wurden nun im ›Bell's Life‹ veröffentlicht. Danach waren das Tragen des Balls, das Treten des Gegners, das Festhalten und das Beinstellen verboten. 1871 wurde ergänzend beschlossen, den Paß nach vorn zu erlauben und auf eine strikte Abseitsregel zu verzichten.

Auch die Rugbyspieler verfaßten ein Regelwerk, und am 26. Januar 1871 trafen sich in London die Vertreter von 20 Klubs, um eine Rugby Union zu gründen. Die Bemühungen um die Einheit des Fußballs waren gescheitert.

Die Verbreitung des Fußballspiels

Association-Football bzw. »Soccer«, wie das Spiel seit etwa 1890 in der Studentensprache hieß, breitete sich rasch im ganzen Land aus. Einen wichtigen Beitrag dazu leistete die Einführung eines Pokalwettbewerbs der FA im Jahr 1871; das zugrundeliegende K.o.-System war im schulinternen Wettbewerb der Harrow-Schule erprobt worden. Beim ersten Mal nahmen nur 14 von 50 Mitgliedsvereinen teil. Nachdem im Verlauf der 70er Jahre Filialen der FA in den einzelnen Grafschaften (»counties«) gegründet worden waren, wurde die Beteiligung jedoch reger.

Die Ausbreitung des Fußballs bewirkte eine Veränderung seiner sozialen Basis. Stammten die Gründer der FA zumeist aus reichen oder zumindest gut situierten bürgerlichen Familien, so kamen nun die »lower middle class« und die »working class« hinzu. Für diese neuen Anhänger waren die mit dem Spiel verbundene Geselligkeit und der Nervenkitzel attraktiv, aber wohl die wenigsten fühlten sich durch den von den Eliteschülern demonstrierten Korpsgeist, den Fair-Play-Gedanken oder die Sonntagsreden über den »gesunden Geist im gesunden Körper« angesprochen. Zwar gab es auch unter den neuen Vereinen solche, die – wie z. B. die Blackburn Rovers – von ehemaligen Schülern der Public und Grammar Schools gegründet worden waren. Viele andere gingen jedoch aus bestehenden Gemeinschaften wie Cricket Klubs, Kirchengemeinden, Werkstätten oder aus der Kneipengesellschaft hervor. Auch Wohnviertel und Straßenzüge hatten ihre eigenen Fußballvereine, von denen die meisten allerdings recht kurzlebig waren und sich niemals der lokalen oder regionalen FA anschlossen. Diese informellen Vereinigungen wurden meist von Arbeitern für Arbeiter unterhalten. Und Arbeiter waren es auch, die in den großen Klubs das Gros der aktiven Spieler und der Zuschauer stellten, insbesondere in den Midlands, im industrialisierten Norden (Lancashire) und in Schottland.[9]

Durch die bis hinunter auf die »county«-Ebene ausgetragenen Pokalwettbewerbe veränderte sich der Charakter des Fußballspiels. Denn diese Wettbewerbe appellierten an die Rivalität zwischen den Gemeinden und sozialen Gruppen, erzeugten Ehrgeiz, Spannung und Wettlust. Der Wunsch, den jeweiligen Rivalen zu besiegen, führte dazu, daß gute Spieler mit Geld oder einem besonders attraktiven Arbeitsplatzangebot für den Verein angeworben wurden. Wie ernst das Spiel genommen wurde, zeigte sich bereits im Jahr 1879, als eine Arbeitermannschaft aus der Textilstadt Darwen nach London zog, um drei Freundschaftsspiele gegen die Gentlemen-Amateure der Old Etonians auszutragen. Ihre Reisekosten wurden zum größten Teil aus Geldsammlungen in den Fabriken und Werkstätten bestritten. Diesmal verloren die »plebeians« noch gegen die »patricians«, aber beim Pokalfinale des Jahres 1883 konnte eine andere Arbeitermannschaft, Blackburn Olympic, die Old Etonians besiegen und damit den Damm brechen. Nie wieder sollte eine Amateurmannschaft aus dem Süden das Pokalfinale gewinnen.

Ebenso bemerkenswert wie der Sieg als solcher war seine systematische Vorbereitung: Vor dem Halbfinale und dem Finale hatten sich die Spieler von Blackburn Olympic auf Kosten eines Unternehmers in Blackpool eine Woche lang einem Spezialtraining unterzogen – was dazu führte, daß sie in einem Londoner Fußballmagazin als vollendete Profis bezeichnet wurden.

Kommerzialisierung

Die Gründerväter der FA hatten weder gewollt noch vorausgesehen, daß ihr Sport einmal ein Beruf werden würde. Aber sie hatten sich auch keine Vorstellungen davon gemacht, wie populär er einmal werden sollte. Bereits in den 1880er Jahren waren in den Midlands und im Norden Englands, in Glasgow und im schottischen Hinterland viele Arbeiter bereit, für den Besuch der Spitzenspiele des Pokalwettbewerbs Eintritt zu bezahlen, und ortsansässige Geschäftsleute stellten sich zur Verfügung, um die Klubs zu managen. Zahlreiche Schotten verließen ihre Heimat und wurden in England Berufsspieler; 1884 gab es bereits 55 von ihnen allein in Lancashire. Der freie Samstagnachmittag und die vergleichsweise hohen Löhne, von den Gewerkschaften seit den 60er Jahren erkämpft, ließen das aktive Kicken und das Zuschauen zu einem Wochenendvergnügen vieler Facharbeiter und Angestellter werden.

Die Gentlemen-Amateure in der FA versuchten zunächst, die Berufsspieler durch Disqualifikationen und Sperren zu stigmatisieren, und einmal wurde sogar ein ganzer Verein bestraft: Preston North End. Aufgrund einer Beschwerde der Mannschaftsführung von Upton Park, Prestons Spielgegner in der vierten Pokalrunde des Jahres 1884, setzte die FA einen Untersuchungsausschuß ein, um zu prüfen, ob die Spieler von Preston Berufsfußballer seien. Die Beweise waren zu dürftig, und so wurde der Verdacht zurückgenommen. Dennoch schloß die FA Preston aus der Pokalrunde aus, weil der Klub Spieler aus anderen Spielbezirken abgeworben und ihnen Arbeitsplätze angeboten habe. Das empörte auch andere Klubs, insbesondere jene aus Lancashire, und so wurde ein Treffen in Manchester verabredet, um sich gegebenenfalls von der in London residierenden FA zu separieren. Es kamen 40 Klubvertreter, die sich aus unterschiedlichen Gründen – Klassenbewußtsein, Lokalpatriotismus, eine generelle Anti-London-Haltung – dafür aussprachen und eine British Football Association als Gegenorganisation zur FA ins Leben rufen wollten. Der FA-Generalsekretär Charles Alcock wollte jedoch die Einheit des Fußballs bewahren und lenkte ein. So wurde als Kompromiß die Einführung einer separaten und selbständigen Profiliga unter Aufsicht der FA beschlossen.

Als nächsten Schritt erstellten zwölf Profivereine aus den Midlands und Nordengland einen Spielplan für eine Meisterschaftsrunde: Jeder sollte gegen jeden ein Hin- und ein Rückspiel austragen, und am Ende der Saison sollte der erfolgreichste Klub als Champion gefeiert werden. Damit war die Football League geboren. Nachdem sie in der Saison 1888/89 den Spielbetrieb aufgenommen hatte, gewannen die Spieler an Routine, die Qualität des Spiels wurde erheblich besser, und das Zuschauerinteresse nahm zu. In Schottland, wo der Berufsfußball bis 1893 verboten blieb, wurde in der Saison 1890/91 eine Scottish League eröffnet, und 1914 gab es im ganzen Vereinigten Königreich Fußball-Ligen, von der Southern League als Profiliga bis zu Amateur-, Junior-, Kirchen- und Firmenligen.

Fußball als Volksspiel

Die tiefe Verwurzelung des Fußballspiels in der Kultur der Arbeiterklasse geht auch auf seine Förderung durch die Schulen zurück. Wir haben bereits gesehen, wie die Verbreitung des modernen Spiels von den privaten Eliteinternaten, den Public Schools, ihren Ausgang nahm. Doch auch an den öffentlichen Schulen wurde Fußball gespielt, an den Gymnasien (»Grammar Schools«) sogar bereits seit den 80er Jahren. Die meisten Anhänger gewann Fußball aber wohl an den Elementarschulen. Bevor einige junge Lehrer, die das Spiel an den Colleges und Universitäten kennengelernt hatten, nach Schulschluß Fußball unterrichteten, hatte die körperliche Erziehung hier zunächst nur aus Drill bestanden. Die Vorreiterrolle im Schuljungen-Fußball, der nicht zuletzt deshalb als pädagogisch wertvoll galt, weil er auch kleingewachsenen Arbeiterkindern Profilierungsmöglichkeiten bot, übernahm Birmingham; dort hatte bereits 1881 der Vorsitzende der Schulbehörde 100 Pfund aus der eigenen Tasche für die Ausrüstung zur Verfügung gestellt. 1882 zählte man in Birminghan bereits 23 Schul-Fußballvereine mit mehr als 1000 Mitgliedern, und einige der fußballfreudigen Lehrer verwendeten auch im Rechenunterricht die Namen berühmter Fußballspieler. Preston North End stiftete 1884 eine Trophäe für die örtlichen Schulmatches.

In den 90er Jahren wurde der Schülerfußball systematischer organisiert. Schlüsseldaten sind die Gründung der South London Schools Football Association im Jahr 1885, deren Beispiel bald von anderen Städten nachgeahmt wurde, und die Austragung eines Matches zwischen Auswahlmannschaften der Schulen von Sheffield und London im Jahr 1890. 1904 wurde auf nationaler Ebene die English Schools Football Association gegründet, im darauffolgenden Jahr wurde ein Pokalwettbewerb ausgetragen. 1906 nahm das Erziehungsministerium das Fußballspiel schließlich offiziell in den Lehrplan der Grundschulen auf. Seitdem werden in England bereits Schuljungen in die Subkultur des Fußballs eingeführt.

Internationale Begegnungen

Bereits in einer frühen Phase seiner Geschichte entwickelte das moderne Fußballspiel in Großbritannien eine internationale Dimension. Das Vereinigte Königreich setzte sich aus vier Ländern – England, Wales, Schottland und Irland – zusammen, die alle über einen ausgeprägten Sinn für kulturelle Eigenständigkeit verfügten. Ein erstes Spiel zwischen einer englischen und einer schottischen Auswahl, zu dem der Generalsekretär der FA, Alcock, im Februar 1890 in einer Sportzeitung eingeladen hatte, mußte zwar zunächst wegen Frosts abgesagt werden, wurde jedoch am 5. März 1870 nachgeholt. Das war das erste internationale Fußballspiel überhaupt. Zwischen November 1870 und Februar 1872 trugen zwei Mannschaften, die sich aus wohlhabenden Engländern und aus Schotten in der Umgebung von London zusammensetzten, weitere vier Spiele aus, und der Queens Park Club in Glasgow lud die Engländer nach Schottland ein; die Mannschaftsaufstellung der Schotten oblag dem Kapitän von Queens Park. In Glasgow wurde am 30. November 1872 das erste offizielle Länderspiel zwischen England und Schottland ausgetragen; das Rückspiel fand im März des folgenden Jahres in London statt. Eine Woche später wurde die Scottish Football Association gegründet. 1876 wurde der Spielverkehr mit Wales, 1882 mit

Irland aufgenommen; auch hier war der nächste Schritt jeweils die Gründung einer Football Association. 1882 bildeten die vier britischen FAs ein »International Board«, das die Spielregeln abstimmen sollte, und seit der Saison 1883/84 wird zwischen ihnen die Britische Fußballmeisterschaft ausgetragen.

Für die Schotten waren die Spiele gegen England nicht nur eine willkommene Gelegenheit, sich mit dem übermächtigen Nachbarn zu messen; es wurde dabei stets auch schottische Eigenständigkeit gefeiert. Im frühen 20. Jahrhundert, als ganze Völkerscharen schottischer Fans mit Sonderzügen zu den Spielen nach England reisten, wurde eine nationale Tradition geboren. Die Britische Meisterschaft wurde fester Bestandteil einer von Symbolen, Mythen und Helden geprägten Subkultur, die zwei nationale Identitäten miteinander vermittelte: Eine schottische und – wenngleich schwächer ausgeprägt – eine britische.[10]

Dieser Internationalismus im eigenen Land war für den britischen Fußball ohne Zweifel wichtiger als die Kontakte mit anderen Ländern. Möglicherweise gab es in der englischen FA auch deshalb keine Fußball-Missionare. Zwar fühlten die Funktionäre sich geschmeichelt, wenn sie mit ihrer ureigenen »Erfindung« im Ausland auf Interesse stießen, und schickten bereitwillig Kopien der Regeln nach Deutschland, in die Schweiz, in die USA, nach China und sonstwohin. Auch kam es zwischen 1899 und 1909 zu mehreren Begegnungen zwischen englischen bzw. englisch-schottischen Auswahlmannschaften und Mannschaften des europäischen Kontinents; das erste derartige Länderspiel wurde 1899 gegen Deutschland ausgetragen. Doch die Distanz und Selbstbezogenheit der FA war unverkennbar. Als 1904 die FIFA gegründet wurde, erklärte die FA, »daß sie die Vorteile eines solchen Zusammenschlusses nicht erkennen könne, daß sie jedoch bereit sei, sich an allen Aktionen, bei denen ein gemeinsames Vorgehen wünschenswert wäre, zu beteiligen.«[11]

Auch längerfristig blieb die Verbindung locker. Zwar trat Großbritannien 1905 der FIFA bei, bekam sogar vier Stimmen für England, Wales, Schottland und Irland, übernahm jedoch keine Führungsrolle. Und nach einem FA-Beschluß, daß keine Fußballspiele gegen die ehemaligen »Feindnationen« des Ersten Weltkrieges ausgetragen werden sollten, zog man sich zwischen 1920 und 1924 wieder aus der FIFA zurück. 1928 erfolgte abermals ein Austritt, diesmal aus Protest gegen die Genehmigung von Aufwandsentschädigungen für Amateure durch die FIFA, durch die angeblich die für den englischen Fußball so wichtige Trennung zwischen Amateuren und Profis verwischt würde. Erst seit 1946 wurde die Verbindung mit der FIFA dauerhaft.

Fußball im Krieg

Bei Ausbruch des Ersten Weltkriegs übte die öffentliche Meinung einen enormen Druck auf die FA und die Klubs aus, um zu erreichen, daß der Spielbetrieb für die Dauer des Krieges unterbrochen werden und die Spieler sich als Freiwillige melden sollten. Wenn der Ligabetrieb in England (aber nicht in Schottland) daraufhin 1915 tatsächlich ausgesetzt wurde, standen dahinter zwar auch geschäftliche Erwägungen. Doch hatte sich die FA tatsächlich in die Pflicht nehmen lassen: Noch im selben Jahr wurde auf ihre Initiative innerhalb des an der Westfront eingesetzten Middlesex-Regiments ein Fußballer-Bataillon aus Berufsspielern zusammengestellt, und ein weiteres Bataillon zog 1916 nach Frankreich. Das Gerücht, daß während des Waffenstillstands zu Weihnachten 1914 englische und deutsche Soldaten ein Fußballspiel ausgetragen hätten, entbehrt offenbar der Grundlage. Dennoch steht eines der eindringlichsten Bilder des Krieges im öffentlichen Bewußtsein Großbritanniens im Zusammenhang mit diesem Sport: 1914 hatten einige englische Infanterieoffiziere ihre Soldaten in den Angriff geschickt, indem sie einen Fußball in Richtung der deutschen Stellungen kickten.[12]

Das Spiel erfüllte darüber hinaus kriegswichtige Funktionen, weil es zur Erholung der Soldaten hinter den Frontlinien beitrug. Sie organisierten Spiele untereinander und sahen den Auswahlmannschaften der Regimenter zu, in denen viele Ex-Profis mitwirkten. 1917, als das Spiel in den Dienstplan aufgenommen wurde, bekam schließlich jeder Zug einen Ball.[13] So lernten nicht wenige Briten erstmals im Krieg richtig Fußball spielen. Dies trug ohne Zweifel zu der außerordentlichen Popularität des Spiels in den 20er Jahren bei – und auch dazu, daß im Zweiten Weltkrieg der Beitrag des Spiels zur Hebung der Truppenmoral von vornherein als hoch eingeschätzt wurde.

Fußball war in Großbritannien niemals nur eine Art städtischer Zirkus, den eine für soziale Unterschiede sensibilisierte bürgerliche »middle class« für die »Massen« aus der »working class« veranstaltete. Vielmehr ließ sich schon vor dem Ersten Weltkrieg auch die umgekehrte Richtung der Einflußnahme erkennnen. Denn das professionelle Spiel, das eine »Erfindung« des industrialisierten Nordens war und sich zu einem Teil der Arbeiterkultur entwickelt hatte, gedieh über alle Klassenschranken hinweg. Ebenso wie der Ausflug an die Küste, die Music Halls und das Kino gehörte der Profifußball zu einer in der Entstehung begriffenen modernen Freizeitkultur. Er war aber stets mehr: Denn er vermochte lokale Loyalitäten und Identitäten zu erzeugen und widerzuspiegeln. Wenn es nach zahlreichen lokalen Ausscheidungsspielen am Ende einer Mannschaft gelang, die Gemeinde nach außen zu vertreten, wurde es nicht einmal als störend empfunden, daß die Spieler selber zumeist aus anderen Gegenden Großbritanniens stammten. Jeder von ihnen konnte ein »local hero« werden.

1914 existierten auf den britischen Inseln nur wenige Städte mit mehr als 20000 Einwohnern, die nicht durch eine professionelle oder halbprofessionelle Fußballmannschaft repräsentiert gewesen wären. Die Klubs, die diese Mannschaften finanzierten, waren kommerzielle Unternehmen, aber ihre Politik war nicht kapitalistisch ausgerichtet. Die lokalen Geschäftsleute, die das Management ehrenamtlich übernahmen, hatten kein Interesse an persönlicher Bereicherung, sondern wollten sich bekannt machen, ihr Prestige erhöhen oder hatten einfach nur Spaß an der Sache. Dadurch, daß seit 1901 für die Spieler Höchstgehälter festgesetzt wurden, sowie durch die Verabredung eines Transfer- und Rückhaltesystems konnte die Liga auf ihr jeweils schwächstes Mitglied Rücksicht nehmen. Im Nebeneffekt blieben die Klubs unabhängig von fremdem Kapital. Sie finanzierten sich vielmehr über den Verkauf von Anteilscheinen (»shares«) an die Mitglieder. Das Gros der Anteile entfiel auf die bürgerlichen Mittelschichten, doch einige wurden auch von Arbeitern erworben – als Ausdruck der Identifizierung mit »ihrer« Mannschaft.

Der so organisierte Fußball war zugleich auch ein Teil der Nationalkultur. Das zeigte sich darin, daß das jährliche »Cup Final« am Londoner Kristallpalast eine Art Nationalfeiertag wurde; größere

Menschenmengen strömten allenfalls bei »Royal events« zusammen. Um hier dabei sein zu können, hatte manch ein Arbeiter aus den Industriegebieten im Norden des Landes das ganze Jahr über kleine Beiträge in eigens gegründete Sparvereine eingezahlt. 1914 zollte schließlich auch König George V. dieser Veranstaltung seine Anerkennung, indem er persönlich erschien. Seit 1923 wurde das Pokalendspiel im Wembley-Stadion ausgetragen, in der Regel vor 90000 Zuschauern, die vor dem Anpfiff mit der Kopfbedeckung in der Hand »Abide with me« sangen. Dies war (und ist) eines der wenigen Sportereignisse, das von der britischen Presse als ein »nationales« kommentiert wird, obwohl die Schotten ihr eigenes »Cup Final« in Glasgow austragen.

Sowohl der Zuschauersport Fußball als auch die aktive Ausübung des Spiels, sei es in organisierter, sei es in informeller Form, waren eine Männerangelegenheit, genauer: eine Angelegenheit für männliche Jugendliche und Erwachsene zwischen 14 und 50 Jahren. Für diese Klientel war das Spiel eine Gelegenheit, der Familie und den Ehefrauen zu entkommen und Zeit mit Kollegen und Freunden zu verbringen. Nur wenige Frauen gingen zum Fußball, und noch weniger spielten aktiv – mit einer Ausnahme: Im Ersten Weltkrieg, als in den Munitionsfabriken auch Frauen-Fußballklubs gegründet wurden, trugen sie Matches aus, um Geld für die Wohlfahrt einzuspielen. Als die FA jedoch 1921 erklärte, daß dieser Sport für Frauen unpassend sei, und ihren Mitgliedsvereinen untersagte, den weiblichen Teams Plätze zur Verfügung zu stellen, schlief der Frauenfußball wieder ein.

Es wäre überraschend gewesen, wenn eine so populäre Sache wie der Fußball keine Kritiker gehabt hätte. Unter den Politikern fanden sie sich sowohl auf der politischen Rechten als auch auf der Linken. Insbesondere in der Labour Party war die Meinung verbreitet, daß die kommerzialisierte Freizeitkultur im allgemeinen und der Fußball im besonderen gezielte Maßnahmen seien, um die Arbeiter von der Politik oder der Gewerkschaftsarbeit abzuhalten.[14] Bei näherem Hinsehen erweisen sich diese Vorbehalte jedoch als unbegründet. Wenn die Zeitungen das Thema Fußball aufbauschten, geschah dies weniger in manipulativer Absicht als um den Leserinteressen zu genügen. Und auch jene Unternehmer, die für ihre Beschäftigten Sportplätze anlegten, taten das in vielen Fällen nicht nur im Hinblick auf die »industrial relations«, sondern weil Fußball auch ihr Hobby war. Im übrigen ließen sich zahlreiche Beispiele dafür anführen, daß sich auf lokaler Ebene Fußball und Labour-Politik bestens ergänzten. Und es gab immer Arbeiter und sonstige Zeitgenossen, die sich für das Spiel überhaupt nicht interessierten.

Die Manipulationsthese ist schließlich auch deshalb nicht überzeugend, weil zumindest das kommerzialisierte Spiel den Advokaten der bürgerlichen »middle classes« stets suspekt geblieben ist. Je mehr es sich durchsetzte, desto deutlicher bevorzugten die Gymnasien und Public Schools das Rugby-Spiel, in dem das Amateurprinzip und der alte Fair-Play-Gedanke noch etwas galten. Doch auch im Soccer-Fußball blieb das Amateurideal noch lange hochgeschätzt. Die Kritik entzündete sich vor allem an den sogenannten Scheinamateuren (»shamateurs«), von denen die auf klare Separation zwischen Amateur- und Profifußball zielende FA-Politik mißachtet wurde. Erst 1975 wurde das Wort »Amateur« aus den Regeln gestrichen.[15]

Die Kritiker des Fußballs machten weiterhin geltend, daß das Spiel mehr Zuschauer als aktive Athleten kenne. Das ist im Medienzeitalter zwar in der Tendenz richtig, verkennt jedoch die Zunahme der Aktivenzahlen. Hatten die an die FA-Filialen der »counties« angeschlossenen Klubs in den 30er Jahren nur rund 10000 aktive Spieler gezählt, so waren es 1948 bereits 18000, 1964 25000 und 1985 41000; zu dieser Zahl betrug die Gesamtzahl der aktiven Fußballspieler in Großbritannien schätzungsweise 1,6 Millionen; das entsprach 20 Prozent der männlichen Bevölkerung zwischen 16 und 44 Jahren.

Die Zuschauerzahlen boomten besonders nach den beiden Weltkriegen und in den 30er Jahren – trotz der wirtschaftlichen Depression; dies waren auch die Jahre, in denen die Klubs ihre höchsten Besucherzahlen überhaupt verbuchten. Der örtliche Profiklub war in diesen Jahren eine feste Institution der Arbeiterkultur. Als der Starspieler Stanley Matthews 1938 seinen angestammten Verein in Stoke City verlassen wollte, kam es zu einer breiten Kampagne, die in einer öffentlichen Kundgebung gipfelte und ihn schließlich zum Bleiben bewog.

Mehr noch als das Zuschauen schien das Toto-Spielen die Menschen zu faszinieren. Die »Football Pools« wurden seit den 30er Jahren populär und veranlaßten bald 5–9 Millionen Menschen, jede Woche ihren Tipschein auszufüllen; in den 40er und 50er Jahren wuchs die Zahl der regelmäßigen Totospieler auf 14 Millionen an. Ein wohlmeinender Kritiker meinte darin das Gegenstück zum

›Times‹-Kreuzworträtsel für Gebildete zu erkennen, und in der Tat hätten viele Totospieler für ihre systematischen Fußballstudien ein Diplom verdient. Auch das Fußballtoto war im wesentlichen eine Angelegenheit männlicher Arbeiter; Frauen und Angehörige der bürgerlichen »middle class« blieben in der Minderheit.

Obwohl die »Football Pools« ohne Zweifel die Attraktivität des Spiels erhöhten, sollte es noch einige Zeit dauern, bis die Führungsriege der FA gewillt war, Gelder aus dieser Quelle anzunehmen; denn die Vorbehalte gegen die »unmoralische« Wettleidenschaft blieben ausgeprägt. Umgekehrt erklärten sich auch die Betreiber des Fußballtotos erst 1959 bereit, die Football League für die Verwertung ihrer Spiele zu entschädigen.[16]

Fußball als Business

Auch noch in den 30er, 40er und 50er Jahren verlief der Aufstieg des Fußballs also ungebrochen, und man kann uneingeschränkt behaupten, daß Cricket als britischer Nationalsport klar abgelöst wurde. Es gab im Fußball mehr Aktive und Zuschauer als in jeder anderen Sportart, das Spiel bekam die meisten Spalten in der Presse und die meiste Sendezeit, und das Fernsehen sollte seine Popularität noch vergrößern. Diese kontinuierliche Fortentwicklung führte dazu, daß kaum qualitative Veränderungen eintraten. So charakterisiert es die Entwicklung, daß zum hundertjährigen Jubiläum der Schottischen FA im Jahr 1973 im wesentlichen dieselben Vereine zusammenkamen, die auch schon das zehnjährige Jubiläum 1883 gefeiert hatten.

In den 60er Jahren ließ sich diese gemächliche Entwicklung jedoch nicht mehr fortsetzen, und die FA und die Klubs sahen sich nun gezwungen, auf Veränderungen in ihrer Umwelt zu reagieren. Seitdem die Spieler im Jahr 1961 mit Streik gedroht und durchgesetzt hatten, daß die 1901 eingeführte Regelung eines Höchstgehalts abgeschafft wurde, und nachdem das alte Transfer- und Rückhaltesystem ein ähnliches Schicksal erlitten hatte, stiegen die Betriebskosten der Klubs nämlich ganz erheblich an. Auch im Hinblick auf die Steuern, die Stadionerweiterungen und die Einhaltung polizeilicher Auflagen sahen sich die Klubs zu höheren Ausgaben gezwungen und dies vor dem Hintergrund zurückgehender Zuschauerzahlen. Sie suchten sich nun Sponsoren, und sie fanden sie, nachdem die

Weltmeisterschaft im eigenen Land 1966 das kommerzielle Potential des Spiels offenbart hatte.

Da die FA stets darauf bedacht war, die Kontrolle über den Profisektor zu behalten, da die Vereinsdirektoren noch immer kein Gehalt bezogen und die Anteilseigner sich noch immer mit einer Dividende von 5–7,5 Prozent begnügten (wenn die Vereine sie überhaupt auszahlten),[17] konnten die erzielten Gewinne auch noch in den 60er Jahren ausschließlich für die Erweiterung der Anlagen und für die Verstärkung der Mannschaft verwendet werden. Dies änderte sich im Jahr 1972 mit der Ernennung von Ted Croker zum Generalsekretär der FA. Unter der Führung von Croker, der nach der Beendigung seiner Laufbahn als Profispieler ein außerordentlich erfolgreicher Geschäftsmann geworden war, sollte das Verhältnis von Fußball und Business noch enger werden. Das Fernsehen mußte nun bedeutend mehr bezahlen, um die Highlights der Spiele übertragen zu dürfen, und Trikotwerbung wurde zur Regel. Auch die Football League fand 1983 einen Sponsor: die japanische Kamerafirma Canon, die bald darauf durch die Barclays Bank ersetzt wurde; im Jahre 1987 stellte die Football League ihren ersten Marketingdirektor ein. 1994 fiel schließlich die letzte Fußball-Bastion: Die Buchmacherfirma Littlewood's zahlte eine unbekannte Summe, um den »FA-Cup« mit ihrem Logo versehen zu dürfen.

Diese Entwicklung zum Business wurde durch die neue Qualität der Zuschauerausschreitungen seit den 60er Jahren noch beschleunigt. Im Grunde war das Problem so alt wie der Fußball selbst, doch die geplanten Konfrontationen, die massive Polizeieinsätze nach sich zogen, waren neu. Der »Hooliganism« wurde zum Politikum und beschleunigte den Zuschauerrückgang, der in der Saison 1985/86 schließlich einen Höhepunkt erreichte; es war jene Saison, die auf die Katastrophe im Heysel-Stadion von Brüssel folgte, bei der im Endspiel um den Europacup zwischen Liverpool und Turin 39 Juventus-Anhänger ums Leben gekommen waren. Als die englischen Klubs daraufhin von den lukrativen europäischen Wettbewerben ausgeschlossen wurden, verlangten die großen von ihnen das Recht, ihre eigenen Verträge mit den Radio- und Fernsehsendern abzuschließen; andernfalls würden sie die Liga verlassen.

Infolge dieser Drohung wurde 1992 die alte First Division der Football League durch eine neue Premier League ersetzt. Diese wurde von den Carling-Brauereien und dem kleinen Satellitensender B Sky B gesponsert, der News International gehörte. Diese

Sponsoren zahlten 300 Millionen Pfund für das Exklusivrecht, die Spiele der Premier League live zu übertragen. Um die öffentliche Meinung zu beschwichtigen, wurde der BBC gestattet, die Highlights der Spiele am Samstagabend zu senden.

Schottland hatte den Weg zu einer Premier League bereits seit 1975 eingeschlagen; hier wurde die Liga schließlich seit 1988 durch die Lebensmittel- bzw. Baumarktketten Fine Fare und B&Q gesponsert. Insbesondere das Management von Glasgow Rangers, zusammen mit Celtic Glasgow nach wie vor der dominierende Klub, machte sich die neue Geschäftsethik zu eigen und wandelte den Ibrox-Park in ein modernes Sitzplatz-Stadion um. Daß englische und europäische Spitzenstars verpflichtet wurden, brach das einstige Tabu des Klubs, keine katholischen Spieler unter Vertrag zu nehmen. Doch sieben Meisterschaften in Folge schwächten die Proteste der protestantischen Anhänger ab. Während die Rangers seitdem für Modernität und multinationales Management stehen, kämpft das Management von Celtic Glasgow noch immer vergeblich darum, sich von seiner altmodischen irisch-katholischen Basis zu emanzipieren.

Wie wir gesehen haben, war der Profifußball schon immer ein Geschäft, jedoch ein eigentümliches. Das Ziel war weder, Profit zu machen, noch die Gegner in den Bankrott zu treiben, und Emotionen spielten stets eine große Rolle. Heute hingegen beschreibt sich der Fußball selber als Business, und der Marketingdirektor ist die wichtigste Person der Klubs. Waren die Zuschauer auf den Rängen einst deren wichtigste Einnahmequelle, so reichen diese Gelder heute kaum noch aus, um die Spielergehälter zu bezahlen. Durch die Transaktionen außerhalb des Spielfelds – Spielerverkäufe, Einnahmen aus Verträgen mit den Medien, Sponsorengelder, Produktion von Fußball-Devotionalien – wird heute sehr viel mehr verdient. Ein preiswertes Samstagnachmittag-Vergnügen ist Fußball für die Zuschauer daher schon lange nicht mehr. Denn spätestens nach dem Unglücksfall auf der veralteten Anlage von Sheffield Wednesday im Jahr 1989, als 89 Fans von Liverpool starben, entschied sich die Premier League für Sitzplatz-Stadien und glänzende neue Einrichtungen. Dementsprechend sind die Eintrittspreise erheblich gestiegen, zumal es das erklärte Ziel der Klubs ist, ein finanzkräftiges Mittelschichtenpublikum anzuziehen, das sich besser benehmen kann als die jugendlichen Hooligans. An diese Zielgruppe wendet sich auch das breite Sortiment an Trainingsanzügen, aktuellen oder nostalgischen Spielertrikots und dergleichen, das die Klubs neuerdings vertreiben. Der professionelle Fußball ist auf dem Weg, ein Teil der Popkultur zu werden.

Aufgrund seiner großen Anhängerschaft ist Fußball nach wie vor the »people's game«, das Volksspiel. Doch wer sind heute »the people«? Sicher nicht mehr primär die gelernten Arbeiter, die eine aussterbende Spezies geworden sind, sondern die wachsenden Mittelschichten, unter ihnen ein zunehmend größerer Anteil von Frauen, die ihr Geld im Dienstleistungssektor verdienen. Über diesen Strukturwandel ist längst nicht jeder Fußballanhänger glücklich, wie die neuen satirischen Fußballmagazine belegen. Auch die Klagen über den Niedergang der Stehplatzkultur und die Forderung nach stärkerer Beteiligung der Fans an der Entscheidungsfindung der Klubs sind so zu verstehen. In der Tat gedieh der britische Fußball bislang auf der Basis lokaler, um nicht zu sagen engstirniger Identifikationen. Die neuen Fans, denen eine größere Auswahl von Freizeitbetätigungen zur Verfügung steht, scheinen demgegenüber eher am Erfolg interessiert zu sein. Dieser Kontiunitätsbruch könnte für den britischen Fußball längerfristig zum Problem werden.

1 Zur Frühgeschichte des Fußballs siehe M. Marples, A History of Football, London 1954, sowie E. Dunning und K. Sheard, Barbarians, Gentlemen und Players: A Sociological Study of the Development of Rugby, London 1979.

2 Zit. nach M. Marples, A History of Football, London 1954, S. 66–67.

3 Zit. nach ebd., S. 68–70.

4 Zit. nach ebd., S. 82.

5 J. Strutt, The Sports and Pastimes of the People of England, London 1801, S. 168.

6 Gentlemen's Magazine 1821.

7 Dazu C. Dewey, Socratic Teachers. Tl. 1: The Opposition to the Cult of Athletics at Eton, 1870–1914, in: International Journal of the History of Sport 12/1, 1995, S. 51–80. Zum Sportkult an den Public Schools vgl. J. A. Mangan, Athleticism and the Victorian Public School, Cambridge 1981.

8 Vgl. R. G. Graham, The Early History of the Football Association, in: The Badminton Magazine Nr. 8, Januar 1899, S. 75–87.

9 Zur Frühgeschichte des modernen professionellen Spiels vgl. T. Mason, Association Football and English Society 1863–1915, Brighton 1980.

10 Ausführlicher zur schottischen Entwicklung: H. F. Moorhouse, Scotland against England: Football and Popular Culture, in: International Journal of the History

of Sport 4/2, 1987, S. 189–202, sowie ders., On the periphery: Scotland, Scottish football and the new Europe in: J. Williams/St. Wagg (Hgg.), British Football and Social Change, London 1991, S. 201–219. Vgl. auch R. Holt, Sport and the British. A Modern History, Oxford 1989, S. 236ff.

11 Zur Entstehung der FIFA vgl. A. Tomlinson, FIFA and the World Cup: the expanding football family, in: J. Sugden/A. Tomlinson (Hgg.), Hosts and Champions. Soccer Cultures, National Identities and the USA World Cup, London 1994, S. 13–33, Zitat nach S. 14.

12 Das Thema Fußball und Krieg wartet noch auf seinen Bearbeiter. Vgl. jedoch J. G. Fuller, Troop Morale and Popular Culture in the British and Dominion Armies 1914–18, Oxford 1990, und M. Eksteins, Rites of Spring. The Great War and the Birth of the Modern Age, London 1989, Kap. 3.

13 Vgl. D. Winter, Death's Men. Soldiers in the Great War. Harmondsworth 1979, S. 156.

14 Grundlegend zu dieser Problematik, die in dem vorliegenden Beitrag nur angerissen werden kann, sind die beiden Aufsätze von R. McKibbin, Why was there no Marxism in Great Britain? und: Arthur Henderson as Labour Leader, in: ders., The Ideologies of Class, Oxford 1991, S. 1–41, 42–65.

15 Ausführlich zu dieser Entwicklung: T. Mason, Football, in: ders. (Hg.), Sport in Britain. A Social History, Cambridge 1989, S. 146–186.

16 Zur Frühgeschichte und Bedeutung des Totos vgl. N. Fishwick, English Football and Society 1910–1950, Manchester 1989, Kap. 6.

17 Interessanterweise gab es in Schottland keine Begrenzung der Dividenden. Ausführlicher über die Direktoren und Anteilseigner in schottischen Klubs vor 1914: W. Vamplew, Pay Up and Play the Game. Professional Sport in Britain, 1875–1914, Cambridge 1988, S. 154ff.

Frankreich und Italien

Pierre Lanfranchi

Traditionelle Sportarten und Spiele am Ende des 19. Jahrhunderts

Der Umschlag eines 1949 erschienenen Büchleins, dessen Verfasser es sich zur Aufgabe machen, die Geschichte des italienischen Fußballs von seinen Anfängen bis zum Jahr 2000 auf hundert Seiten abzuhandeln, bildet ein stilisiertes »calcio«-Spiel auf dem Signoria-Platz in Florenz ab; damit soll zum Ausdruck gebracht werden, daß der moderne Fußball vom florentinischen »calcio« abstamme.[1] Diese Meinung findet man entsprechend auch in Frankreich. So nennt Jean-Jules Jusserand, der Verfasser einer wissenschaftlichen Publikation aus dem Jahr 1901, die in den Westprovinzen vom 13. bis 19. Jahrhundert verbreitete »soule« das französische Spiel, »welches die glänzendste aller Karrieren gemacht« habe; es sei schon zur Zeit Ludwigs des Heiligen, ja sogar Ludwigs des Jungen gespielt worden und stehe »am Ursprung und Anfang des heutigen Fußballs«.[2]

Die beiden Werke können allerdings keine Quellenbelege für die Kontinuitätsthese anführen. Sie rufen nur in Erinnerung, daß der moderne Fußball in Frankreich und Italien in einem Umfeld entstand, in dem traditionelle Ballspiele noch lebendig waren – was für den Historiker die Frage aufwirft, warum dieser Sport dann im 19. Jahrhundert in den beiden Ländern ein Minderheitenphänomen war.

Dieser Beitrag weist die Kontinuitätsthese zurück und behauptet das Gegenteil, daß nämlich der traditionelle und der moderne Fußball nicht das geringste miteinander zu tun haben. Für diese Gegenthese sprechen zwei Beobachtungen:

Zum einen wiesen Frankreich und Italien nicht jene günstigen Rahmenbedingungen auf, die in England das Hervorwachsen des modernen Spiels aus der Volkskultur begünstigten. So entwickelte sich die moderne Industriegesellschaft dort nicht langsam und allmählich schon seit dem 18. Jahrhundert, sondern setzte vergleichsweise spät und abrupt ein. Auch blieb die Infrastruktur dieser Länder, die beide flächenmäßig deutlich größer als die Insel sind, vergleichsweise lange unterentwickelt. Wie hätten die alten Ballspiele unter diesen Umständen über ihre angestammten Regionen hinaus bekannt werden können?

Zum anderen fallen bei genauerem Hinsehen einige Unvereinbarkeiten zwischen dem traditionellen und dem modernen Fußball auf. So hat Stefano Pivato in einer neueren Untersuchung nachgewiesen, daß der in Mittelitalien und Piemont gespielte »gioco del pallone« Mitte des 19. Jahrhunderts ein professioneller Sport war,[3] während der moderne Fußball auf dem europäischen Kontinent, wie man weiß, zunächst als Amateursport verstanden wurde. Des weiteren waren der »gioco del pallone« und andere alte Ballspiele, die etwa in den Dörfern der Romagna, im Piemont und in der Toskana verbreitet waren, ja sogar der frühe Radsport Bestandteil des ländlichen Lebens, während sich der moderne Fußball als städtisches Spiel entwickelte. Die städtische Bevölkerung Italiens und Frankreichs wiederum engagierte sich mit großer Begeisterung in den behördlich unterstützten Turn- und Gymnastikvereinen, das heißt, sie bevorzugte andere körperliche Übungen als Fußball.[4] Schließlich sind auch die gelegentlichen Fußballmatches, die Angehörigen der französischen und italienischen Aristrokatie und Plutokratie an der Côte d'Azur und Riviera gegen englische Touristen austrugen, kein Beleg für die Lebendigkeit von Traditionen. Die Spielfreudigkeit dieser Eliten war vielmehr Ausdruck ihres Wunsches, sich davon zu distanzieren; eben deshalb ahmten sie englische Kleidermode und Freizeitvergnügen, überhaupt die englische Lebensweise nach.[5]

Wie im folgenden näher ausgeführt werden soll, waren die Motive anderer Personengruppen, die sich in Frankreich und Italien frühzeitig für das englische Fußballspiel interessierten, sehr ähnlich. Auch sie waren nicht in die alte Volkskultur eingebunden; ihr gemeinsames Kennzeichen war vielmehr die Offenheit für Neues und Modernes.

Die Einführung des Fußballs am Ende des 19. Jahrhunderts

Ebenso wie in anderen kontinentaleuropäischen Ländern wurden die frühen Fußballklubs in Frankreich und Italien, zum Beispiel die Pariser White Rovers und der Standard Athletic Club oder der Genoa Cricket and Athletic Club, ein allgemeiner Sportverein mit einer Fußballabteilung, Anfang der 1890er Jahre von Engländern gegründet. Es handelte sich entweder um Sprachlehrer wie Beltette in Tourcoing oder Desagnes in Amiens, die nach ihrer Rückkehr von längeren Aufenthalten in England ihre Schüler in die Geheimnisse der neuen Sportart einweihten, oder um Studenten wie Charles Bernat oder den zukünftigen Geschäftsmann Eugène Fraysse, die an englischen Colleges studiert hatten. Zunächst wurde das Fußballspiel in Nordwestfrankreich, insbesondere in der England unmittelbar gegenüberliegenden Normandie bekannt. Laut offizieller Geschichtsschreibung gebührt dem 1872 von einer Gruppe englischer Angestellter gegründeten Havre Athletic-Club der Ruhm der ersten Fußballmannschaft auf französischem Boden, obwohl die von den Gründungsmitgliedern des Klubs bevorzugte Spielweise, die *combinaison*, keinen unmittelbaren Zusammenhang mit dem *Association football* erkennen ließ.[6] Bereits 1892 wurde außerdem in den Gymnasien von Rouen, Cambrai, Bayeux, Roubaix und Cherbourg Fußball gespielt. Die ersten französischen Fußballer traten also im industrialisierten Norden des Landes in Erscheinung.

Die Spieler entstammten dem städtischen Bürgertum. Der zukünftige Nationalspieler Raymond Dubly, Sohn eines Textilhändlers aus Roubaix, hatte ein Jahr lang am College von Uckfield/Sussex studiert, wo er sowohl seine Englischkenntnisse als auch seine sportliche Technik verbesserte.[7] Die jungen Bankiers und Textilhändler, die für die in Großbritannien »erfundenen Traditionen« (Eric Hobsbawm)[8] äußerst empfänglich waren, trifft man auch außerhalb Frankreichs in der mediterranen Welt an. Edoardo Bosio aus Turin, Angestellter einer Londoner Handelsfirma, spielte seit 1889 in seiner Heimatstadt Fußball und gründete 1891 gemeinsam mit dem Herzog der Abruzzen den Turiner Internazionale Football Club, 1894 gefolgt vom Football Club de Torino. Diese Klubs ähnelten den Zirkeln um die Jockey Clubs, in denen ebenfalls die Söhne der städtischen Elite zusammenkamen. Ganz in diesem Sinn konnte etwa die Zeitung ›Tour les sports‹ feststellen: »Genauso wie in England haben auch bei uns die Akademiker das Zeug dazu, die besten Fußballspieler zu werden: Sie sind kluge Köpfe, die imstande sind, die besten spielerischen Konzepte zu entwickeln und perfekt zu realisieren.«[9]

Wenn in solchen Kommentaren die Fußballbegeisterung junger Leute aus dem Bürgertum und der städtischen Aristokratie auf deren Englandkontakte zurückgeführt wird, muß man jedoch einschränkend erwähnen, daß die englischen Matrosen in den Häfen des Languedoc, Liguriens oder auch Katalaniens keinen Einfluß auf die Verbreitung des Fußballs in den Mittelmeerländern gehabt haben, wie in der Literatur behauptet wird. Sicher wurden in den Häfen verschiedentlich Matches ausgetragen, doch die Berichte darüber lassen erkennen, daß das Spiel keine nennenswerte Resonanz in der lokalen Bevölkerung fand. Ein Beispiel dafür ist der Bericht eines zeitgenössischen Beobachters, Rodolfo Badarella, der sich 1897 ein während eines Streiks veranstaltetes Fußballspiel in Savona bei Genua angesehen hatte:

»Am Nachmittag des 11. Februar wurde auf dem Exerzierplatz ein Ballspiel zwischen dem Herausforderer, der Besatzung des englischen Dampfschiffes ›River Mersey‹, und der des Dampfschiffes ›Elvire‹ ausgetragen, deren langer und unfreiwilliger Zwischenaufenthalt in Savona seinem Ende zuging. Es war ein wahre Schlacht der Behendigkeit und Geschicklichkeit, und die ungemein beherzt gespielten Partien wurden allesamt von der Mannschaft der ›River Mersey‹ gewonnen, was von deren zahlreich anwesenden Landsleuten, die bei dieser Gelegenheit Wetten über beträchtliche Summen abschlossen, mit viel Applaus begrüßt wurde. Wir wurden Zeugen jener neuen Sportart, die sich bei den Söhnen des blonden Albion entwickelt hat, von denen wir weitere Kämpfe und weitere Siege erwarten.«[10]

Der in dieser Reportage verwendete Ausdruck »Ballspiel« [Jeu de ballon], die zeitliche Unterteilung in »Partien« und die Bedeutung, die der Herausforderung und dem Wetten beigemessen wird, lassen erkennen, wie fremd dem Chronisten das Spiel gewesen sein muß. Auch applaudierten nur die anwesenden Engländer, weil nur sie die Qualität des Spiels beurteilen konnten. Nichts in diesem Kommentar weist auf einen Versuch der englischen Seeleute hin, die Einheimischen zur Ausübung ihrer Sportart zu bewegen.

Es soll nicht bestritten werden, daß Hafenstädte wie Genua, Savona, Bari, Marseille, Sète oder auch Barcelona eine wichtige Rolle für die Verbreitung des Fußballs im Mittelmeerraum gespielt haben bzw. daß die Verbreitung von diesen Handelshäfen ausging. Dafür ist aber im wesentlichen der Zustrom einer kosmopolitischen Bevölkerung verantwortlich, die sich dort angesiedelt hatte. So gab es in Genua »eine bedeutende englische Kolonie, die sich aus Geschäftsleuten, Konsularbeamten und internationalen Händlern zusammensetzte, die von der Hauptstadt Liguriens derart eingenommen waren, daß sie diese nicht mehr verlassen wollten.«[11] Wenig überraschend, findet sich in den Akten des FC Genoa kein einziger Hinweis auf einen Seemann. Der Vorsitzende, Doktor Spensley, war der Arzt der englischen Kolonie und wurde später einer der Gründer der italienischen Pfadfinderbewegung; er war umgeben von den Schweizer Gebrüdern Pasteur sowie von Deutschen und Österreichern.

Als der FC Genua nach einem Vorstandsbeschluß im Jahr 1897 auch italienische Staatsbürger aufnahm, um die Mannschaft zu vervollständigen, eröffnete sich dem Fußballspiel in der Stadt eine neue Dimension. Nicht nur daß es nun kein britisches Reservat mehr war; auch der Wettspielbetrieb lebte auf, denn die Einheimischen gründeten bereits 1898 ihre eigenen Klubs: Sampierdarenese und Andrea Doria. Als der zitierte Badarello im Juni 1899 erneut von einem Spiel berichtete, war sein Kommentar denn auch schon sehr viel kompetenter als der, den er zwei Jahre zuvor geschrieben hatte: »Am Sonntag, den 4. Juni, fand ein Fußballmatch zwischen den beiden Mannschaften des Sportklubs statt. Die von Elese Menotti angeführte Mannschaft in roten Dressen trug den Sieg davon. Dabei handelte es sich allerdings nur um ein Trainingsspiel zur Vorbereitung auf die Begegnung mit Sampierdarenese, welche Eins zu Eins unentschieden endete. Torschütze war Mannschaftskapitän Elese Menotti.«[12]

Die Begeisterung, die die Teilnehmer an den ersten regionalen und nationalen Turnieren beseelt hatte, führte in der Folge zu einem raschen Anstieg der Zahl der Vereinsmitglieder. 1896 gab es in Paris 25 Klubs; 1898 waren es bereits 40 mit insgesamt etwa 400 Spielern.[13] Von rapiden Fortschritten des Fußballspiels kann man für diese letzten Jahre vor der Jahrhundertwende, als die Verbreitung des Spiels von den Engländerkolonien, den Gymnasien und Fachschulen ausging, jedoch nicht reden. Erst als sich in Südfrankreich, Katalonien und Italien ein zweiter Verbreitungsweg herausbildete, der indirekt von England über die Schweiz nach Südeuropa führte, gewann das Spiel eine nennenswerte Zahl von Anhängern. Denn diese Promotoren importierten nicht nur das Spiel selber, sondern mit ihm eine ganze Sportkultur. Typisch dafür ist der Beginn der Sportlaufbahn des jungen Bankiers Henri Monnier aus Nîmes im Jahr 1898, der 1901, im Alter von 18 Jahren, beschließen sollte, das Fußballspiel in seiner Heimatstadt bekanntzumachen. Seine Initiation war in der Schweiz, genauer in Genf erfolgt, wo sich der junge

Herr für den Reitsport, die Wintersportarten, für Rudern, Golf und Bergsteigen begeisterte.[14]

Der hier erkennbare Zusammenhang zwischen der Entdeckung neuer Sportarten und der internationalen Handelstätigkeit an den Ufern des Genfer Sees war keine Ausnahme. Die Schweizer Fachschulen wurden seit den 80er Jahren des letzten Jahrhunderts von zahlreichen zukünftigen Ingenieuren, Kaufleuten und internationalen Bankiers besucht, so daß die Schweiz zu einem kleinen England auf dem Kontinent geworden war. In der Bedeutung, die einer exzellenten Fachausbildung beigemessen wurde, kam die Wertschätzung des europäischen Wirtschaftsbürgertums für moderne Erziehungsmethoden zum Ausdruck.[15] Auch Jean-Louis Jullien und Jules Falgueirettes, die Gründer von Olympique Sète (1900), haben das Spiel während ihrer Fachausbildung in der Schweiz kennengelernt.[16] Der berühmteste dieser fußballverrückten Studenten und Fachschüler war jedoch der Italiener Vittorio Pozzo, der in den 30er Jahren Trainer jener italienischen Nationalmannschaft werden sollte, die zweimal den Weltmeistertitel errang. Er hatte während seines Studienaufenthalts an den Fachschulen von Winterthur und Zürich, wo er 1908 ein Diplom in Fremdsprachen und Welthandel erwarb, Fußballspielen gelernt.[17]

Fußball gehört also zu jener im weiten Sinn technischen Kultur, die sowohl im Gegensatz zur französischen Gymnastik und zum deutschen Turnen als auch zur herkömmlichen klassischen Leibeserziehung stand: »Sie [die Engländer] suchen diese Stärke nicht mit Hilfe massiver körperlicher Anstrengungen zu erreichen. [...] Die Spiele selber [...] tragen zur inneren Ruhe, zum Selbstvertrauen bei, und nur unter dieser Bedingung wird man triumphieren«, schrieb der Pädagoge Edmond Demolins, Schüler des Sozialreformers Gustave Le Play und Gründer der Ecole de Roches; um sich die überlegenen Eigenschaften des englischen Industriebürgertums zu eigen zu machen, müsse man die steife und durch überflüssige Vorschriften komplizierte französische Gymnastik endlich aufgeben und durch freiere körperliche Übungen ersetzen.[18]

Die Kluft zwischen der im Volk verbreiteten turnerischen Gymnastik war in der Schweiz vermutlich tiefer als in Frankreich und Italien.[19] Doch auch hier repräsentierte der englische Sport zwei Ideale der Selfmademen der industriellen Revolution: Modernität und Leistungsfähigkeit. Die Schweizer Privatschulen, die auch von Engländern besucht wurden, hatten seit den 60er Jahren des 19.

Jahrhunderts als erste auf dem europäischen Kontinent die »Englisch sports« in den Stundenplan aufgenommen. Daß man sich zunächst auf Klettern und Bergsteigen konzentrierte, erklärt, warum bereits 1863 der Club Alpin Suisse gegründet wurde – elf Jahre vor dem Club Alpine Français und nur sechs Jahre nach dem Club Alpin Anglais.[20] Auf den Wanderungen zu den Schutzhütten in den Bergen sprach man Englisch. Die Klubmitglieder wurden sorgfältig ausgewählt, und gesellige Zusammenkünfte und Ausflüge wurden, wie auch am Zürcher Polytechnischen Institut üblich, von den Studenten selbst organisiert.[21] Manche Sportsleute interessierten sich für mehrere Disziplinen zugleich. So wurde Fußball zum Beispiel von einigen Studenten nach Basel gebracht, die bereits Mitglieder des Ruderclubs waren, also den Sport betrieben, der die Rivalität zwischen den Universitäten Oxford und Cambridge symbolisierte.[22] 1869 nahm die Genfer Schule La Châtelaine Fußball in ihr Programm auf – ihre Mannschaft kann daher vermutlich als das erste europäische Team bezeichnet werden –, gefolgt von der Clauselet School, der Villa Ouchy und der Villa Longchamp in Lausanne. Alle diese Internate verfügten schon vor 1890 über eigene Sportplätze.[23]

Daß an diesen Schulen Fußball gespielt wurde, belegt erneut den Zusammenhang zwischen technisch-kommerzieller und englischer Kultur. Hans Gamper, der 1899 den FC Barcelona gründete, lernte das Spiel am Technischen Institut in Winterthur kennen. Die Gründung der ersten Fußballvereine in Neapel ging direkt vom Circolo Svizzero und vom Circolo Italo-Britannico aus, zwei Vereinigungen Schweizer bzw. englischer Industrieller und internationaler Kaufleute.[24] In Marseille wurde der Klub Stade Helvétique, der zwischen 1909 und 1913 dreimal Landesmeister werden sollte, genau am selben Tag gegründet wie ein Zirkel Schweizer Geschäftsleute.[25] Die Mitglieder des Stade Helvétique waren Ingenieure und Manager, die in den noblen Vierteln der Stadt wohnten.[26] Die Union Sportive Suisse war um 1900 eine der besten Mannschaften von Paris, und der Mailänder Internazionale FC verdankte seinen Namen seinen zahlreichen Schweizer Spielern; noch 1908 stellten sie die Mehrheit der ersten Mannschaft. Auch im süditalienischen Bari war es ein Schweizer, der Mehl- und Getreidehändler Gustav Kuhn, der gemeinsam mit deutschen, französischen, Schweizer, spanischen und italienischen Freunden am 15. Januar 1908 den Bari Football Club gründete.[27] Die Bedeutung der Schweizer als Promotoren der »modernen« englischen Lebensformen kommt nicht zuletzt darin zum Ausdruck, daß Unternehmen wie die Automobilfirma Hispano-Suiza in Katalonien englische »sports and pastimes« in ihre betriebliche Sozialpolitik für die Angestellten integrierten.[28]

Daß englische Staatsbürger an der Verbreitung des Fußballs in den Mittelmeerländern oftmals nicht direkt beteiligt waren, darf nicht darüber hinwegtäuschen, daß es ihre Modernität, ihre vornehmen Manieren, ihre Lebensart und nicht zuletzt ihre Sprache waren, die die Sportpioniere faszinierten. Daran erinnern auch die Namen von Klubs wie French Club de Roubaix, Bologna Football Club oder Red Star de Paris, zu deren Gründungsmitgliedern gar keine Engländer zählten. In Nîmes hielt es Monnier, der auf dem »y« in seinem Vornamen Henry bestand, für selbstverständlich, englische Fachausdrücke für verschiedene Aspekte des Spiels zu gebrauchen – und zu mißbrauchen. Das Manuskript seiner Memoiren ist übersät mit »aways« (für Auswärtsspiele) und »draws« (für unentschiedene Spiele).

Die englische Fachsprache und die Spielregeln unterschieden Fußball von den einheimischen Spielen und Übungen. In Frankreich gaben sich die Gymnastikvereine meist patriotische Namen wie »La Gauloise«, »La Revanche« oder »La Jeanne d'Arc«; sie waren im übrigen in den unteren Volksschichten verwurzelt, die nur ihre Muttersprache kannten. In Italien war das Verhältnis komplizierter, da dort im Gegensatz zu Frankreich die Turner den Aufstieg des Fußballs mittrugen. Bereits 1892 hatte der Turnverein von Udine seine eigene Fußballmannschaft; sie nahm drei Jahre darauf an einem Fußballturnier in Rom teil, das im Rahmen der Landesmeisterschaft im Turnen stattfand, und in der lombardischen Kleinstadt Busto Arsizio entwickelte sich der Fußballsport unter der Ägide der »Pro Patria ed Libertate«, eines 1881 gegründeten Turnvereins.[29] Der Mailänder Turnverein »Mediolanum« nahm ebenfalls frühzeitig Fußballer auf. Der Dachverband der französischen Turnvereine, die Fédération de Gymnastique Nationale (FGN), veranstaltete seit 1895 sogar im Rahmen seiner Meisterschaften ein Fußballturnier. Noch nach der Gründung der Federazione Italiana de Football (FIF) im Jahr 1898 nahmen manche Mitgliedsvereine auch an Meisterschaften der FGN teil. Diese friedlich Koexistenz wurde durch die zeitliche Entzerrung der Turniere ermöglicht. Für die FIF war Fußball ein Wintersport, genauso wie übrigens für die englische Football Association, für den Turnverband hingegen ein Sommersport.[30]

Fußball und Rugby in Frankreich gegen Ende des 19. Jahrhunderts

Neuere historische Untersuchungen haben uns eine Besonderheit des frühen französischen Fußballsports in Erinnerung gerufen, nämlich die ausgeprägte Indifferenz der Zeitgenossen gegenüber der korrekten Spielweise. Manche Mannschaften bevorzugten das Associations-Spiel, andere Rugby. Im Paris Football Club, der bereits 1879 von Engländern gegründet worden war, wurden beide Varianten abwechselnd gespielt, während sich Mitglieder des Havre Athletic Club 1884 für ein kombiniertes Spiel aussprachen, um eine Spaltung zu verhindern. Noch 1888 war unter den Schülermannschaften des Pariser Lycée Janson de Sailly eine gemischte und darüber hinaus um einige Regeln des alten »barette« ergänzte Spielweise üblich. Der sehr allgemeine Begriff »football« war also recht unscharf und bedeutete im Grunde nicht mehr als ein Ballspiel nach englischen Regeln.[31]

Diese Begriffsverwirrung wurde durch die Namensgebung der Vereine noch vergrößert, nannten sich doch alle Klubs »Football Club«, auch wenn sie ausschließlich Soccer oder Rugby spielten. Dies wird in einem Pressebericht über ein Match deutlich, das 1905 im südwestfranzösischen Auch stattfand, also in einer Region, in der traditionell Rugby gespielt wurde:

»Sonntag abend wird ein *Association football*-Match zwischen der Mannschaft des Lycée und der der Pädagogischen Hochschule stattfinden. [...] Wir hoffen, daß sich das bereits fußballbegeisterte hiesige Publikum zahlreich zu dieser Begegnung einfinden wird. Es handelt sich dabei um ein Spiel, das von dem uns vertrauten Rugby recht verschieden ist.«[32]

Das Associations-Spiel und Rugby unterschieden sich durch die Spielregeln und die Ballform. Doch das waren für die französischen Fußballfreunde des 19. Jahrhunderts vergleichsweise unwichtige Merkmale. Worauf es ihnen ankam, war der englische Charakter des Fußballs, und der war beiden Varianten gemeinsam, zumal in fast allen Klubs eine Vielzahl Engländer spielte. Die Gründer des Havre Athletic Club waren zum Beispiel Angestellte englischer

Textil- und Waffenfirmen, der Vorsitzende der Reverend George Washington, ein Kirchenmann, und für den Paris Football Club gilt ähnliches. Als 1892 zwischen drei Pariser Mannschaften, dem Standard Athletic Club, den White Rovers und dem United Sport Club der symbolische Titel eines französischen Meisters ausgespielt wurde, waren 20 der 22 Endspiel-Teilnehmer Engländer. Im selben Jahr ließ die Generalversammlung der White Rovers zwar Personen aller Nationalitäten als Vereinsmitglieder zu, legte aber doch Wert auf die Feststellung, daß »sich alle Mitglieder im Spiel englischer Ausdrücke bedienen, da das Fußballspiel seinem Wesen nach ein englisches Spiel ist«.[33]

Die Aufnahme von Association football und Rugby football in die Union des Sociétés Françaises de Sports Athlétiques (USFSA), einen von Pierre de Coubertin gegründeten, mehrere Sportarten umfassenden Verband, fand ebenfalls vor diesem Hintergrund statt.[34] Beide Fußball-Spiele repräsentierten jenes sportliche Ideal des zu Ende gehenden Jahrhunderts, das sich in den drei »A«s zusammenfassen ließ: »Amateurisme, Athlétisme, Anglophilie«.[35] Aus der Wertschätzung für das Amateurideal erklärt es sich auch, daß sich die wichtigsten Pariser Sportklubs, der Racing Club de France (gegr. 1882) und Stade Français (1883), nach der Legalisierung des Profifußballs durch die englische Football Association ganz auf Rugby konzentrierten, hatten sich diese Klubs doch die Sportkultur der englischen Oberschichten zum Vorbild genommen. Sie wandten sich vom »Proletensport« Soccer ab und blieben auch längerfristig beim angeblich »ursprünglicheren« Sport.[36]

Aus der Parallelentwicklung von Rugby und Soccer ergaben sich für den französischen Fußball nachhaltige Konsequenzen. Während in Italien bereits im Jahr 1898 ein nationaler Fachverband, die bereits erwähnte FIF, entstand, wurden seine Interessen in Frankreich von Verbänden wahrgenommen, die mehrere Sportarten repräsentierten. 1906 unterstanden von den 350 Fußballmannschaften, die es im Land gab, 204 der USFSA, 53 der Fédération des Sociétés professionelles, 12 dem Radsportverband und 81 der Fédération des patronages catholiques.[37] Bis 1914 organisierte jeder dieser Verbände seine eigenen Meisterschaften, und zwischen 1907 und 1913 herrschte zwischen dem CFI (Comité Français Interfédéral, ein Dachverband, bestehend aus den »patronages catholiques« und anderen Verbänden) und der USFSA ein gnadenloser Krieg. Während sich die FIF 1909 in Federazione Italiana del Giuoco del Calcio

(FIGC) umbenannte, was abgesehen von der geänderten Abkürzung den Versuch einer national einheitlichen Organisation des Spiels darstellte, litt der französische Fußball an Streitigkeiten zwischen den ihn vertretenden Organisationen sowie am Desinteresse der Presse, die Rugby den Vorzug gab.[38]

Damit stand der französische Fußball abseits des zwischen 1905 und dem Beginn des Ersten Weltkrieges stattfindenden gesamteuropäischen Prozesses der Nationalisierung des Spiels. Beredter Ausdruck dieses Sonderwegs ist die Beibehaltung des englischen Namens: »le football«. Zwar verwandten ihn die »footballeurs«, deren Anzahl permanent zunahm, längerfristig nur noch für das Associations-Spiel, nicht mehr für Rugby, und so ist im folgenden stets dieser Sport gemeint, wenn vom französischen Fußball die Rede ist. Eine Übersetzung in die Landessprache wurde jedoch bis heute nicht nachgeholt.

Der Erste Weltkrieg und die Demokratisierung des Spiels

Waren in der Zeit um die Jahrhundertwende vor allem Wettkämpfe auf regionaler Ebene abgehalten worden, so trug der Krieg sowohl in Frankreich als auch in Italien zur nationalen Ausbreitung des Spiels bei. Im Kriegstagebuch eines französischen Frontsoldaten stand zu lesen: »29. Dezember 1917. Seit einiger Zeit gewinnt der Sport, und vor allem football, in den Armeen eine immer größere Bedeutung und wird von den hohen Offizieren gefördert, was zum größten Teil auch seinen Erfolg ausmacht.«[39] Hinter der Front organisierten britische und französische Truppen Freundschaftsspiele, die der Entspannung dienten. Sportzeitschriften baten ihre Leserschaft, den fußballspielenden Frontkämpfern Bälle zur Verfügung zu stellen. Mitten im Krieg, 1917, wurde die französische Meisterschaft, die Coupe de France, ins Leben gerufen; sie hieß ursprünglich Coupe Charles Simon, in Erinnerung an den gefallenen Präsidenten jenes 1906 gegründeten CFI (Comité Français Interfédéral), dem es kurz vor dem Krieg gelungen war, Mannschaften aus fünf verschiedenen Verbänden in einer nationalen Organisation zusammenzuschließen.[40] Einigen Spielern wie etwa Leutnant Lucien Gamblin, einem Verteidiger der französischen Nationalmannschaft, wurde das Kriegsverdienstkreuz verliehen. Die Einberufung der über Achtzehnjährigen eröffnete den Jüngeren die Spielfelder im Hinterland. Ähnlich verlief die Entwicklung in Italien, wo nach Antonio Papa Fußball bereits 1917 ausschließlich eine Angelegenheit der nach 1900 Geborenen war.[41]

Nach 1918 wurden im französischen Fußball die organisatorischen Reformen der Kriegszeit institutionalisiert. Ein unabhängiger Verband wurde gegründet, die Fédération Française de Football-Association unter dem Vorsitz von Jules Rimet, und die Zahl der Lizenzspieler stieg rasch an: von nur 32780 im Jahr 1921 auf etwa 100000 im Jahr 1926. Der militärische Geist der Gymnastik und der Schützenvereine war im einfachen Volk aus der Mode gekommen; der Mannschaftsgeist, der an die Kameradschaft in den Schützengräben erinnerte, und die Organisation lokaler, aber im Rahmen eines einheitlichen nationalen Verbandes abgehaltener Meisterschaften verstärkten die Anziehungskraft des Fußballs. In Roubaix, einer Stadt mit 110000 Einwohnern (1921), gab es 120 Fußballteams. Der Zeitschrift ›L'Auto‹ zufolge, die nun außer über Rugby, Radsport und Boxen auch über Fußball berichtete, kam dort ein Spieler auf 90 Einwohner.[42] Doch war das Spiel auch jetzt weder ein Jedermannsport noch über das ganze Land verbreitet. Auch die »footballeurs« der Zwischenkriegszeit stammten überwiegend aus der bürgerlichen Mittelschicht, und die erfolgreichsten Teams kamen nach wie vor aus dem Südosten, dem Norden und aus Paris.

Die geographische Konzentration war in Italien noch ausgeprägter. Das Piemont mit Vercelli und Turin, die Lombardei und Ligurien hatten ein Monopol auf den Meistertitel und stellten im allgemeinen auch den Vorsitzenden des Fußballverbandes. Die FIGC hatte in den 20er Jahren ihren Sitz in Turin, in Mailand und dann in Bologna, während Rom und süditalienische Städte kaum eine Rolle spielten. In manchen Großstädten Italiens wie auch Nordfrankreichs wurde Fußball jedoch allmählich zu einem, in den Worten Christian Brombergers, »totalen gesellschaftlichen Phänomen«.[43] 1923 übernahm Edoardo Agnelli, der Präsident der Fiat-Werke, den Vorsitz von Juventus Turin, und 1928 gründete die Familie Peugeot den Football Club de Sochaux, damit die Fabrikarbeiter sich mit dem hauseigenen Team und damit mit dem Unternehmen identifizieren sollten.[44] In Italien wurden die Fußballmannschaften überdies zu Objekten eines ausgeprägten Lokalpatriotismus. Die Funktionäre zögerten nicht mehr, ihre besten Spieler zu bezahlen oder Spieler aus anderen Regionen bzw. aus England zu rekrutieren, um die Leistungen ihrer Mannschaften zu verbessern. 1920 bat etwa Monnier in Nîmes den Bäcker Fernand Augade, der im Vorkriegsteam gespielt hatte, daß er René Dedieu, einen jungen und äußerst vielversprechenden Spieler aus Sète, kontaktierte; er machte Dedieu das Angebot, im »Sporting-Team« mitzuspielen, und zwar um 50 Francs pro Match, zwei Mahlzeiten und die Vergütung seiner Reisekosten Sète–Nîmes.[45]

Die rasch wachsende Zahl der Spieler hatte drei unmittelbare Konsequenzen. Sie zwang zunächst die Verbände zur Durchführung von Meisterschaften auf allen Ebenen, damit jeder registrierte Spieler an regulären Turnieren teilnehmen konnte; sie bewegte die Behörden dazu, den weniger wohlhabenden Klubs Plätze zur Verfügung zu stellen, und schließlich führte sie den Eliteklubs ein junges und mit den Spielregeln vertrautes Publikum zu, das Stars wie Della Valle und Cevennini in Italien oder Devaquez und Crut in Frankreich bewunderte, ihre Techniken erlernen wollte und davon träumte, selbst einmal berühmt zu werden.

Im Gegensatz zu den Fußballern der Vorkriegszeit waren die der 20er Jahre in beiden Ländern auf die Spielerrolle festgelegt. Hatten die Pioniere, wenn sie die Stollenschuhe an den Nagel hängten, ihre Funktionen in den Klubs und Verbänden im allgemeinen beibehalten oder waren Sportjournalisten geworden, so tat sich nun eine Kluft zwischen Spielern und Funktionären auf. Dies auch deshalb, weil den Spielern zunehmend Vergünstigungen gewährt wurden, die vom Ersatz der Reisekosten bis zu Entschädigungen des Verdienstausfalls reichten. Mit Bezug darauf wurden beispielsweise die Statuten des Fußballklubs in Nîmes in einigen wesentlichen Punkten geändert. Bis 1919 hatte es nur zwei Kategorien von Mitgliedern gegeben, nämlich aktive Mitglieder (das heißt Spieler, die oft gleichzeitig auch Funktionäre waren) mit einem Jahresbeitrag von 36 Francs und Ehrenmitglieder, die 20 Francs jährlich zahlen mußten.[46] Wie eine Abänderung des Artikels 5 der Statuten belegt, wurde im Juni 1924 eine dritte Kategorie eingeführt, die »ausübenden Mitglieder«. Diese brauchten zwar nur einen Franc pro Monat zu zahlen, konnten aber nicht mehr in eine Funktion gewählt werden. Diese Unterscheidung nahmen die Usancen des im darauffolgenden Jahr eingeführten Professionalismus vorweg, als den Spielern keinerlei Mitspracherecht mehr eingeräumt wurde.

Die Entwicklung zum sportlichen Schauspiel

In den 20er Jahren wurden überall in Europa große Fußballstadien errichtet: das Wiener Praterstadion, Las Corts in Barcelona[47] und das für die Olympischen Spiele 1934 erbaute Olympiastadion von Colombes bei Paris. Auch das zunehmend vom Faschismus geprägte Italien, der Ausrichter des Weltcups 1934, entwickelte eine rege Bautätigkeit. Im Oktober 1926 wurde in Bologna der Littoriale eingeweiht. Sein Bau war von Leandro Arpinati vorangetrieben worden, einem ranghohen Faschisten und Präsidenten der FIGC. Die Arena hatte Plätze für 25000 Zuschauer, umfaßte ein Schwimmbecken und war mit zahlreichen Symbolen geschmückt, die an das antike Rom erinnerten. Seit den frühen 30er Jahren thronte eine Statue von Mussolini über der Ehrentribüne und dem Marathon-Turm.[48] In Florenz erbaute der Ingenieur Nervi 1932 ein futuristisches und völlig neuartiges Stadion ohne Pfeiler oder Streben, die dem Publikum hinderlich sein könnten; es wurde nach einem von Sozialisten ermordeten faschistischen Agitator auf den Namen »Berta« getauft.[49] Durch den vorrückenden Faschismus kam diesen Fußballstadien eine wichtige Funktion zu: Sie gehörten zu den Orten, an denen das Regime um Zustimmung warb. Manche faschistischen Führer waren dem »englischen« Fußballsport gegenüber zutiefst feindlich eingestellt und empfahlen italienische Spiele wie Tamburello oder Boccia. Daher wurde er kurzerhand in die offizielle Ideologie integriert.[50]

Die großen Stadien waren notwendig geworden, weil das Interesse der Italiener am Fußball enorm gewachsen war. Die Zahl der der FIGC angeschlossenen Vereine hatte sich nach Kriegsende innerhalb weniger Jahre verdreifacht: von 400 im Jahr 1920 auf 1120 im Jahr 1923.[51] Ein breites Publikum machte es sich zur Gewohnheit, die großen Begegnungen zu besuchen, und die Finalspiele der Coupe de France und der italienischen Meisterschaft, die in der Sportpresse große Beachtung fanden und in Frankreich unter der Schirmherrschaft der Tageszeitung ›Le Petit Parisien‹ standen, entwickelten sich zu Kassenschlagern. Beim Finale der italienischen Meisterschaft 1923 zwischen Genova und Lazio Rom wurden erstmals 10000 Zuschauer gezählt. Ebenfalls 1923 waren beim Finale der Coupe de France im Pariser Pershing-Stadion, das für die interalliierten Spiele 1920 erbaut worden war, mehr als 20000 Zuschauer anwesend.[52]

Zu Beginn des Jahrhunderts hatten die italienischen Sozialisten Sport noch als »Werkzeug der bürgerlichen Mittelschichten« betrachtet und seine Ausübung den Aktivisten bei Strafe des Parteiausschlusses verboten.[53] In den 20er und 30er Jahren änderten sie jedoch ihre Meinung. Denn es war das Phänomen zu beobachten, daß die Fans sich auf bestimmte Mannschaften festlegten;[54] daher war es naheliegend, daß sich die Sozialisten anschlossen. In Mailand, Turin, Rom und Genua teilten sich die beiden erfolgreichsten Mannschaften die Gunst des Publikums, während in den anderen Städten Italiens die größten Klubs den ungeteilten Lokalpatriotismus auf sich zogen. Besonders beliebt waren Städtederbys, obwohl im Gegensatz zum Fußball in England und anderen mitteleuropäischen Ländern keine konfessionellen Differenzen vorhanden waren. Nicht einmal soziale Unterschiede schlugen sich nieder, auch wenn Inter, Sampdoria und Juventus anfangs elitärer und Ausländern gegenüber weniger offen waren als andere Klubs in Mailand, Genua und Turin.[55] Wie Christian Bromberger beschrieben hat, war es der Fußballsport selbst, der die Anhänger parteiisch machte; er war »eine Maschine, die Opposition erzeugte und den Hang, die Welt binär zu denken, wodurch Grenzen auch dann abgesteckt werden können, wenn der äußere Anschein allein dies nicht mehr zu leisten vermag«.[56] Das in den 20er Jahren aufkommende, für den italienischen Fußball charakteristische Phänomen des »tifo« bezog sich gleichermaßen auf die Teilnahme des Fans am Spiel wie auch auf eine Krankheit, an der er litt. Das Wort leitet sich wahrscheinlich von »tifico« ab (ein vom Typhus, also von einer sowohl endemischen als auch epidemischen Krankheit Befallenen). Die Pathologie des »tifoso« hat die Symptome eines vorübergehenden Verlusts der Selbstkontrolle, einer ansteckenden Leidenschaft, gegen die der Kranke nicht anzukämpfen vermag.[57] Das faschistische Regime stellte den Tifosi Eintrittskarten zu ermäßigten Preisen zur Verfügung, organisierte Sonderzüge und Busfahrten zu den Auswärtsspielen und kombinierte manche Matches mit künstlerischen Darbietungen.[58]

Nördlich der Alpen übte Fußball in den 20er und 30er Jahren ebenfalls eine immer stärker werdende Anziehungskraft auf das Publikum aus, aber in einem vergleichsweise geringen Maße. Außer in Paris, wo allein fünf Klubs zwischen 1920 und 1931 ins Finale der Coupe de France vordrangen, wurden in den großen Städten keine Derbys veranstaltet. Der Begriff »Derby« bezieht sich in der französischen Provinz auf Städte, die einander mehr oder weniger benachbart, d. h. etwa 200 km voneinander entfernt sind: etwa Lille und Roubaix, Mühlhausen und Straßburg oder Sète und Marseille. Lyon, Bordeaux und Toulouse wurden zu diesem Zeitpunkt von der Fußballeidenschaft noch nicht erfaßt. Während die Begeisterung der italienischen Fans durch den Bau großer Stadien zusätzlich entfacht wurde, waren die französischen Spielstätten noch auf dem Stand der Vorkriegszeit: Die Tribünen waren aus Holz und konnten nicht mehr als einige tausend Zuschauer fassen.[59]. Erst als Frankreich den Weltcup 1938 ausrichtete, wurden auch in der Provinz große Stadien errichtet, so in Marseille (Radrennbahn), Bordeaux, Toulouse und Lyon.

Nationalismus und Professionalismus

Das Fußballspiel wurde nach dem Ersten Weltkrieg gleichermaßen zu einem nationalen Integrationsfaktor. War es in Europa vor 1914 nur vereinzelt zu Begegnungen der Nationalmannschaften gekommen, so fanden sie nun häufiger statt. Dabei kam es immer wieder zu chauvinistischen Ausbrüchen. Sie nahmen verschiedentlich derart überhand, daß ein französischer Journalist am Tag nach einem Match Frankreich–Schweiz 1923 schreiben konnte: »Gott sei Dank war der Schiedsrichter Engländer und unberührt von den extremen Gefühlen der Leidenschaft und des Chauvinismus der Fußballspieler auf dem Kontinent.«[60]

Vor diesem Hintergrund entfernte sich das Sportverständnis zusehends von dem aristokratischen Elitebewußtsein, das dem englischen Ideal des Fairplay zugrundelag, und ging in der allgemeinen »Nationalisierung der Massen« (George Mosse)[61] auf. Diese Entwicklung wurde dadurch noch bestärkt, daß dieser Sport nun zu einem Instrument der Außenpolitik wurde, was nicht zuletzt auch in den deutsch-französischen Beziehungen eine Rolle spielte. Als sich 1928 mit Red Star Paris und dem 1. FC Nürnberg zum ersten Mal eine französische und deutsche Fußballmannschaft in der Hauptstadt Frankreichs gegenüberstanden, gratulierte der Nürnberger Bürgermeister demonstrativ dem deutschen Torwart Heiner Stuhlfauth, weil er den Sieg der französischen Mannschaft verhindert habe.[62]

Wenn der französische Fußball, anders als der italienische, auch vor diesem Hintergrund noch nicht zu einer nationalen Angelegenheit wurde, so lag das an seiner Erfolglosigkeit. Ein vielversprechender Sieg über die englische (Amateur-)Nationalmannschaft vor 30000 Zuschauern im Jahr 1921 erwies sich als Strohfeuer. Es wurden meist nur mittelmäßige Resultate erzielt, und die Popularität ausgezeichneter Fußballer wie Chayriguès, Dubly oder Boyer wurde von den Erfolgen des Boxers Carpentier, der Brüder Pelissier oder der tennisspielenden »Drei Musketiere« Borotra, Cochet und Lacoste, die für Frankreich den Davis-Cup gewannen, in den Schatten gestellt. Zwar waren die Spieler »amateur marrons«, also Halbprofis, und konnten durchaus vom Fußball leben; das Spielniveau der Nationalmannschaft war jedoch niedrig, wie nicht zuletzt die erfolglose französische Teilnahme am ersten Weltcup in Uruguay 1930 belegt. Die Einführung einer Profimeisterschaft im selben Jahr war denn auch nicht von den Spielern gefordert worden, sondern entsprang dem Wunsch der Funktionäre, das bisher nur vom Markt geregelte System der Spielergehälter zu kontrollieren.

So brachte der Professionalismus neben der Meisterschaftsrunde im Grunde nur eine größere Markttransparenz für die Klubs, die nun mit festen Gehältern rechnen konnten und – worauf zurückzukommen sein wird – zunehmend auch ausländische Spieler aus Mitteleuropa einstellten. Bis in die jüngste Gegenwart gelang es nicht, größere Erfolge bei internationalen Begegnungen zu erzielen und die Besucherzahlen wesentlich zu erhöhen. Welch ein klägliches Dasein der französische Profifußball fristete, geht u. a. daraus hervor, daß bis zum Zweiten Weltkrieg jedes Jahr mehrere Klubs aufgeben mußten, weil sie ihre Spieler nicht mehr bezahlen konnten. Im übrigen führte die neue Meisterschaft weder zu einer Ausbreitung des Fußballs über das Land noch zu einer Anhebung des Spielniveaus in den großen Provinzstädten. Unter den zwanzig erfolgreichsten Profiteams kamen nur die Mannschaften aus Sète, Alès, Cannes und Hyères aus Städten mit weniger als 50000 Einwohnern, während Lyon, Bordeaux, Toulous, Straßburg und Nancy überhaupt fehlten; nur vier Teams kamen weder aus dem Norden noch aus Paris noch aus dem Südosten: Metz, Mühlhausen, Rennes und Sochaux.

Ganz anders verlief die Entwicklung in Italien. Hier wurde in der Zwischenkriegszeit der schon vor dem Ersten Weltkrieg erkennbare Prozeß der Nationalisierung des Fußballs in mehrfacher Hinsicht vorangetrieben. Besonders augenfällig war dies in den Veränderungen der Fußballsprache. Die englischen Fachausdrücke wurden systematisch durch italienische Begriffe ersetzt, und häufig änderte man auch den Vereinsnamen. »Internazionale« wurde 1928 in »Ambrosiana« umgetauft, und die Mailänder und Genueser Vereine hießen jetzt »Milano« und »Genova«. Im Sommer 1926 wurden darüber hinaus in einem »Dokument von Viareggio« neue Spielerstatuten festgelegt. Sie verankerten nicht nur eine neue Spielerkategorie, die der »Nicht-Amateure« – was faktisch den Durchbruch des Professionalismus bedeutete –; sie untersagten auch die Aufnahme ausländischer Spieler in italienische Teams.

Die Faschisten wußten diese Regel jedoch zu unterlaufen. Während das deutsche Naziregime, das die Einführung des Profifußballs unterdrückte, Ausländer nicht einmal auf der Betreuerbank duldete, machten sie sich etwa ab 1927 die Erfahrungen ausländischer Trainer zunutze und rekrutierten systematisch technisch versierte Spieler italienischer Herkunft aus Österreich und Südamerika. 1928 wechselte Raimundo Orsi, Stürmerstar der argentinischen Nationalmannschaft, für ein Monatsgehalt von 8000 Lire und einen brandneuen Fiat zu Juventus Turin, und nach dem Start der Profiliga im darauffolgenden Jahr verstärkten sich auch andere Spitzenmannschaften durch *rimpatriati* aus Uruguay, Brasilien und Argentinien. Sie, die »Söhne des großen Italien«, wurden vom Regime als Träger nationaler Werte stilisiert, als Symbole des neuen Menschen, jenes männlichen und entschlossenen Italieners, der für die Weltöffentlichkeit das alte Bild vom Land der Mandolinen ersetzen sollte.[63]

Die Sportbegeisterung der italienischen Öffentlichkeit erreichte nach dem zweiten Platz der italienischen Olympiamannschaft in der Medaillenwertung der Spiele von Los Angeles 1932 einen Höhepunkt, und Italien galt als Europas Sportnation schlechthin, zumal in den folgenden Jahren auch Profisportler große Erfolge erzielten. Die Radfahrer Binda und Bartali gewannen die Weltmeisterschaft und die Tour de France, und Primo Carnera wurde 1933 Boxweltmeister. Vor allem war es jedoch der Fußball, der dem Faschismus in den 30er Jahren ein Goldenes Zeitalter bescherte. Die italienische Nationalmannschaft wurde 1934 und 1938 Weltmeister, errang darüber hinaus die Goldmedaille bei den Olympischen Spielen in Berlin, und Bologna gewann zweimal den Mitropa-Cup sowie – mit einem Finalsieg über die Engländer von Chelsea – das anläßlich der Pariser Weltausstellung 1937 veranstaltete internationale Turnier.

Diese Erfolge, insbesondere der Klubmannschaften, gingen nicht zuletzt auf die Tätigkeit ausländischer Trainer zurück, die in der Meisterschaftsrunde 1935 die Mehrheit stellten.[64] Paradoxerweise trug dieser ausländische Einfluß erheblich zur Italianisierung des Fußballs bei, denn er trieb die Herausbildung einer typisch italienischen Spielweise voran: eines entschlosseneren, technikbetonten Kurzpaßspiels, das sich – vor allem nach dem Spiel gegen England in Highbury 1934 – als Gegenentwurf zum englischen WM-Spiel verstand.[65] Dieses besonders von den österreichischen Ballzauberern inspirierte Spiel war die Grundlage der Popularität des italienischen Fußballs und löste auch in der Presse technische Debatten aus.[66]

Obwohl die italienische Nationalmannschaft die weitaus besten Ergebnisse in Europa vorzuweisen hatte, zählte der Dachverband FIGC im Jahr 1936, also auf dem Gipfel des Ruhms, nur 50455 registrierte Spieler; das war ein Viertel des Spielerreservoirs, auf das der französische Verband zurückgreifen konnte, und ein Zwölftel des Deutschen Fußballbundes. Die FIGC konzentrierte sich also auf die Elite und vernachlässigte die Basis. Daß Fußball dennoch als volkstümlich galt, lag daran, daß die Profis, auch die aus dem Ausland kommenden Stars, Landsleute waren und fast ausschließlich aus Norditalien stammten, wo sich auch die berühmten Klubs konzentrierten – eine Tendenz, die übrigens noch heute in den Mannschaftsaufstellungen süditalienischer Klubs erkennbar ist. In Frankreich waren hingegen rund 25 Prozent der Profispieler Ausländer: Zunächst Engländer, später dann Landsleute jener mitteleuropäischen Fußballnationen, denen man Wunderdinge nachsagte: Österreicher, Ungarn, Jugoslawen, letztere insbesondere in Sète, Montpellier und Sechehaye. Obwohl viele Profis in Frankreich ähnlich wie ihre Kollegen in Italien noch einen anderen Beruf ausübten, war der französische Fußball auch wegen dieser ausgeprägten internationalen Komponente in den 20er und 30er Jahren weit davon entfernt, ein Objekt der nationalen Leidenschaften zu werden.[67]

Ausgehend von einer durchaus vergleichbaren Ausgangssituation im Mittelmeerraum entwickelte sich der französische Fußball somit völlig anders als der italienische. In Italien verliehen der Lokalpatriotismus, der Bau großer Stadien und die Gunst des Regimes dem Spiel eine nationale Dimension, so daß die Ausbreitung sowohl nach Süden wie nach Norden gelang und die Fankultur z.T. extreme Formen annahm. In Frankreich war »football« zwar der beliebteste und am meisten ausgeübte Sport, blieb aber dennoch eine Art Fremdkörper, der – mit Ausnahmen des äußersten Nordens und des Südostens – keine dauerhafte Aufnahme in die Sportkultur des Landes fand. Das ländliche Südwestfrankreich zog das »männlichere«, gesündere und weniger kommerzialisierte Rugby vor, und im Westen sowie im Zentrum gehörten die Sympathien eher dem Rad- und Kraftsport.

Der französische Fußball hatte auch noch nicht zu seiner sozialen Identität gefunden. Die Demokratisierung hatte zwar in der Zwischenkriegszeit Fortschritte gemacht, er war aber noch lange nicht der klassische Jedermannsport, der er in vielen anderen europäischen Ländern bereits war. Nach wie vor war »football« eine Angelegenheit der Mittelschichten. Die Arbeiter bevorzugten selbst im Bergbaugebiet von La Creusot Gymnastik, und das gehobene Bürgertum (inkl. der Bergingenieure) spielte Tennis. Nicht einmal in diesem proletarischen Ort hatten die Arbeiter die Chance des Professionalismus erkannt. Typisch war das Profiteam von Lens, in dem es einen Bergingenieur, einen Lehrer und mehrere Handelsangestellte, aber nur drei Bergleute gab.[68]

Der unterschiedliche Stellenwert des Fußballsports in der italienischen und französischen Gesellschaft war auch noch nach dem Zweiten Weltkrieg nicht zu verkennen. In Italien trugen Fußball und Radsport wesentlich dazu bei, daß das Land wieder international anerkannt wurde. Der Sieg Gino Bartalis bei der Tour de France 1948 und die Erfolge des Turiner Fußballteams, das 1949 bei einem Flugzeugabsturz ums Leben kam, haben den Übergang von der faschistischen Ära zur Demokratie zweifellos erleichtert. Die 1946 erfolgte Einführung des »totocalcio«, eines öffentlichen Systems von Fußballwetten, bot dem Profifußball, dessen riesige Stadien jeden Sonntag voll waren, in den 50er Jahren die Möglichkeit, die besten europäischen und südamerikanischen Spieler zu engagieren und mit seinen erfolgreichsten Klubs, Mailand, Juventus und Inter Spitzenplazierungen bei großen internationalen Meisterschaften zu erreichen. Erst zehn Jahre später vermochte sich in Frankreich erstmals ein Team auch auf internationaler Ebene durchzusetzen. Dabei handelte es sich bezeichnenderweise nicht um einen Großstadtklub, sondern um Stade de Reims, den Verein einer mittleren Provinzstadt ohne Großindustrie. Er stieß 1956 und 1959 ins Finale des Europa-Cups vor und bildete auch das Rückgrat jener französischen

Nationalmannschaft, die bei der Weltmeisterschaft 1958 den dritten Platz erreichte. Seitdem griff der Profifußball auch auf andere Regionen des Landes über (Bordeaux, Lyon, Saint-Etienne, Sedan, Reims, Toulouse), und Söhne von Bergmännern polnischer oder italienischer Herkunft, besonders prominent Piantoni und Kopa, demonstrierten, wie sich mithilfe von Fußball Minderheiten integrieren lassen. 1958 war auch zum ersten Mal die Rede von einer französischen Spielweise und einem französischen Stil.

1 L. C. Romamato/R. Marmiroli, Il Gioco del calcio dalle origini al 2000, Modena 1949.

2 J. J. Jusserand, Les sports et jeux d'exercice dans l'ancienne France, Paris 1901, ND Genf 1986, S. 266.

3 S. Pivato, I terzini della borghesia. Il gioco del pallone nell'Italia dell'Ottocento, Mailand 1991.

4 Zur Gymnastik im Frankreich des 19. Jahrhunderts vgl. die von Pierre Arnaud herausgegebenen Arbeiten, insbes.: Les athlètes de la République, Toulouse 1987, sowie J. Defrance, L'excellence corporelle, Rennes 1987; M. Spivak, Un concept mythologique de la Troisième République: le renforcement du capital humain de la France, in: The International Journal of Sport History 4, 1987, S. 155–175. Für Italien vgl. P. Ferrara, L'Italia in palestra, Rom 1992; G. Bonetta, Corpo e Nazione. L'educazione ginnastica, igiencia e sessuale nell'Italia liberale, Mailand 1990; S. Giuntini, Sport, scuola e caserna, Padua 1988; S. Pivato, Ginnastica e risorgimento, in: Ricerche storiche, Sondernummer »sport, storia, ideologia«, Jg. 19, 1989/2, S. 249–279; F. Vallachi, I muscoli della città. Dall'Associazione Ginnastica Senese alla Mens Sana, Siena 1991.

5 E. Weber, Fin de siècle. La France à la fin du XIXe siècle, Paris 1986, S. 219–242; R. Porter, Les anglais et les loisirs, in: A. Corbin, L'avènement des loisirs 1850–1960, Paris 1995, S. 21–55; G. Triani, La rivoluzione balneare, in: Ludus 2, 1993/5, S. 6–14.

6 D. Leclerc/P. Lachaux-Florentin, Histoire du Havre Athletic-Club, Roanne 1986, S. 11–16.

7 A. Wahl/P. Lanfranchi, Les footballeurs professionnels des années trente à nos jours, Paris 1995; Kap. 1, »Du gentleman footballeur au professionnel«, S. 9–53.

8 E. J. Hobsbawm/G. Ranger (Hgg.), The invention of tradition, Cambridge 1981.

9 A. Ghirelli, Storia del calcio in Italia, Turin, 4. Auflage 1990, S. 19; A. Papa/G. Panico, Storia sociale del calcio in Italia, Bologna 1993, S. 46 f. Zitat nach Wohl/Lanfranchi, Footballeurs, S. 15.

10 R. Badarello, Cronache Savonesi dell'1800, Savona 1977, S. 125.

11 Ghirelli, Storia, S. 20.

12 Badarello, Chronache, S. 125.

13 Zit. nach A. Wahl, Les archives du football, Paris 1989, S. 42.

[14] Nîmes Sport Nr. 11, 7. Januar 1922.

[15] P. Dudzik, Innovation and Investition, Zürich 1987; R. Jaun, Management und Arbeiterschaft. Verwissenschaftlichung, Amerikanisierung und Rationalisierung der Arbeitsverhältnisse in der Schweiz, 1883–1959, Zürich 1986; P. Lanfranchi, Calcio e progresso tecnologico. Il ruolo degli Svizzeri in Italia, in : Lancilotto e Nausica 7, 1990, S. 58–65.

[16] Y. Dupont, La Mecque du football ou les mémoires d'un dauphin, Nîmes 1973, S. 16–18.

[17] Vgl. die Kurzbiographie von Vittorio Pozzo in: Il calcio, cronache illustrate della vita sportiva italiana 2, Nr. 27, 1. März 1924.

[18] E. Demolins, A quoi tient la supériorité des Anglo-Saxons? Paris 1897, S. 103f.

[19] F. Pieth, Sport in der Schweiz, Olten 1979, S. 29–75.

[20] A. Rauch, Naissance du Club Alpin Français. La convivialité, la nature et l'Etat 1874–1880; in: P. Arnaud/J. Camy (Hgg.), La naissance du mouvement sportif associatif en France, Lyon 1986, S. 275–285.

[21] Pieth, Sport, S. 112.

[22] 75 Jahre Fußball-Club Basel 1893–1968, Basel 1968, S. 18.

[23] F. Klippstein (Hg.), Festschrift zum 30jährigen Bestand des Schweizer Fußball- und Athletik-Verbandes, Sankt Gallen 1925, S. 25f.

[24] G. Panico, Dai salotti alle Pelouses: le origini del football a Napoli, in: Nord e Sud 35, 1988, S. 229–245.

[25] R. Lopez, Les Suisses à Marseille: une immigration de longue durée, in: Revue européenne des migrations internationales 3, 1987, S. 149–172.

[26] P. Lanfranchi, Gli esordi di una pratica sportiva. Il calcio nel bacino del Mediterraneo occidentale, in: G. Panico/L. Giacomardo (Hgg.), Università e sport, Roma 1989, S. 41–45; ders., Calcio e progresso tecnologico, S. 58–65.

[27] G. Antonucci, Storia del Bari, in: Azzurri 1990. Storia della Nazionale Italiana di Calcio e del calcio a Bari, Roma 1990, S. 41–44.

[28] E. Escarra, Le développement industriel de la Catalogne, Paris o.J. (1908), S. 75ff.

[29] R. Meroi, Storia dell'Udinese Calcio, Udine 1989, S. 34; A. Brambilla, »Il Vigore, l'ordine, il vesillo«. Sport, politica e società a Busto Arsizio, Busto Arsizio 1991, S. 12–27.

[30] Papa/Panico, Storia sociale, S. 83–85; G. Panico, Ginnasti e sportsmen nell'avventura del football, in: A. Noto/L. Rossi (Hgg.), Coroginnica, Rom 1992, S. 73–80.

[31] R. Hubscher u.a., L'histoire en mouvement. Le sport dans la société française (XIXe–XXe siècles), Paris 1992, S. 64–66; P. Lanfranchi, Rugby contro calcio. La genesi delle due pratiche sportive nella Francia meridionale, in: Ricerche Storiche 29, 1989, S. 339–351; G. Laurans, Rugby, football et identité occitane, in: Amiras. Repères occitans, Nr. 12, 1985, S. 84–103; J.-P. Bodis, Histoire mondiale du rugby, Toulouse 1987, S. 138; Wahl, Les archives du football, S. 27–31.

[32] L'Auscitain, 12. März 1905.

[33] Wahl, Les archives du football, S. 34.

[34] J.J. McAloon, This Great Symbol. Pierre de Coubertin and the origins of the modern Olympic Games, Chicago 1981, S. 109–113, 158–160.

[35] Lanfranchi, Rugby contro calcio, S. 342.

[36] C. Gondouin/Jordan, Le football. Rugby – américain – association, Paris 1910 (ND Genf 1980), S. 262: »Unsere großen Athletikvereine, Racing und Stade, hat-

ten sich in ihren frühen Jahren die großen aristokratischen Klubs und die Universitäten Englands zum Vorbild genommen. Welcher Wintersport wird aber in diesen Kreisen in England am intensivsten betrieben? Das Rugby, das jenseits des Ärmelkanals nach wie vor von zahlreichen ehemaligen Studenten von Oxford und Cambridge gespielt wird, das aber gerade deshalb kein Wintersport einer Minderheit mehr ist. *Association football*, das von allen Engländern der Mittelschicht amateurhalber gespielt wird, hat sich sogar immer mehr zu einer demokratischen Sportart schlechthin und zu einem äußerst populären Spiel entwickelt.«

37 Wahl, Archives du football, S. 86.

38 Ebd., S. 99–136.

39 G. Bacconier/ A. Minier/L. Soler, La plume au fusil. Les poilus du Midi à travers leur correspondance, Toulouse 1985, S. 252.

40 M. Pfefferkorn, Football, joie du monde, Paris 1944, S. 95ff.

41 A. Papa, Storia e memoria sportiva. Alle origini del calcio giovanile in Italia, in: G. Panico/L. Giacomardo (Hgg.), Università e sport, S. 38. In Frankreich war die Situation ähnlich; vgl. P. Lanfranchi, Apparition et affirmation du football en Languedoc, in: P. Arnaud/J. Camy (Hgg.), La naissance du mouvement sportif, S. 263.

42 Wahl/Lanfranchi, Footballeurs, S. 25.

43 C. Bromberger, Le match de football, Paris 1995.

44 P. Fridenson, Les ouvriers de l'automobile et le sport, in: Actes de la recherche en sciences sociales, Nr. 79, 1989, S. 50–62.

45 Interview mit René Dedieu in Alès, 1981.

46 Archives Départementales du Gard, 4 M 313.

47 G. Colome, Il Barcelona e la società catalana, in: Panico/Giacomardo, Il calcio e il suo pubblico, S. 59–64.

48 P. Lanfranchi, Bologna, The Team that shook the world, in: The International Journal of the History of Sport 8, 1991, S. 336–347; N. S. Onofri/V. Ottani, Dal Littoriale allo Stadio. Storia per immagini dell'impianto sportivo bolognese, Bologna 1990, S. 13–24; F. M. Varrasi, Economia, politica e sport in Italia (1925–1935), Diss. Florenz 1996, S. 369–394.

49 Varrasi, Economia, S. 344–368; C. R. Guidotti, Lo stadio di Firenze, in: Azzurri 1990, Florenz/Rom 1990, S. 109–132.

50 S. Pivato, Il pallone senza football, in: Storia e Dossier 9, 1994, 84, S. 74–79.

51 Papa/Panico, Storia sociale, S. 115.

52 H. Beaudet, L'aventure fantastique de la Coupe de France de football, Paris 1989, S. 20.

53 F. Fabrizio, Sport e fascismo. La politica sportiva re regime 1924–1936, Rimini/Florenz 1976, S. 14.

54 G. Triani, Il campanile perduto, in: R. Grozio (Hg.), Catenaccio e contropiede. Materiali e immaginari del football italiano, Rom 1990, S. 129–137.

55 R. Grozio/M. Flamigni, Il GeMiTo del Derby, in: Grozio, Catenaccio e contropiede, S. 139–148.

56 Bromberger, Le match, S. 46.

57 Vgl. A. Fugardi, Il calcio dalle origini ad oggi, Bologna 1966, S. 79; M. Bontempelli, Tifo e tifi diversi, in: F. Ciampitti/G. Titta Rosa (Hgg.) Prima antologia degli scrittori sportivi, Mailand 1934; Papa/Panico, Storia sociale, S. 124–132; G. Triani, Mal di Stadio. Storia del tifo e della passione per il calcio, Roma 1990, S. 72.

[58] Lanfranchi, Bologna, Storia sociale; zum Dopolavoro vgl. V. De Grazia, Consenso e cultura di massa. L'organizzazione del Dopolavoro, Rom/Bari 1981; E. Gentile, Il culto del littorio, Bari 1993, S. 177–180.

[59] Wahl, Les archives du football, S. 224–228.

[60] Le Miroir des Sports, 6. Mai 1923.

[61] G. L. Mosse, Die Nationalisierung der Massen. Von den Befreiungskriegen bis zum Dritten Reich, Frankfurt 1976 (1975).

[62] P. Lanfranchi, Elemente für eine vergleichende Analyse der Verbreitung des Fußballs in Frankreich und Deutschland, in: J.-M. Delaplace/G. Spitzer/G. Treutlein (Hgg.), Sport und Sportunterricht in Frankreich und Deutschland in zeitgeschichtlicher Perspektive, Aachen 1994, S. 121–130.

[63] Fabrizio, Sport, S. 63; Lanfranchi, Bologna, Sport; Papa/Panico, Storia sociale, S. 158–163.

[64] In der Saison 1935/36 gab es in der Seria A vier österreichische, sechs ungarische und vier italienische Trainer, in der Seria B neun ungarische, einen österreichischen und sechs italienische. Vgl. R. Balassina (Hg.), Agendino del Calcio 1935–36, Mailand 1935, S. 62f.

[65] Zu diesem Match vgl. V. Pozzo, Campioni del mondo. Quarant'anni di storia del calcio italiano, Rom 1960.

[66] F. Marri, Metodo, sistema e derivati nel linguaggio calcistico, in: Lingua Nostra 44, 1983, S. 70–83.

[67] Bis zum Zweiten Weltkrieg engagierten die Klubfunktionäre lieber einen Ausländer, als einem einheimischen Nachwuchsspieler eine Chance zu geben. Vgl. Wahl/Lanfranchi, Footballeurs, S. 78–83.

[68] Vgl. A. Thepot (Hg.), L'ingénieur dans la société française, Paris 1985. Generell zur sozialen Basis des Sports in Frankreich vgl. P. Bourdieu, Historische und soziale Voraussetzungen modernen Sports, in: Soziologische Fragen, Frankfurt 1993, S. 165–186.

Österreich

Michael John

Der mitteleuropäische Raum wies gegenüber dem angelsächsischen sowohl in der Entwicklung des modernen Sports als auch im speziellen des Fußballsports eine deutliche Zeitverzögerung auf. Die allererste Erwähnung des Fußballspiels in Österreich fällt in die frühen 1890er Jahre. In rund hundert Jahren lassen sich fünf Phasen der Entwicklung festmachen: eine Etablierungsphase, die bis zum Ersten Weltkrieg reichte, eine Phase der Massenaneignung und ersten Professionalisierung in der Zwischenkriegszeit, die Sonderentwicklung des österreichischen Fußballsports im Rahmen des Gau XVII des nationalsozialistischen Deutschen Reiches, eine Re-Konstituierungsphase des österreichischen Fußballsports nach 1945 und eine sich unterschiedlich gestaltende Modernisierungsphase seit den 60er Jahren, die bis in die Gegenwart reicht.

Nach englischem Vorbild: Die Etablierungsphase 1894–1914

Im August 1894 wurde der erste österreichische Fußballverein mit dem Namen First Vienna Football Club gegründet, nur einen Tag später reichte der Vienna Cricket and Football Club bei der Statthalterei seine Satzungen ein. Die Mitglieder der beiden Vereine waren weitgehend Engländer, die als Vertreter, Angestellte, Ingenieure oder Unternehmer in Österreich zu tun hatten. Als Protektor der Vienna firmierte das Bankhaus Rothschild. Entsprechend der Hegemonie der Ober- und Mittelschichten des frühen Fußballsports in Österreich traten im Vienna-Dreß mehrere Großindustrielle an; zu den Fußballbegeisterten dieser Zeit zählten auch zwei Erzherzöge. Ein Satzungsparagraph schloß anfangs »Arbeiter, Handwerker und Taglöhner« vom aktiven Spiel aus. Dem vorwiegend bürgerlichen Charakter des frühen Fußballspiels entsprach in den 1890er Jahren ein eher kleines, gewähltes Publikum; selten besuchten mehr als 300–400 Zuschauer die auf gedruckten Einladungen angekündigten Matches. Popularität wurde nicht angestrebt,

Vienna erhöhte beispielsweise im April 1897 den Eintrittspreis zu seinem Spiel gegen Cricket von zehn auf 20 Kreuzer, »um den Andrang abzuschwächen und die Zahl der Zuschauer zu vermindern«.[1]

Fußball im öffentlichen Wettspiel wurde damals fast ausschließlich von erwachsenen Männern, Mitte zwanzig bis vierzig Jahre alt, gespielt. Sie setzten ihre Körperkraft voll ein, es galt als kraftvoll und männlich, den Ball möglichst hoch in die Wolken zu jagen. Die Sportbetätigung geschah im Sinne des Gesundheits- und Freizeitsportes, der zur Fitness des Körpers und zum Abbau von Energieüberschüssen diente. Absichtliches Foulspiel war so gut wie unbekannt. Die Spielerkleidung ließ repräsentative und selbstdarstellerische Elemente erkennen: Schärpen, ebenso Zipfelmützen, Kappen, Barette, Tellermützen; zwei besonders elegante Spieler erschienen mit einem roten Fez.[2] Dem Mutterland des Fußballs zollte man mit der Verwendung des Englischen im Rahmen der Sportsprache Anerkennung, einige Vereine richteten Englischkurse ein. Englische Bezeichnungen wurden auch bei der Namensgebung der Vereine verwandt: So waren neben Vienna und Cricket auch Klubs wie Britannia, Rambler, Derby, Blue Star, Red Star, Nelson und Crabtree aktiv.[3] Englische Spieler und Trainer wie Jimmy Hogan, Percy Lowe oder M. D. Nicholson, der erste Präsident der Österreichischen Fußball Union, prägten das frühe Fußballgeschehen.[4]

Die Anfänge der Popularisierung

Seit der Jahrhundertwende war diese bürgerliche Spielkultur einer gewissen Erosion ausgesetzt. 1898 wurde der 1. Wiener Arbeiter Fußball-Club gegründet, der sich bereits vier Monate nach seiner Gründung in SC Rapid umbenannte. 1903 konnten die Arbeiterfußballer bereits Cricket schlagen und gegen Vienna ein Remis erreichen. In der Folge beteiligten sich auch jüngere Spieler an diesem Sport, die Verhaltensweisen wurden etwas weniger gesetzt. Ab 1905 wurde das Fußballspielen in den Gymnasien offiziell gestattet. Die Zahl der Zuschauer nahm langsam zu, vor allem aus der Vorstadt kamen immer mehr. In der Folge wurde auch bei den damaligen Matches der eine oder andere »Skandal« (Raufereien etc.) gemeldet. Dennoch blieb der bürgerlich-kleinbürgerliche Charakter des Fußballsports bis zum Ausbruch des Ersten Weltkriegs erhalten. 1913 wurde erstmals ein Fußballspiel zwischen Militärmannschaften vom Kriegsministerium bewilligt.[5]

Die Gegensätze innerhalb der multiethnischen Habsburgermonarchie wurden auch im Sport wirksam. Der Nationalismus hat das Interesse an diesem Spiel zweifelsohne belebt. Die »tschechische Frage« wurde auch auf den Fußballfeldern Altösterreichs zum Thema, die Spiele Slavia Prag gegen Rapid Wien waren besonders spannungsgeladen. Die tschechischen Fußballvereine strebten eine eigenständige Teilnahme an internationalen Meisterschaften an. Zum »Erzfeind« österreichischer Mannschaften sollte allerdings der ungarische Co-Partner in der Doppelmonarchie werden. Die Matches mit Ungarn und Budapest erfreuten sich großer Beachtung. Die Hauptstädte Wien und Budapest, daneben noch Prag, waren zugleich die Zentren des neuen Sports: 1910 waren in Wien 75 Vereine registriert, in den dem heutigen Österreich entsprechenden Kronländern hingegen lediglich elf Klubs.[6] Während des Ersten Weltkriegs nahm die Popularität der Fußballspiele trotz kriegsbedingter Schwierigkeiten weiter zu. Die Spiele der Stadtauswahl Wien gegen Budapest oder Berlin, vor allem aber gegen den damaligen »Erzfeind« Ungarn zogen während der Kriegsjahre bis zu zehntausend Besucher an; der Staat förderte die Matches.[7] Als die Habsburgermonarchie zusammenbrach, begann daher für den Fußballsport in der 1918 gegründeten Republik Österreich, die sich politisch und geographisch deutlich vom riesigen Habsburgerreich abhob, eine neue Ära.

Massenpublikum und Professionalisierung: 1919–1938

Nach dem Krieg kamen zuerst 20000, dann 40000 Menschen pro Spiel auf den Fußballplatz. 1923 wurde ein vorläufiger Rekord erreicht: Im neuen Stadion auf der Hohen Warte in Wien wollten 85000 Menschen ein Länderspiel sehen. Spätestens seit diesem Spiel war evident, daß Fußball in Wien massenmobilisierenden Charakter hatte.[8] Eine ähnliche Massenaneignung kann nur für das Kino konstatiert werden.[9] Der Massenbetrieb im Fußballsport förderte die Entbürgerlichung des Sports: Konservative Höflichkeits- und Umfangsformen, der Auftritt angesehener Personen aus Adel und Hochfinanz waren vorbei. Auf dem Spielfeld galt nicht mehr das britische Ideal der »Fairness« als Maß, analog der Zielsetzung »Effizienz« hielt das absichtliche Foulspiel Einzug. Zehntausende begannen sich in der Zwischenkriegszeit aktiv sportlich zu betätigen: Burschen und Männer gaben dem Vereinsfußball Impulse, während die Arbeiterklasse die Wiener Vorstadtgassen, die Parks und Wiesen bevölkerte. Das »Fetzenlaberl«, ein in Ermangelung teurer Lederfußbälle aus Textilien selbstgefertigter Ball, wurde zum Symbol materialisierter Alltagsgeschichte einer ganzen Generation.[10]

Die Einführung des Berufsfußballs

Bereits 1904 hatte der Österreichische Fußballverband den Berufsspieler definiert, seit 1905 gab es eine Agitation für den Professional-Status, die sich auf das englische Beispiel berief. Schließlich ist im September 1924 in Österreich als erstem kontinentaleuropäischen Land der Berufsfußball eingeführt worden.[11] Der sog. »Nachtmahlamateurismus«, ein Scheinamateurismus, der verschleierte Formen der Vergütung in Form von Abendessen, Kleidung, Tankstellen und Zigarettenläden kannte, wurde von der offiziellen Zulassung des Berufs »Fußballer« abgelöst.[12] In der Öffentlichkeit wurden die sog. »fünf reichen Klubs« (Amateure/Austria, Rapid, Hakoah, Sportklub, Vienna) für diese Entwicklung verantwortlich gemacht: »Das Kartell der fünf Vereine stellt nichts anderes als eine Organisation der Fußballunternehmer dar.« Die Vereine erwarteten sich durch das neue Statut einen verbesserten Zugang zu Spitzenspielern und einen Leistungsschub. Aber auch die Spieler, so das ›Neue Wiener Journal‹, seien mitverantwortlich an der Einführung des Professionalismus, da sie die Vereine mit ihren Forderungen nach höheren Vergünstigungen unter Druck gesetzt hätten.[13] Den übrigen Klubs der ersten und zweiten Liga sei in dieser Situation nichts anderes übrig geblieben als nachzuziehen. Es wurden zwar Höchstgagen vereinbart, bei den Stars hielt man sich jedoch nicht daran.[14]

Infolge großer sportlicher Erfolge erlangte der Wiener Fußball internationale Strahlkraft. Österreichische Professionals wurden damit auch zu einem Exportartikel. Zeitweilig waren hunderte österreichische Spieler im Ausland tätig: in Frankreich, der Tschechoslowakei, in Italien und Jugoslawien, auf Malta, in den Vereinigten Staaten von Amerika und in anderen Ländern.[15] Eine ganze Reihe ausländischer Spieler aus den Nachfolgestaaten der Monarchie war wiederum in Österreich aktiv. Es waren auch österreichische Klubs als Gastmannschaften sehr gefragt, eine Möglichkeit für die österreichischen Vereine, um zu Einnahmen zu kommen. Auf den Vereinen lastete ein großer Steuerdruck,[16] ebenso waren die Kosten für den professionellen Spielbetrieb erheblich.[17] Daher brachen die Spieler von Rapid Wien und Wien-Simmering unter anderem zu Skandinavienreisen auf, Hakoah Wien absolvierte zwei viel beachtete USA-Tourneen, der Wiener Athletic Club fuhr nach Spanien, Rapid etwas später nach Kairo, Admira nach Barcelona, die Amateure Wien, später in Austria Wien umbenannt, nach Bilbao, Bari und Berlin.[18]

Die wirtschaftliche Situation Österreichs in der Zwischenkriegszeit kann mit den Termini »Langzeitkrise« und »Strukturkrise« charakterisiert werden.[19] Die Umstellung vom nahezu autarken wirtschaftlichen Großraum der Monarchie zum kleinstaatlichen Wirtschaftsraum hatte sich als schwierig erwiesen. In den 20er Jahren folgte auf eine Phase überhitzter Hyperinflation eine langwierige Stabilisierungskrise; nach einer kurzen Hochkonjunktur stellte sich im Zuge der Weltwirtschaftskrise eine neuerliche Depression ein. Die Arbeitslosenrate überstieg 1932 in der offiziellen Statistik 20 Prozent und erreichte 1933 und 1934 mehr als 25 Prozent. In der Realität, das heißt jenseits amtlich-statistischer Darstellung, war zu dieser Zeit etwa ein Drittel der männlichen Bevölkerung Österreichs ohne Arbeit.[20] Ein erheblicher Teil der sportinteressierten Massen war selbst konkret mit dem Problem der Arbeitslosigkeit konfrontiert. In Hinblick auf den Fußballsport bedeutete dies: Sie verfügten über freie Zeit und waren zu großem Einsatz motiviert. Der Status eines Profis oder Halbprofis bot ihnen die Möglichkeit zu vergleichsweise interessantem Einkommen und zu gesellschaftlicher Anerkennung. Der professionelle Fußballsport übte also auch aus diesem Grund auf die unteren sozialen Schichten eine enorme Attraktion aus.

Die Mittelschichten hatten sich in der Zwischenkriegszeit trotz des Masseninteresses und der breiten »Proletarisierung« des Spiels nicht zur Gänze aus dem Fußballgeschehen zurückgezogen; bestimmte Segmente der Wiener Mittelschichten traten sowohl als Spieler und Zuschauer (Angestellte aus der unteren Mittelschicht) wie auch als Financiers, Organisatoren und Funktionäre (das liberale Bürgertum) hervor. Trotz des gesellschaftlichen Niedergangs des Bürgertums und der Mittelschichten im Zuge des Zusammenbruchs der Habsburger Monarchie war gerade in Wien einiges an gesellschaftlicher Substanz dieser Schichten übriggeblieben. Aus dieser Bevölkerungsgruppe kam eine Reihe von Zentralfiguren jener Variante der Fußballkultur, die, wie gerne zitiert wird, mit »Elementen der Boheme und Kaffeehauskultur durchsetzt« und eng mit Theater, Journalismus und anderen Kultursparten verbunden waren. Poesie, Essays, Bonmots zum Thema Fußball werden in Österreich seitdem mit Namen wie Friedrich Torberg, Hermann Leopoldi, Anton Kuh und Alfred Polgar verbunden. Austria Wien war geradezu von der Aura eines Intellektuellenvereins umgeben.[21]

»Arbeiterfußball« – Versuch einer sozialistischen Linie im Fußballsport

Das politische und gesellschaftliche System Österreichs war 1918–1934 durch die Existenz eines einflußreichen konservativen und eines großen sozialdemokratischen Lagers gekennzeichnet. Beide Lager standen in Konfrontation zueinander, unterhielten sogar paramilitärische Verbände. Solange in Österreich eine parlamentarische Demokratie bestand (1918–1933/34), stellte das konservative Lager in dem noch stark agrarisch und kleingewerblich geprägten Land die Regierung. Dem standen die sozialdemokratisch dominierten größeren Städte gegenüber, vor allem aber Wien. In dieser Stadt lebte mehr als ein Viertel aller Österreicher. Die Strategie der Kommunen lief darauf hinaus, über städtische Reformpolitik sozialistische Gegensysteme zu schaffen. Emphatisch wurde die sozialdemokratisch regierte Bundeshauptstadt als »Neues Wien« und »Rotes Wien« bezeichnet. Vor allem in dieser Stadt, wo bis zu zwei Drittel der Wähler für die Arbeiterpartei votierten, versuchte die Sozialdemokratie den Aufbau einer sozialistischen Gegenkultur.[22] Sport kam dabei eine wichtige Rolle zu. Der organisierte Arbeitersport wurde allerdings den Idealen sozialistischer Gesinnung untergeordnet.

Bis Mitte der 1920er Jahre existierte im Fußballsport ein gesamtösterreichischer Dachverband. Über politische Grenzen hinweg waren konservative und sozialdemokratische Spieler, Profis, Amateure und Sonntagsfußballer gemeinsam organisiert. 1926 kam es auf Drängen nationaler Spitzenfunktionäre innerhalb des sozialdemokratischen Arbeiterbunds für Sport und Körperkultur in Österreich (ASKÖ), die wiederum auf den internationalen Druck der Luzerner Arbeitersport-Internationalen reagierten, zur Trennung der professionellen Vereine von den Arbeiter-Fußballvereinen. Zwischen beiden Gruppierungen fand kein Sportbetrieb mehr statt, auch Auswahl- und sonstige Wettkämpfe waren nicht mehr möglich. Damit hatte die Polarisierung zwischen den politischen Lagern den Fußballsport erreicht; andere Sportarten hatten bereits vorher eine Trennung zum nicht-sozialdemokratisch organisierten Sport vollzogen. Immer stärker wurden nun auch bei den Arbeitersportlern die »sozialistischen Sportideale« betont. Dazu zählte man die Förderung des Breitensports, die Propagierung persönlicher Höchstleistungen im Rahmen der Ertüchtigung des Körpers anstelle seiner kräftemäßigen Ausbeutung, die Betonung der »puren Freude am Sport« und die Ablehnung des Gelderwerbs im Sport. Für die Sozialdemokratische Partei galt überdies, zumindest ideologisch und verbal, die körperliche Ertüchtigung als Voraussetzung eines militanten Proletariats. Sie plädierte für eine enge Verbindung des Arbeitersports mit dem Republikanischen Schutzbund, einer paramilitärischen Formation der Sozialdemokratie. Konkret auf den Fußballsport bezogen, standen die Ideologen des »Arbeiterfußballs« der Einführung von Rückennummern, der namentlichen Nennung von Torschützen und dem Besuch von Professionalspielen ablehnend gegenüber. Starkult und Individualismus wurden nachhaltig kritisiert.[23]

Trotz einer glanzvollen internationalen »Arbeiterolympiade« 1931 geriet der »Arbeiterfußball« in der Folge in eine Krise. Es mangelte an Geldmitteln zur Finanzierung des Spielbetriebs, die Spiele der Arbeiterligen waren schlecht besucht, das Engagement im Breitensport ließ nach. Diese Entwicklung verlief parallel zur Krise der Sozialdemokratie insgesamt, geriet doch die sozialdemokratische Reformpolitik in der Weltwirtschaftskrise mehr und mehr in eine defensive Position. Als das autoritäre Dollfuß-Regime nach dem gewonnenen Bürgerkrieg im Februar 1934 die Sozialdemokratie verbot und den Parlamentarismus gänzlich abschaffte, wurden auch die Arbeitersportvereine gesetzlich aufgelöst.[24] Die Linie des »Arbeiterfußballs« scheiterte allerdings nicht nur an dieser Intervention, sondern auch am Widerspruch zwischen den ideologischen Vorgaben und der realen Entwicklung der Gesellschaft. Diese wies in der Zwischenkriegszeit trotz der wirtschaftlichen Krise bereits deutlich in Richtung der modernen Konsum- und Freizeitgesellschaft. Dazu gehörte auch die Kommerzialisierung des Sports. Letztlich erwiesen sich die Angebote der professionellen Liga inklusive der Nationalmannschaft für Aktive und Zuschauer trotz aller Selbstaufopferung im Rahmen des Arbeitersports als attraktiver als die Vorgaben sozialistischer Sportideologie.[25]

Wiener Fußballkultur und mitteleuropäisches Netzwerk

In der Zwischenkriegszeit wurde in Österreich keine nationale Fußballmeisterschaft ausgetragen, denn die österreichischen Spitzenmannschaften kamen ausschließlich aus Wien. Diese Stadt nahm in den 20er und 30er Jahren noch immer eine Sonderstellung ein; sie war zwar schwächer, blieb aber bis 1938 erhalten. So behielt Wien, bis 1918 Zweimillionenmetropole in der multinationalen österreichisch-ungarischen Monarchie, auch nach dem Ende des Kaiserreiches Elemente einer Weltstadt bei. Die Stadt war Drehscheibe des Osthandels geblieben, und zumindest bis zur Weltwirtschaftskrise dominierten die Wiener Banken Ostmitteleuropa.[26] Auch kulturell übte sie noch immer eine starke Attraktion auf die Nachbarländer aus, so daß sie im Zuge des gerade entstehenden Massentourismus zu einer der meistbesuchten Städte Europas wurde. Schließlich blieb auch ein Erbe der Monarchie bestehen: die Bevölkerungsmischung. Praktisch jeder aktive Fußballspieler in der Zwischenkriegszeit war zu Zeiten der Monarchie geboren. Daher prägten die Migrationsströme der Kaiserzeit auch den Wiener Fußball der Zwischenkriegszeit.[27]

So stammten viele Fußballer aus Zuwandererfamilien, die ursprünglich in Böhmen, Mähren oder Ungarn beheimatet gewesen waren. Etwa die Hälfte der Spieler des österreichischen »Wunderteams«, der Nationalmannschaft der frühen 30er Jahre, waren Zuwandererkinder oder selbst noch außerhalb der nunmehrigen Grenzen Österreichs geboren (zum Beispiel Cisar, Szoldatics, Šesta, Horvath, Chloupek, Smistik, Šindelar, Urbanek, Bican, Cejka).[28] Der Star dieses Teams war Mathias Šindelar. Er kam 1903 in Kozlov/Kozlau in Mähren als Sohn eines Maurers zur Welt. Bald übersiedelte die Familie nach Wien und bezog dort ein typisches Arbeiterquartier. Die Mutter mußte, nachdem der Vater im Krieg gefallen war, als Wäscherin vier Kinder durchbringen. Seit März 1917 arbeitete Šindelar als Lehrling und Schlossergehilfe – eine Stellung, die er in der Krise der frühen 1920er Jahre verlor. Schon als Gassenbub war er von Fußball-Talentsuchern entdeckt worden, die ihn zu einem etablierten Verein brachten. Šindelar war infolge unzureichender Ernährung außerordentlich mager, er erhielt dafür den Beinamen »der Papierene«. Obgleich politisch der Sozialdemokratie nicht feindlich gesinnt, war er der sozialistischen Sportpädagogik nicht zugänglich. Er erfaßte die Chance eines systemimmanenten sozialen Aufstiegs und entschloß sich nach dauerhafter Arbeitslosigkeit, Professional zu werden.[29] Neben Šindelar sind Josef Uridil, ein Rapid-Star der 20er Jahre[30], und Josef Bican, Nationalspieler sowohl im österreichischen als auch im tschechoslowakischen Nationalteam, zu nennen – Spitzenspieler, die direkt aus ethnischen Minderheiten stammten.

Die Schmelztiegelqualität stellte ein Spezifikum des Wiener Fußballs dar. Aufgrund der ähnlichen Strukturierung ähnelte er mehr dem Budapester, Prager oder Brünner Fußball als dem des Ruhrgebiets, Berlins oder der sportlich vergleichsweise bedeutungslosen österreichischen Bundesländervereine. Einen konstituierenden Faktor dieses mitteleuropäischen Mannschaftstyps stellte die erhebliche Anzahl jüdischer Spieler dar. In Wien umfaßte die jüdische Bevölkerung damals mehr als 180000 Personen. Jüdische Spieler fanden sich in einer Reihe eher bürgerlicher Vereine (vor allem Amateure/Austria Wien, Wiener Athletic Club und Vienna). Aber sie gründeten auch explizit jüdische Klubs, zum Beispiel Hakoah Wien, einen zionistisch ausgerichteten Sportverein mit verschiedenen Sektionen. Ziel war das Training der physischen Kräfte der Juden. Die Gründung der Hakoah war eine Reaktion auf den massiven Antisemitismus, der Juden auch im Sport diskriminierte.[31] Die damals das Sportgeschehen dominierende Turnerschaft war in ihrer Mehrheit in deutschnationale, völkische und antisemitische Organisationen eingebunden. Dies förderte sowohl die Gründung speziell jüdischer Sportorganisationen als auch den Einstieg jüdischer Sportler in neue Disziplinen wie Wasserball, Eishockey, Tennis oder Fußball. Daraus erklärt sich umgekehrt auch das große Interesse von Juden für den Fußballsport – als Spieler, Zuschauer und Funktionäre. 1924/25 gelang Hakoah Wien ein großer Triumph: Die Mannschaft wurde erster österreichischer Meister der Professionals.[32]

Der Sport erhielt seine Spannung und Brisanz in Österreich unter anderem also von der Präsenz der verschiedenen ethnischen, sozialen und religiösen Gruppen, die in einem spürbaren Spannungsverhältnis standen. Dies war typisch für ganz Mitteleuropa, wo in der Zwischenkriegszeit noch immer ein gemeinsames sportliches Netzwerk bestand. Die Begegnungen, die das größte Interesse in Wien hervorriefen, waren die Spiele gegen tschechische und ungarische Mannschaften. Die Gemeinsamkeiten mit Prag, Budapest und anderen mitteleuropäischen Städten beschränkten sich nicht nur auf die konfliktreiche Geschichte der Habsburger Monarchie, sondern auch auf ein ähnliches Spielkonzept. Außerhalb Mitteleuropas sprach man vom »Donaufußball« (»Danubian Style«, »Calcio Danubiano«) und meinte damit die Spielweise in Österreich, Ungarn und der Tschechoslowakei.[33] Die starke Konzentration auf Mitteleuropa wurde von außen verstärkt: Bis 1925 wurde Österreich – als Kriegsfolge – von England und Frankreich als Spielpartner nicht akzeptiert, auch in der Folge waren Spiele mit westeuropäischen Mannschaften selten. Deutschland stand wegen der Ablehnung des Professionalismus ebenfalls etwas abseits; die wichtigen Pokalwettbewerbe der Zwischenkriegszeit fanden ohne Deutschland statt. Im Mitropa-Cup spielten österreichische, tschechische, ungarische, italienische bzw. jugoslawische Mannschaften, im Svehla-Cup die Nationalmannschaften Italiens, Österreichs, der Schweiz, der Tschechoslowakei und Ungarns.[34]

Von der Spielanlage her handelte es sich beim »Donaufußball« um ein Kurzpaßspiel, das vor allem das österreichische »Wunderteam« (1931–32) so gut beherrschte, daß es nicht nur den mitteleuropäischen Konkurrenten Ungarn 8:2 bezwang, sondern 1931 auch Schottland, den eigentlichen »Erfinder« des Kurzpaßspiels und damals nach England wohl die zweitbeste Mannschaft der Welt. Die Österreicher siegten mit 5:0. Nach Spielende stürmten begeisterte Fans das Feld und trugen ihre Helden auf den Schultern vom Platz. Sogar die dem »bürgerlichen« Professionalsport gegenüber feindliche ›Arbeiter-Zeitung‹ notierte: »Elf Fußballer, elf Professionals – gewiß, es gibt noch wichtigere Dinge in der Welt, aber [dieser Sieg] ist schließlich doch ein Dokument wienerischen Schönheitssinnes, wienerischer Phantasie und wienerischer Begeisterung.«[35] Während etwa englische und vor allem deutsche Mannschaften ein enges Verhältnis zur Athletik hatten sowie ein hohes Maß an Mannschaftsgeist und Konzepttreue aufwiesen, schätzte man auf österreichischen Plätzen Einzelaktionen, phantasievolle Kombinationen und hohe Technik bis hin zur Ballverliebtheit. »Ballett« und »Wiener

Walzer« waren damals bereits Begriffe, mit denen man den österreichischen Fußball zu charakterisieren pflegte.[36]

Bedenkt man, daß die größten Erfolge während der Wirtschaftskrise errungen wurden und daß Minderheiten, die ansonsten diskriminiert wurden, im österreichischen Fußball eine besondere Rolle spielten, so läßt Österreich während der Zwischenkriegszeit – auch wenn der Vergleich ein wenig überzogen scheint – an Brasilien denken, wo man ebenfalls mit großartigen Fußballerfolgen ökonomische Unterentwicklung und Diskriminierung zu kompensieren versuchte. Wien zählte damals zu den Welthauptstädten des Fußballs. In der internationalen Presse wurden die Motivation und Kreativität der Spieler ebenso wie die österreichische Spielauffassung gefeiert. Auch die Politik begann damals bereits mit der Instrumentalisierung dieses Sports. So wurde beispielsweise inmitten der tiefsten Wirtschaftskrise im Dezember 1932 während des Länderspiels England–Österreich in Stamford Bridge (England) die Parlamentssitzung des Finanzausschusses unterbrochen, und auf Staatskosten wurden in Wien an zentralen Plätzen Lautsprecher aufgestellt, über die eine Live-Reportage übertragen wurde.[37] Es standen also Krise und materieller Mangel an der Wiege des »Fußballwunders«.

Fußballsport unterm Hakenkreuz: 1938–1945

Am 12. März 1938 überschritten deutsche Truppen die österreichische Grenze, in der Folge wurde der »Anschluß« Österreichs an das Deutsche Reich proklamiert. Am 28. März setzte der Österreichische Fußballverband den Weltverband FIFA in Kenntnis, daß er seine Organisation liquidiert habe. Im Zuge der Machtübernahme wurde der österreichische Fußballverband als Gau XVII Ostmark dem Nationalsozialistischen Deutschen Reichsbund für Leibesübungen (NSRL) eingegliedert. Dessen Satzung definierte: »Zweck des NSRL ist die leibliche und charakterliche Erziehung der in den Mitgliederorganisationen zusammengefaßten Deutschen durch planvoll betriebene Leibesübungen und Pflege des Volksbewußtseins im Geist des nationalsozialistischen Staates.« Die Umsetzung dieser Bestimmung bedeutete die Entfernung »nichtarischer und undeutscher Elemente« aus dem Fußballsport.[38]

Im April 1938 wurde der Vorstand des Vereins Austria Wien seines Amtes enthoben, der Klubpräsident Emmanuel »Michl« Schwarz als Jude festgenommen, der Verein unter kommissarische Verwaltung gestellt. Der Name mußte in SC Ostmark geändert werden. Im Juli 1938 konnte allerdings die Rückbenennung auf den Traditionsnamen Austria erreicht werden. Der jüdische Verein Hakoah Wien wurde aufgelöst, das Vereinsvermögen beschlagnahmt, die Resultate der in Meisterschaftsspielen stehenden Hakoah wurden annulliert. Jüdische Spieler wurden aus der laufenden Meisterschaft ausgeschlossen. Für eine gemeinsame sportliche Aktivität von Juden und Nichtjuden war im Dritten Reich kein Platz; selbst der Besuch von öffentlichen Bädern war Juden untersagt.[39]

Einem verhältnismäßig großen Teil der Hakoah-Mitglieder gelang vor dem Beginn der systematischen Deportationen die Flucht ins Ausland. Für die Fluchtbereitschaft und die erfolgreiche Durchführung der Flucht gab es eine Reihe von Gründen. Einer davon war, daß mitunter jüdische Spieler von nationalsozialistischen Kollegen gewarnt wurden: »Ich hatte einen Freund, wir haben in unserer Jugend miteinander sehr oft Fußball gespielt«, erzählt der ehemalige Berufsfußballspieler Igor Fischer, geboren 1909. »Er war illegaler Nazi – das wußte ich aber zum Zeitpunkt der Freundschaft nicht – und später ging er zur SS. Und ich war 1938 in Iglau (Tschechoslowakei), wo ich ein Engagement hatte, und wollte nach Wien zu meiner Familie fahren. Dieser Mann hat mir eine Korrespondenzkarte geschrieben, wobei er mich gewarnt hatte. Als Jude würde man mich festnehmen usw. Er war ein Nazi, der dann später in einem KZ bei der Wachmannschaft war, also eigentlich ein Schwein! Gut – die Nationalsozialisten haben mich später dann doch erwischt – aber damals hat mich dieser Mann gewarnt!«[40] Auch den Hakoah-Wassersportlern Hans Selinko und Otto Fischer gelang die Flucht, weil sie von nationalsozialistischen Schwimmerkollegen von geplanten Aktionen gegen den Sportklub Hakoah informiert worden waren und »zum Abhauen« aufgefordert wurden. Bei diesen jüdischen Sportlern handelte es sich um Spitzensportler. Offenbar hatte sich abseits des Rassenwahns und der politischen Auseinandersetzungen, getragen von den sportlichen Leistungen, eine Form der Akzeptanz und des Respekts herausgebildet, die diese spezifische Beziehungsebene ermöglicht hatte.[41] Diese Besonderheit soll jedoch nicht den Blick dafür verstellen, daß während der NS-Zeit Dutzende österreichischer Hakoahner und andere jüdische Sportler, u. a. der ehemalige Nationalspieler Max Scheuer und der Funktionär Fritz Löhner, ermordet oder in den Konzentrationslagern zugrunde gerichtet wurden.[42]

Die Gestapo hat in Wien auch die Vereine ethnischer Minderheiten beobachtet. Beim SK Slovan z. B. wurde der Spielbetrieb behindert, indem man kurz vor Spielbeginn Spieler zur polizeilichen Einvernahme holte. Funktionäre mußten auf Betreiben der Behörden zurücktreten, der Name sollte auf Eintracht oder Germania X geändert werden; schließlich konnte Slovan als AC Sparta weiterspielen. Ein Großteil der Slovan-Mitglieder wurde in den Arbeitsdienst einberufen und war damit für den Spielbetrieb nicht greifbar.[43] Es wurden ferner Vereine verboten und aufgelöst, die im Verdacht standen, sozialdemokratisches oder kommunistisches Gedankengut zu verbreiten. So wurden beispielsweise im Frühjahr 1939 bei einem Klubabend 48 Mitglieder des Fußballvereins Olympia 33 von der Gestapo verhaftet. Das Vereinsvermögen wurde beschlagnahmt, der Sport- und Geselligkeitsverein Olympia 33 wegen »staats- und parteifeindlicher Tätigkeit« aufgelöst. 24 Vereinsmitglieder starben in Konzentrationslagern oder im Gefängnis.[44]

Ein zentrales Element des nationalsozialistischen Sportverständnisses war das Verbot des professionellen Sports. Per 22. April 1938 wurde der Berufsfußball abgeschafft, die Verträge aller Professionals wurden gekündigt. Der Sport sollte den nationalsozialistischen Zielen dienen, der österreichische Professionalismus wurde als »jüdisch eingefärbt« bezeichnet.[45] Nun befand sich der österreichische Professionalismus allerdings seit den frühen 30er Jahren in der Krise. Die Reaktion des Nationalsozialismus darauf bestand in einer Art Staatsamateurismus bzw. in einer Privilegierung der Spitzenspieler. So hieß es, daß »dank des Entgegenkommens des Wiener Bürgermeisters ... zahlreiche Spieler in städtischen Betrieben eingestellt wurden ..., während an Šesta und Šindelar Kaffeehaus-Konzessionen erteilt wurden«.[46] Mit Kriegsbeginn 1939 erübrigte sich der Professionalismus, da die Militärverpflichtungen einen Spielbetrieb wie in Friedenszeiten unmöglich machten.

Insgesamt blieb das Verhältnis »Altreich« – »Ostmark« in Hinblick auf den Fußballsport von Spannungen geprägt. Die einstige Fußballhochburg Österreich war zur reichsdeutschen Provinz geworden – Gau XVII. Obwohl Teile der Bevölkerung große Sympathie für den »Anschluß« an das Dritte Reich hatten, manifestierten sich bald antideutsche Emotionen auf dem Fußballplatz. Eine Woche vor der Volksabstimmung, am 3. April 1938, wurde ein schon länger geplantes Spiel Österreich – Deutschland ausgetragen. 60 000 Zuschauer peitschten das heimische Team zu einem 2:0-Sieg durch Tore von Šesta und Šindelar. Im Oktober 1938 kam es bei Sportveranstaltungen in Wien erneut zu antipreußischen Sprechchören und Demonstrationen. Als im Januar 1939 Rapid-Spieler und -Anhänger in Berlin beim Cupfinale als »Ostmarkschweine« beschimpft wurden, revanchierte sich das Wiener Publikum 1940 beim Pokal-Spiel Rapid – SV Fürth. Der SD (Sicherheitsdienst)-Bericht an die SS hielt fest: »Der Krach ging los, als der Schiedsrichter das Feld betrat und bekannt wurde, daß er ein Berliner sei. Er wurde mit Pfeifen und Gejohle empfangen ... Es waren genug gegnerische Elemente unter dem Publikum, denen es gelang, mit der Parole ›gegen die Altreichsdeutschen‹ auch selbst Gutwillige und Parteigenossen mitzureißen ...«[47]

Der größte Krawall entstand am 17. November 1940 beim Spiel Admira – Schalke im Praterstadion, wobei die Österreicher vom Schiedsrichter angeblich benachteiligt wurden. Antideutsche Sprechchöre, Schlägereien, Steinwürfe und stürmische Parteinahme zehntausender Stadionbesucher für die Wiener meldete der SD. Die Scheiben des Autobusses von Schalke 04 wurden eingeschlagen und sämtliche Reifen des Autos des Gauleiters Baldur von Schirach zerschnitten. Weitere Auseinandersetzungen zwischen Anhängern, aber auch zwischen Spielern führten zu einem Notenwechsel zwischen dem Leiter der Parteikanzlei, Martin Bormann, und Baldur von Schirach: »Der Führer wünscht ..., daß Sie auch in Wien die Erörterung derartiger Gegensätze rücksichtslos unterbinden. Auch in Wien dürfe ein Gegensatz Altreich – Ostmark – Wien nicht mehr konstruiert und erörtert werden.«[48]

Ohne Zweifel waren seit der nationalsozialistischen Machtübernahme in Österreich bei Teilen der Bevölkerung Umdenk- und Orientierungsprozesse im Gange, die als »Österreich-Tendenzen« zu bezeichnen sind. Jedenfalls können sie als Antwort auf einen Identitätsverlust interpretiert werden. Diese Haltung manifestierte sich weniger reflektiert auch auf dem Fußballplatz.[49] Andererseits hat die koloniale Attitüde reichsdeutscher Fußballverantwortlicher – vom deutschen Bundestrainer Sepp Herberger bis zu den oft gescholtenen, angeblich parteiischen reichsdeutschen Schiedsrichtern – ebenfalls zur spannungsgeladenen Situation beigetragen.[50]

Trotz aller Konflikte und Widersprüchlichkeiten war jedoch letztlich in Österreich der Versuch erfolgreich realisiert worden,

den Fußball unter deutsches Management zu stellen. Österreichische Mannschaften nahmen permanent am deutschen Meisterschaftsbetrieb teil, die Spitzenmannschaften mit großem Erfolg. Rapid Wien war als Wettspielpartner äußerst gefragt, denn die Mannschaft hatte ein hohes Leistungsniveau, Härte, jedoch keine »jüdische Aura« wie etwa Austria Wien. Sie tourte durch den gesamten nationalsozialistischen Herrschaftsbereich. 1941 wurde Rapid deutscher Meister, ein 0:3 gegen Schalke 04 wurde noch zu einem 4:3 umgedreht. Im Selbstverständnis des Klubs galt dieser Meistertitel auch nach der NS-Zeit noch lange als »größter Erfolg«.[51] Vienna wurde 1942 Vize-Meister und 1943 Pokalsieger.

Diese Erfolge hatten durchaus einen integrativen Effekt. Und so wurden trotz aller Erschwernisse und Einschränkungen auf österreichischen Fußballplätzen bis in die Monate März und April 1945 hinein Meisterschaftsspiele ausgetragen. Ebenso wie Filme, Theateraufführungen, Schallplattenaufnahmen und Konzerte diente der Fußballsport dem nationalsozialistischen Staat als Teil eines funktionierenden Kultur- und Unterhaltungsprogramms zur Kompensation von Leid, Not und Unterdrückung während des Zweiten Weltkriegs.

Massenmobilisierender Sportpatriotismus in der Zweiten Republik

Wiederaufbau und Fußball

Am 1. Mai 1945 – der Zweite Weltkrieg war in weiten Teilen des Deutschen Reiches noch im Gang – fand in Wien bereits das Spiel einer Stadtauswahl gegen eine Soldatenmannschaft der Roten Armee statt. Das konsumorientierte Klima der Wiederaufbaujahre führte zur Einrichtung einer überparteilichen und einheitlichen Verbandsorganisation. Der Gegensatz bürgerlicher versus »Arbeiterfußball« existierte in der zugespitzten Form der 1920er und 1930er Jahre nicht mehr. Der anfangs spärliche Matchbesuch stieg rasch an, im Juni wurden die Spiele um den »Befreiungspokal« von mehr als 10000 Menschen besucht. Bei dem Länderspiel Österreich – Ungarn im April 1946 zählte man bereits 55000 Zuschauer. Massenpublikum und Massenbetätigung in hunderten kleiner Klubs prägten das Bild der ersten Nachkriegsjahre. Um die enormen Anstrengungen des Wiederaufbaus zu bewältigen, erschien die Konstruktion gemeinsamer Identitäten wünschenswert.[52] Nach der Desavouierung von »Masse« und »Gemeinschaft« durch die Praxis des Nationalsozialismus war der Sport ein unverfängliches Mittel, Menschen zu mobilisieren und Gemeinsamkeiten zu stiften bzw. zu verfestigen. So war zur 950-Jahr-Feier der ersten urkundlichen Erwähnung Österreichs im Jahr 1946 eine Sportwoche die zentrale Veranstaltung.[53] Fußball stand im Mittelpunkt des Sportgeschehens, an den Wochenenden kamen mehrere zehntausend Besucher zu Doppelveranstaltungen in das Wiener Stadion. Zehntausende kreuzten Woche für Woche die Trümmerkulisse der Stadt, um zu Spielen in verschiedenen Stadtteilen zu gelangen.

Die Motivation des Neubeginns und Wiederaufbaus erfaßte nicht nur die Zuschauer, sondern auch die Spieler. Österreichische Fußballer erreichten rasch sportliche Erfolge, und schließlich fand man in den beginnenden 50er Jahren eine Nationalmannschaft, die bald als das »zweite Wunderteam« bezeichnet wurde. Der Spielstil knüpfte an das traditionelle Kurzpaßspiel an, es wurden aber auch einige Neuerungen eingeführt: Von einer Überseereise brachte Rapid Wien Elemente eines »brasilianischen Systems« mit. Fortan spielte man mit einem Libero, der in Österreich damit schon sehr früh eingesetzt wurde.[54] Im Dezember 1950 gelang es der österreichischen Nationalelf, im Hampden Park-Stadion in Glasgow einer der stärksten europäischen Fußballmannschaften, der von Schottland, eine Niederlage zuzufügen.[55] In der Folge zählte Österreich zu den besten kontinentaleuropäischen Teams, auch weil die Einführung des Sporttotos für eine solidere Finanzbasis der Klubs sorgte. Die Beendigung der Wiener Isolation durch die Gründung einer österreichweiten Staatsliga mobilisierte auch die Anhänger in den Bundesländern. In allen größeren Städten wurden Fußballstadien gebaut. Den Minderheitensport (Juden, Tschechen) in alter Form wiederaufzubauen, gelang übrigens nicht mehr: Aufgrund von Platz-, Finanz- und Nachwuchsproblemen stellte die wiedergegründete Hakoah Wien 1950 den Fußballbetrieb ein, die wenigen tschechischen Minderheitenvereine blieben weitgehend erfolglos und verloren in der Folge ihre tschechischsprachigen Spieler.[56]

Fußball war in den frühen 50er Jahren derart populär, daß sich die damals größte politische Partei, die bürgerlich-konservative Österreichische Volkspartei (ÖVP) dazu entschloß, mehrere Plakate für den Wahlkampf 1952/53 mit einer Metapher aus dem Fußballsport zu gestalten. Sie plakatierte ihren Finanzminister Reinhard Kamitz als Tormann, der die Gefahr des von gegnerischen Spielern der Sozialdemokratischen Partei Österreichs abgegebenen »Inflationsballes« in kühnem Sprung abwehrt. In Anlehnung an den populären Nachkriegsschlager »Der Theodor, der Theodor, der steht bei uns im Fußballtor ...«, gesungen von dem Schauspieler Theo Lingen, wurde der dazu passende Plakattext formuliert: »Unser Kamitz, der hält, der hält ...« Dieser Ausflug in die Welt des Sports sollte für die Wahlwerbung der politischen Parteien allerdings bis heute der einzige bleiben.[57]

Für die Weltmeisterschaft 1954 in der Schweiz galt Österreich als einer der Favoriten. Dieser Wettbewerb hatte eine besondere Bedeutung. Zum einen hatte das »Weltfußballfest« als Trendsetter und internationales Kräftemaß große Bedeutung; 1954 wurden die Spiele erstmals im Fernsehen übertragen. Zum anderen war es für Österreich die erste Weltmeisterschaft seit 1934. 1938 war durch den »Anschluß« an das Deutsche Reich eine Teilnahme verwehrt worden; 1950, als das Turnier in Brasilien stattfand, hatte Österreich ebenso wie andere europäische Spitzenmannschaften (Deutschland, Ungarn) aus finanziellen Gründen nicht teilgenommen. Nun bot sich zum ersten Mal die Möglichkeit breiter internationaler Anerkennung. Vor allem für die drei Staaten Österreich, Deutschland, Ungarn, deren Bevölkerungsmehrheiten sich als Besiegte des Weltkriegs empfanden, war diese Möglichkeit der Kompensation besonders wichtig, da es persönliche Erfolgserlebnisse – sozial oder wirtschaftlich – in der Mangelgesellschaft der Nachkriegszeit für die meisten noch kaum gab. Die Erwartungen waren hoch. Zunächst verlief die Weltmeisterschaft für Österreich erfolgreich; die Mannschaft erreichte mehr oder weniger souverän das Halbfinale. Dann aber unterlag das favorisierte österreichische Team der deutschen Mannschaft mit 1:6. Schließlich verlor auch der deklarierte Favorit Ungarn gegen die Bundesrepublik Deutschland im Finale mit 2:3. Österreich wurde nach einem Sieg über Uruguay schließlich WM-Dritter.[58]

In Österreich war die Aufnahme unterschiedlich. Nach der hohen Niederlage gegen Deutschland war auf den Titelseiten der Zeitungen von »Schmach« und »Debakel« die Rede. Der Sportreporter Kurt Jeschko beschrieb die Atmosphäre bei den Schlachtenbummlern: »Nach dem Spiel sah ich Männer und Frauen mit Tränen in den Augen, mit Tränen der Wut und der Enttäuschung ...«[59] Einige Spieler wurden in der Öffentlichkeit zu Sündenböcken gestempelt und der Bestechung bezichtigt. Der damalige Nationalspieler Ernst Happel wurde durch »(d)ie Verunglimpfung meiner Sportlerehre anläßlich der Weltmeisterschaft … zu dem Entschluß gebracht, Österreich zu verlassen«; er ging als Profi nach Paris. Immerhin, nach dem Erreichen des dritten Platzes überwogen letztlich die positiven Emotionen. Der Mannschaft wurde in Wien ein freudiger Empfang bereitet. In der offiziellen Publikation des Österreichischen Fußball Bundes (ÖFB) war zwar – man ahnte nicht, daß dies auf längere Zeit der größte internationale Fußballerfolg bleiben sollte – von einer noch besseren Plazierung bei der nächsten Weltmeisterschaft die Rede, dennoch wurde kein Zweifel an der großen gesellschaftlichen Bedeutung des dritten Platzes »nach Jahren der Entbehrung und Verbitterung« gelassen. Deutlich wurde in den Kommentaren auch, daß »die Niederlage gegen Deutschland besonders schmerzte« (E. Happel).[60] Deutschland wurde zum neuen »Erzfeind« Österreichs im Fußballsport.

Der österreichische Patriotismus der Zweiten Republik und das Verhältnis zu Deutschland

Die Rolle des Sports beim Aufbau und Ausbau einer österreichischen Identität in der Zweiten Republik darf nicht unterschätzt werden. Der Sportpatriotismus war dabei ein wichtiges Element, und hier war die Abgrenzung gegenüber Deutschland von besonderer Bedeutung. Diese Abgrenzung wurde auch dadurch begünstigt, daß Österreich, in seiner Selbstdarstellung seit 1938 besetztes und quasi nicht-deutsches Land, in seiner Behandlung durch die Siegermächte und im Hinblick auf sein Image in der Weltöffentlichkeit Entgegenkommen erwartete. Der »Anschluß« mußte in Vergessenheit geraten; in der Nachkriegszeit war daher in Österreich ein emotionaler Antigermanismus weit verbreitet.

Das wirkte sich auch im Fußball aus. Seit den 60er Jahren befand sich Österreich überdies in einer zunehmenden wirtschaftlichen Abhängigkeit von der Bundesrepublik Deutschland. Dies verschärfte den emotionalen Konflikt auf dem Fußballplatz, ebenso wie die Umkehrung des Kräfteverhältnisses nach 1938–1945: Waren in der Vorkriegs- und Zwischenkriegszeit häufig österreichische Mannschaften siegreich gewesen, so blieb Österreich nach 1945 gegen Deutschland meist erfolglos; 14 Niederlagen standen nur zwei Siege gegenüber. Aus dieser Länderspielbilanz erwuchs eine Arroganz der deutschen Mannschaften, die mit dem körperbetonten und konditionsstarken Spiel einherging. Dem standen Minderwertigkeitsgefühle und – als Kompensation – verbale Provokationen österreichischer Spieler gegenüber. Der überraschende 3:2 Sieg Österreichs gegen Deutschland bei der Weltmeisterschaft 1978 in Argentinien begeisterte daher breite Bevölkerungsschichten und führte zu emotionsgeladenen Berichten in den Medien.

Der Sieg paßte ausgezeichnet in den Zeitgeist. Die Kreisky-Ära näherte sich ihrem Höhepunkt, politisch grenzte sich damals Österreich stärker gegen den Westen, die EG und die BRD ab, suchte sich als UNO-Staat zu profilieren und betrieb eine eigenständige Außenpolitik gegenüber dem Comecon und den arabischen Staaten. Ein Ansatz von Großmachtsgebaren ging über das Land. Österreich war damals so »undeutsch« wie selten zuvor. In den 80er Jahren eskalierten dann einige Spiele. Deutsche Fans entrollten in Wien eine Kriegsflagge, und es kam zu Geschäftsplünderungen, Schlägereien, Verletzungen, Festnahmen.[61]

Eine erneute Hinwendung zu patriotischen Werten ist in der gegenwärtigen Umbruchsituation, in der sich Europa nach dem Zusammenbruch der kommunistischen Regime befindet, auch in Österreich festzustellen. 1992 zeigte sich in einer Repräsentativ-Umfrage ein erhebliches Ausmaß an Identifikation zwischen nationaler Identität und sportlichen Erfolgen. Der Umfrage ist zu entnehmen, daß 78 Prozent der Befragten Sportsiegen eine hohe Bedeutung für das nationale Prestige (»Ansehen Österreichs in der Welt«) zuweisen.[62] Dementsprechend schädigten der sportliche Abstieg seit den 1980er Jahren, die häufigen Niederlagen der Fußballnationalmannschaft – besonders markant waren zwei Niederlagen gegen die Faröer-Inseln und gegen Lettland – das nationale Ansehen. Auflagenstarke Boulevard-Zeitungen übten heftige Kritik am Nationalteam, und Spitzenpolitiker schalteten sich in die sportlichen Belange ein.

Die schlechten Leistungen des Nationalteams kontrastieren mit manchen Erfolgen österreichischer Klubmannschaften in den internationalen Wettbewerben. Dies ist auf zwei Ursachen zurückzuführen. Einerseits ist die österreichische Bundesliga schon lange zu einem Arbeitsplatz osteuropäischer Trainer und Spieler geworden, denn die Kontakte zu den osteuropäischen Klubs und Verbänden waren auch zu Zeiten des »Eisernen Vorhangs« gepflegt worden.

Die Leistungen der Spitzenklubs basieren also zum Teil auf dem Engagement ausländischer Spieler und Trainer. Andererseits scheint es für die hochbezahlte Elite der heimischen Fußballer ein Motivationsproblem zu geben. Dies läßt sich beispielsweise am »Fall Andreas Herzog« zeigen. Der österreichische Spieler befand sich in dem Dilemma, sowohl zu einem Spiel seines damaligen Klubs Werder Bremen um die Deutsche Meisterschaft 1995 als auch zu einem Qualifikationsspiel des österreichischen Nationalteams antreten zu sollen. Man überließ dem »Legionär« die Entscheidung. Als er sich für seinen deutschen Klub entschied, gingen jedoch die Wogen der Empörung hoch. Vor laufender Kamera sprach der ÖFB-Präsident gegenüber Herzog ein dauerhaftes Spielverbot für das österreichische Nationalteam aus. Die Medien diskutierten, ob Herzog »den Bezug zur Heimat verloren« habe und ein »Vaterlandsverräter« sei. Schließlich schaltete sich in die Angelegenheit auch der österreichische Bundeskanzler (!) ein.[63] Eine kurzfristige Lösung des Dilemmas zwischen Identität und Ökonomie scheint in Hinblick auf den nationalen Fußballsport nicht in Sicht.

Moderner Fußball – die Veränderungen in Spielsystem und Zuschauerverhalten

Die Erfolge der österreichischen Mannschaften in den 50er Jahren konnten mit dem Anknüpfen an die Tradition des österreichischen Fußballs der Zwischenkriegszeit erreicht werden. Bei der Weltmeisterschaft 1934 hatte Österreichs Team noch nicht einmal über einen Trainer verfügt. 1954 wurde zwar eine mehrwöchige Vorbereitungsphase eingelegt; einer der gravierenden Kritikpunkte an der 54er Mannschaft war allerdings, daß sie sich an die Anweisungen der Betreuer nicht gehalten und die Einhaltung einer abgesprochenen Taktik unmöglich gemacht habe. In den 50er Jahren war auch in den Klubs ein regelmäßiges und zeitgemäßes Training mit einem dazu ausgebildeten Trainer noch unbekannt. Erst die 60er Jahre brachten deutliche Zäsuren. Die wesentlichen Elemente, die den österreichischen Fußballsport seitdem prägen, sind:

1. modernes Spielsystem und fortschreitende Professionalisierung,
2. zunehmende Bedeutung der Medien,
3. Regionalisierung und »Austrifizierung«,
4. Kommerzialisierung.

Ad 1. Die Professionalisierung des Fußballsports erlebte einen entscheidenden Aufschwung in den 60er und 70er Jahren. Das Leistungsprinzip, Kraft, Ausdauer und sportliche Lebensweise erhielten für die Berufsfußballer nun zunehmende Bedeutung. Parallel dazu erfolgte die Verwendung nicht nur von Trainern, sondern auch von anderen Spezialisten: Sportdirektor, Trainerassistent, Tormanntrainer, Nachwuchstrainer bis hin zum Einsatz von Leistungsdiagnostikern und Psychologen zusätzlich zu den Sportärzten und Masseuren. Hintergrund der funktionellen Differenzierung war die sportliche Entwicklung des Fußballspiels. In Österreich wurde sehr lange das arbeitsteilige WM-System (Verteidiger, Läufer, Stürmer) gespielt, in den 60er Jahren waren aber plötzlich wieder Allroundspieler gefragt. Die Entspezialisierung erhöhte die Bedeutung von Taktik und Strategie. Der Schwachpunkt dieser Spielauffassung war, daß der Erfolg weitgehend von der Form des in West- und Mitteleuropa üblichen »Spielmachers« abhing. Kam er nicht zur Geltung, dann fehlten dem Spiel die Impulse.[64]

Die Reaktion darauf war die Aufteilung der Aufgaben unter mehrere Spieler (Dezentralisierung).[65] Im österreichischen Fußball ist seit den späten 70er und beginnenden 80er Jahren die Hinwendung zu diesem modernen »Spielsystem ohne System« (Branko Elsner) zu beobachten, obgleich man in der Bundesliga auch heute noch Mannschaften findet, die das Spielmacher-System beibehalten haben.[66] Fast alle diese Phasen wurden in Österreich gegenüber dem internationalen Standard mit einer gewissen Zeitverzögerung nachvollzogen.

Ad 2. Ende der 60er Jahre sanken die Zuschauerzahlen in den österreichischen Stadien gegenüber der Zwischenkriegszeit oder den 50er Jahren deutlich ab. Seit Mitte der 70er Jahre liegt das Niveau des Zuschauerbesuchs in der 1. Division der österreichischen Bundesliga im Durchschnitt zwischen 3000 und 5300 Besuchern, ein österreichischer Durchschnittsverein, der vielfache österreichische Meister Austria Wien, kam im Jahrfünft 1986–1990 auf einen Durchschnittsbesuch von 4214, der Traditionsklub Vienna auf 1902 Zuschauer.[67] Diese Zahlen sind sehr gering, sie verdeutlichen eine Krise. Dem stehen erhebliche Einschaltquoten der Fernsehstationen bei Fußballspielen gegenüber. Österreichische Meisterschaftsspiele werden meist von 500000–700000 Zuschauern gesehen. Bei Länderspielen schalten in der Regel mehr als 1000000 Menschen ein, bei einem Länderspiel Österreich–USA im Rahmen der Weltmeisterschaft 1990 2 183 000 (Einschaltquote 35,5 Prozent), bei Kamerun–Großbritannien 1 751 000, beim Weltmeisterschaftsfinale 1990 BRD–Argentinien 2 711 000 (Quote 44,1 Prozent). Die Weltmeisterschaft 1994 hatte zwar etwas weniger Zuschauer, dafür erreichten die Spiele von Austria Salzburg in der Champions League 1994 bis zu 1 676 000 TV-Konsumenten (Quote 25,6 Prozent).[68] Diese enormen Zahlen belegen ein nach wie vor großes Publikumsinteresse am Fußball; sie weisen auch darauf hin, daß nicht nur österreichische Spieler gesehen werden und ein großes Interesse an den Showelementen des Fußballs besteht, wie etwa die hohen Einschaltquoten bei den Spielern der sportlich nicht im Spitzenfeld liegenden Mannschaft Kameruns zeigen. Diese Entwicklung signalisiert auch für Österreich die Integration des Fußballspiels in den internationalen, medialen Unterhaltungsverband.[69]

Die Einschaltquoten sind zwar in einigen Ländern noch wesentlich höher (in Deutschland bei normalen Samstagsberichten rund 30 Prozent), aber in Österreich ist die Schere zwischen Einschaltquoten und Stadionbesucherzahl besonders weit geöffnet. Nicht nur der Faktor Erfolglosigkeit, sondern auch Veränderungen in der Sozialstruktur (Abbau der Klassengesellschaft, Mittelstandsgesellschaft, »Verbürgerlichung«) und in den Freizeitgewohnheiten sowie abschreckende Berichte über das Auftreten gewalttätiger Hooligans – obgleich in Österreich dieses Problem im internationalen Vergleich gering ausgeprägt ist – haben zur deutlichen Verlagerung des Publikumsinteresses auf die Fernsehberichterstattung beigetragen. Seit kurzem scheint die Talsohle der Publikumsentwicklung allerdings durchschritten zu sein. 1994/95 wurde gegenüber der vorherigen Saison ein Plus von 47 Prozent Zuschauern bei Bundesligaspielen erreicht.[70]

Ad 3. Mit der Regionalisierung seit den 50er Jahren ist der Fußballsport – neben dem Skisport – endgültig zu einem österreichweiten Nationalsport geworden.[71] Regionale Verbände wurden zu unterschiedlichen Zeitpunkten gegründet, im Bundesland Burgenland beispielsweise erst 1945. Innerhalb der regionalen Ligen zeigte sich eine deutliche Dominanz der Städte; meistens stellte die Hauptstadt einer Region den Meister der Landesmeisterschaft. In manchen Regionen (Burgenland, Kärnten) wurde in der Zwischenkriegszeit die Ebene der Dörfer nur selten erreicht.[72] Von einer flächendeckenden

Ausbreitung des Massensports wie im angelsächsischen Raum oder in Deutschland konnte man in Österreich vor den 50er Jahren nicht sprechen. Die Regionalisierung des österreichischen Fußballs begann mit der Gründung der österreichweiten Liga 1949/50, setzte sich in den 50er Jahren kontinuierlich fort und führte im Jahr 1965 dazu, daß mit dem Linzer Athletik Sport Klub (LASK) erstmals eine Mannschaft der Bundesländer den österreichischen Meistertitel errang. 1968 fand erstmals ein Heimspiel der Nationalmannschaft außerhalb Wiens statt (Österreich–Rumänien in Linz).[73] Den definitiven Verlust der Wiener Hegemonie brachten die Erfolge von Wacker Innsbruck (Vizemeister 1967 und 1968, Meister 1971 bis 1973 sowie 1975 und 1977) und auch Vöest Linz (Meister 1974, Vizemeister 1975): Fünf Jahre lang konnte kein Wiener Verein den Titel erringen.

Es ist kein Zufall, daß die Bundesländermannschaften so erfolgreich waren, denn sie versuchten, international übliche Standards der Vereinsorganisation auch in Österreich einzuführen – früher jedenfalls als die Wiener Klubs mit ihren ehrenamtlichen Funktionären und partikularen Interessen. Die bedeutendsten Beispiele der Modernisierung lieferten Vereine aus Innsbruck und Salzburg. Wacker Innsbruck – gesponsert vom Glaskonzern Swarowski – versuchte jahrelang unter dem Namen FC Tirol zu einem europäischen Großverein zu werden; dabei stützte sich der Klub auf die antiwienerischen Ressentiments Westösterreichs. Der Versuch scheiterte 1992, als der Konzern seine Sponsorengelder abzog.[74] Seit einigen Jahren läßt der Klub Austria (nunmehr Casino) Salzburg eine ähnliche Entwicklung erkennen. Salzburg, Vizemeister 1991/92 und 1992/93,[75] Meister 1993/94 und 1994/1995, erfolgreich in internationalen Bewerben und der Champions League, schaffte es nicht nur, wieder größere Zuschauermengen in das Stadion zu ziehen, sondern unternahm auch etwas, das im sonst von Föderalisierung und Regionalismus geprägten Österreich höchst ungewöhnlich war: Heimspiele wurden nicht mehr im (kleinen) Stadion in Salzburg, sondern im 300 km entfernten Wien ausgetragen. Diese Praxis war erfolgreich, nicht nur, da die Anhänger aus Salzburg mitreisten, sondern weil auch viele Zuschauer aus Wien und anderen Teilen Österreichs erschienen. Die Einschaltquoten bei Europacupspielen liegen mitunter über jenen von Länderspielen. Internationale Erfolge Salzburgs werden in ganz Österreich bejubelt.[76] Diese Entwicklung ist u. a. daraus zu erklären, daß durch die schlechten Leistungen des Nationalteams fußballbegeisterten Österreichern das für den Fußballsport notwendige Identifikationsobjekt abhanden gekommen war. Casino Salzburg war in der Lage, das Vakuum zu füllen.

Die österreichweite Verankerung des Fußballspiels beschleunigte die Abwendung vom britischen Beispiel. Die Orientierung daran war bereits durch den Ersten und den Zweiten Weltkrieg abgeschwächt worden. Während jedoch in der Zwischenkriegszeit in Terminologie und Inhalt der österreichischen Sportberichterstattung die angelsächsische Orientierung immer noch klar erkennbar gewesen war, wurde diese Linie nach 1945 nicht mehr aufgenommen. Wohl galten bis in die 1960er Jahre Spiele gegen England als etwas Besonderes.[77] In den letzten zwei, drei Jahrzehnten sind die Berichte über den englischen Fußball – mit Ausnahme von Hooligan- und Katastrophenreportagen – aber immer seltener geworden. England hat heute weder Vorbildfunktion noch gibt es ein spezielles Interesse an der gegenwärtigen Situation des englischen Fußballsports. Für breite Schichten ist hingegen das bundesdeutsche Fußballgeschehen von großem Interesse.[78] Die Kabel-TV-Sender ermöglichen ausgezeichnete Information, aber auch die österreichischen Medien berichten regelmäßig über die deutsche Bundesliga. Daneben gibt es vor allem noch für jene Länder Interesse, in denen österreichische Profis spielten oder spielen (Italien, Spanien).

Ad 4. Die ersten Finanzkrisen der österreichischen Staats- bzw. Bundesliga wurden mit Sporttoto, Preiserhöhungen und Subventionen gemeistert. Mittlerweile sind die Spitzenmannschaften zu wirtschaftlichen Unternehmen geworden, die mit mehr oder weniger professionellen Mitteln Gelder für den Spielbetrieb einzunehmen trachten. Vergleicht man die Budgets verschiedener europäischer Klubs – die beiden Spitzenvereine Juventus Turin und Bayern München sowie die Durchschnittsmannschaften FC Nürnberg und FC (Stahl) Linz – so zeigt sich, daß die Deckung der Vereinsausgaben durch die Zuschauereinnahmen zwischen 25 Prozent und 40 Prozent liegt und auch hoher Durchschnittsbesuch wie bei Juventus und Bayern bzw. das permanente Engagement in den finanziell lukrativen internationalen Wettbewerben die Deckungsquote nicht wesentlich günstiger gestalten.[79]

Grundsätzlich gehen Profimannschaften von einer groben Dreiteilung ihrer Einnahmen aus: 1/3 ist aus Zuschauereinnahmen (ferner Mitgliedsbeiträgen, VIP-Karten etc.) zu finanzieren, 1/3 aus Geldern individueller Sponsoren und Einnahmen aus dem Sponsorenpool, 1/3 aus Werbung, Spielertransfers, Toto, Fernsehen, Subventionen.[80] Der – wenngleich riskante – Gang zur Börse ist ebenfalls möglich, um das liquide Kapital des Vereins zu erhöhen; 1991 hat erstmals Rapid Wien eine Rapid-Aktie emittiert und an der Börse zum Freiverkehr plaziert. Beobachtungen in der Werbewirtschaft und internationale Beispiele zeigen, daß in Österreich dieser Markt für die Fußballvereine noch weiter erschlossen werden könnte. Rapid Wien ist allerdings mit der Börsenplazierung gescheitert, der Verein mußte Vergleich anmelden. Wacker Innsbruck war ebenfalls in einen Finanzskandal großen Ausmaßes verwickelt, der LASK erreichte einen Schuldenstand von umgerechnet 5 Mio. DM. Allein diese drei Beispiele aus den 90er Jahren belegen, daß die vorwiegend marktwirtschaftliche Organisation für österreichische Bundesliga-Vereine ein riskantes Unternehmen darstellt.

Der Kommerzialisierung der Fußballklubs entspricht auch eine Veränderung der Zuschauerstruktur. In der ersten Hälfte des 20. Jahrhunderts war der typische Fußballzuschauer der »Anhänger«, eine Person, mit der Vereinstreue, Begeisterung, Emotion für den Verein, manchmal auch Schmähung des Gegners assoziiert werden konnten. Dieser in der angelsächsischen Sportforschung »local club supporter« genannte Typ wurde im Verlauf der letzten zweieinhalb Jahrzehnte mehr und mehr zurückgedrängt. An seine Stelle trat der »soccer interested consumer«, der fußballinteressierte Konsument. Die Qualität des Produkts hat für ihn Vorrang, sentimentale Bindungen (verbunden mit Pflichten) kennt er nicht. Er orientiert sich primär am Erfolg und an großen Namen: Mehr und mehr sind es die Sieger, die erfolgreichen Vereine, die große Zuschauermengen anziehen. In Österreich existieren die beiden idealtypischen Varianten des Zuschauers nebeneinander.[81] Während der »Anhänger« bislang vorrangig auf den Fußballplätzen und der »Konsument« vor den TV-Bildschirmen zu finden war, erlauben die aktuellen Zuschauerstatistiken den Schluß, daß sich nun auch in den Stadien verstärkt der Übergang hin zum fußballinteressierten Konsumenten vollzieht.

[1] Wiener Sportblatt (Wien), 29. 4. 1910, S. 3.

[2] Vgl. L. Schidrowitz, Geschichte des Fußballsports in Österreich, Wien 1951, S. 22f.

[3] Vgl. Fußball-Jahrbuch für Österreich-Ungarn pro 1903/1904 (Wien), S. 20ff.; Fußball-Jahrbuch 1908/1909, S. 51ff.

[4] Vgl. K. Kastler, Fußballsport in Österreich. Von den Anfängen bis in die Gegenwart, Linz 1972, S. 32ff.

[5] Vgl. H. Dürr, Die Sozialgeschichte des Fußballspiels in Österreich (1896–1911), Wien 1990 (Univ. Dipl. Arb.), S. 92.

[6] Vgl. Fußball-Jahrbuch 1909/1910, S. 51ff.

[7] Schidrowitz, Geschichte, S. 92ff.

[8] Vgl. Sport-Tagblatt (Wien), 16. 4. 1923, S. 1.

[9] Vgl. W. M. Schwarz, Kino und Kinos in Wien. Eine Entwicklungsgeschichte bis 1934, Wien 1992.

[10] Vgl. R. Horak/W. Maderthaner, Vom Fußballspielen in Wien. Überlegungen zu einem popularkulturellen Phänomen der Zwischenkriegszeit, in: P. Muhr u. a. (Hgg.) Philosophie. Psychoanalyse. Emigration. Festschrift für Kurt Rudolf Fischer, Wien 1992, S. 99–104.

[11] Schidrowitz, Geschichte, S. 123ff.

[12] Der spätere Teamkapitän Hugo Meisl war einer der heftigsten Befürworter des Berufsspielers, er bezeichnete die verschleierte Form der Zuwendungen als »Schutzamateurismus«. H. Meisl, Der Professionalismus, in: Der Professional (Wien), Nr. 1/1926, S. 2.

[13] Neues Wiener Journal, 20. 1. 1924, S. 17.

[14] Vgl. M. Marschik, »Wir spielen nicht zum Vergnügen«. Arbeiterfußball in der Ersten Republik, Wien 1994, S. 104f.

[15] Vgl. ders., Arbeitsmigration im österreichischen Fußball der dreißiger Jahre, in: Spektrum der Sportwissenschaften, H. 2, 1995, S. 35ff.

[16] Schidrowitz, Geschichte, S. 123–125.

[17] Eine Reihe von Fußballvereinen wurde sowohl in den 20er als auch in den 30er Jahren mehrmals mit Pfändungen und Suspendierungen konfrontiert.

[18] Vgl. Schidrowitz, Geschichte, S. 117ff.; J. Huber, Das Neue Austria-Buch, Wien 1978, S. 48.

[19] Vgl. S. Mattl, Stagnation und gesellschaftliche Krise. Das österreichische Beispiel (1918–1938), in: W. Maderthaner/H. Gruber (Hgg.), Chance und Illusion/Labor in Retreat. Studien zur Krise der westeuropäischen Gesellschaft in den dreißiger Jahren/Studies on the Social Crises in Interwar Europe, Wien, Zürich 1988, S. 29–67.

[20] D. Stiefel, Arbeitslosigkeit: soziale, politische und wirtschaftliche Auswirkungen – am Beispiel Österreichs 1918–1938, Wien 1979, S. 29.

[21] Vgl. unter einer Reihe von Publikationen beispielsweise W. Maderthaner, Der papierene Tänzer. Matthias Sindelar, ein Wiener Fußballmythos. In: R. Horak/W. Reiter (Hgg.) Die Kanten des runden Leders. Beiträge zur europäischen Fußballkultur, Wien 1991. S. 203–216.

[22] Vgl. A. Rabinbach, Vom Roten Wien zum Bürgerkrieg, Wien 1989; H. Gruber, Red Vienna: Experiment in Working-Class Culture 1919–1934, New York 1991; A. G. Frei, Rotes Wien. Austromarxismus und Arbeiterkultur. Sozialdemokratische Wohnungs- und Kommunalpolitik 1919–1934, Berlin 1984.

[23] Marschik, Arbeiterfußball, S. 116–143.
[24] Ebd., S. 192–204.
[25] So schrieb die sozialistische Zeitschrift ›Volkssport‹ anläßlich des Länderspiels Österreich–Italien im Jahre 1929: »Nach wie vor hält der bürgerliche und da vor allem der Professionalsport die Arbeiterschaft im Bann. 60000 Menschen haben im roten Wien an einem Sonntag mehr als 100000 Schilling dem bürgerlichen Sport geopfert, um sich durch 90 Minuten die faschistischen Rohheiten der Mussolinischen Propagandaburschen bieten zu lassen.« Volkssport. Offizielles Organ des ASKÖ und seiner Verbände, Nr. 15/1929, S. 4.
[26] Vgl. S. Karner/I. Kubin/M. Steiner, Wie real war »Mitteleuropa«? Zur wirtschaftlichen Verflochtenheit des Donauraumes nach dem Ersten Weltkrieg, in: Vierteljahrschrift für Sozial- und Wirtschaftsgeschichte, Bd. 74, 1987, S. 153–185.
[27] Vgl. M. John/A. Lichtblau, Schmelztiegel Wien – einst und jetzt. Zur Geschichte und Gegenwart von Zuwanderung und Minderheiten, Wien, Köln 1993, S. 433–437.
[28] Vgl. Stadt- und Landesarchiv der Stadt Wien, Meldearchiv Wien. Meldezettel Cisar etc.
[29] Maderthaner, Sindelar, S. 203–214.
[30] Vgl. R. Horak, Die Rapidviertelstunde. Über die praktische Hoffnung vom guten Ende, in: Horak/Reiter, Fußballkultur, S. 190–194.
[31] Vgl. dazu etwa den zeitgenössischen Essay von F. Torberg, Warum ich stolz darauf bin (»Hoppauf Herr Jud!«), in: A. Baar (Hg.), 50 Jahre Hakoah 1909–1959, Tel Aviv 1959, S. 278f.
[32] Vgl. J. Bunzl (Hg.), Hoppauf Hakoah. Jüdischer Sport in Österreich. Von den Anfängen bis zur Gegenwart, Wien 1987, S. 43–80; M. John/D. Schulze-Marmeling, »Haut's die Juden!« Antisemitismus im europäischen Fußball. In: Fußball und Rassismus, Göttingen 1993, S. 133–139; H. Morgenstern, Über den Anteil der Juden am Sport in Österreich, in: K. Lohrmann (Hg.), 1000 Jahre österreichisches Judentum, Eisenstadt 1982, S. 193–199.
[33] Vgl. Kastler, Fußballsport, S. 43ff.
[34] Vgl. Schidrowitz, Geschichte, S. 147–168.
[35] Arbeiter-Zeitung. Organ der österreichischen Sozialdemokratie, 17. 5. 1931, S. 7.
[36] Vgl. Maderthaner, Sindelar, S. 203–214; Maderthaner/Horak, Fußballspielen, S. 99–104.
[37] Vgl. Neues Wiener Journal, 8. 12. 1932, S. 1ff.
[38] Nationalsozialistischer Deutscher Reichsbund für Leibesübungen. Satzung (Ostmark-Ausgabe), Wien 1938, S. 1.
[39] Vgl. Bunzl, Jüdischer Sport, S. 127–137.
[40] Interview mit Igor Fischer, geb. 1909 (am 18. 4. 1984).
[41] Interview mit Hans Selinko, geb. 1919 (am 25. 5. 1995); Interview mit Otto Fischer, geb. 1914 (am 24. 5. 1995).
[42] Vgl. John/Schulze-Marmeling, Antisemitismus, S. 139f.
[43] Kastler, Fußballsport, S. 56f.
[44] Olympia 33. 25 Jahre ÖMV-Olympia, Wien 1958, S. 3ff.
[45] Vgl. Österreichischer Beobachter. Organ der NSDAP in Österreich/Ostmark, 2. Aprilfolge 1938, S. 16.
[46] Kastler, Fußballsport, S. 57

[47] Dokumentationsarchiv des Österreichischen Widerstandes (DÖW), Wien, Dok. 8577/1938.

[48] Schreiben Martin Bormann an Baldur v. Schirach v. 2. November 1941. Bundesarchiv Koblenz R 43 II/1361a, hier zit. nach F. J. Grobauer, Als Österreich zur Ostmark wurde, Wien 1977, S. 199.

[49] Vgl. dazu M. Oberlander, Die »Verpreußung« Österreichs nach dem »Anschluß«. Konflikte zwischen Altreichsdeutschen und Ostmärkern von 1938–1945, Wien 1986 (Univ. Dipl. Arb.).

[50] Vgl. Schidrowitz, Geschichte, S. 219–238; Kastler, Fußballsport, S. 56–102.

[51] H. Lang, Rapid! Der Siegeszug der Hütteldorfer Meisterelf, Krems 1959, S. 67.

[52] Vgl. W. Kos, Eigenheim Österreich. Zu Politik, Kultur und Alltag nach 1945, Wien 1994, S. 8f.

[53] Vgl. 950 Jahre Österreich. Sportwoche 29. 9.–6. 10. 1946. Festschrift der Wiener Sportwoche, Wien 1946.

[54] Vgl. Die »goldenen Fünfziger«, in K. H. Schwind, Geschichten aus einem Fußball-Jahrhundert, Wien 1994, S. 150ff.

[55] Schidrowitz, Geschichte, S. 314ff.

[56] Vgl. O. Rathkolb, Zur Kontinuität antisemitischer und rassistischer Vorurteile in Österreich 1945/1950, in: Zeitgeschichte 16, 1989, S. 167ff.; John/Schulze-Marmeling, Antisemitismus, S. 141f.

[57] Tagebuch der Straße. Geschichte in Plakaten, hg. von der Wiener Stadt- und Landesbibliothek, Wien 1981, S. 323.

[58] Vgl. Das Bilderbuch von der Fußball-Weltmeisterschaft 1954, Wien 1954, S. 128ff.

[59] K. Jeschko, Begeisterung in Dur und Moll, in: Fußball-Weltmeisterschaft 1954, S. 210.

[60] E. Happel, Die größte Enttäuschung meiner Laufbahn, in: Fußball-Weltmeisterschaft 1954, S. 155.

[61] Vgl. M. John, »Wenn ich einen Deutschen sehe, werde ich zum lebendigen Rasenmäher«. Österreicher und Deutsche im Fußballsport. Zur Genese einer Erzfeindschaft, in: O. Rathkolb u. a. (Hgg.), Österreich und Deutschlands Größe. Ein schlampiges Verhältnis, Salzburg 1990, S. 143–153.

[62] Die Rolle des Sports in der Zweiten Republik, in: Ein-Sichten und Vor-Bilder. Überlegungen, Materialien und Texte zur Identität Österreichs (= Schulheft 66/1992), Wien 1992, S. 83ff.

[63] P. Klimitsch, Vaterlandsverrat!? Andreas Herzog zwischen Nationalteam und Werder Bremen, in: kursiv – eine Kunstzeitschrift aus Oberösterreich (Linz), Nr. 2, 1995, S. 78–80.

[64] Vgl. W. Zöchling, Fußball. Soziologische Analyse einer Sportart und ihrer Aktiven, Linz 1992, S. 43ff.

[65] Im aktuellen Spielsystem verfügt eine Mannschaft über eine Reihe von Individualisten, die sich und ihre Aktionen dem Kollektiv unterordnen und wechselseitig verschiedene Aufgaben übernehmen. Ferner wird immer stärker auch auf den bewußten Einsatz von Show- und Spektakelelementen im Spiel gesetzt.

[66] Vgl. B. Elsner, Technik, Taktik, System. Zur Charakteristik des Fußballspiels, in: Horak/Reiter, Fußballkultur, S. 13–22.

[67] Vgl. R. Horak/M. Marschik, Vom Erlebnis zur Wahrnehmung. Der Wiener Fußball und seine Zuschauer 1945–1990, Wien 1995, S. 84.

[68] Alle Daten wurden von der Abteilung Medienforschung des Österreichischen Rundfunks und Fernsehens (ORF) in Wien zur Verfügung gestellt.

[69] Vgl. beispielsweise H. Dahms, Sport im Fernsehen. Eine Analyse von Angebot und Nutzung. In: Media Perspektiven Nr. 4, 1988, S. 238–247; A. Klose, Fernsehfußball. Ein mediales Kunstprodukt verändert die Wirklichkeit, in: Horak/Reiter, Fußballkultur, S. 241–248.

[70] Vgl. Oberösterreichische Nachrichten (Linz), 19. 6. 1995, S. 20.

[71] R. Horak/M. Marschik, Von Simmering nach Tirol. »Verösterreicherung« und Internationalisierung als Transformationsmomente der Wiener Fußballkultur, in: Österreichische Zeitschrift für Soziologie, H. 4, 1992, S. 38–52.

[72] Vgl. Kastler, Fußballsport, S. 334–348.

[73] Horak/Marschik, Wiener Fußball, S. 97ff.

[74] Ebd., S. 88.

[75] Vgl. H. Krawagna, Tor um Tor: Casino Salzburg-Jahrbuch 1992/93, Salzburg 1993.

[76] Vgl. E. Washietl, Die Seele ist rund wie ein Fußball, in: Salzburger Nachrichten (Salzburg), 16. 4. 1994, S. 1.

[77] Breite Wirkung erlangte der bislang letzte Sieg Österreichs gegen England 1965 in einem Auswärtsspiel im Wembley-Stadion in London. Der 3:2 Sieg wurde hymnisch gefeiert, der zweifache Torschütze Anton Fritsch wurde zum »Wembley-Toni« und avancierte zur Kultfigur. Schwind, Fußball-Jahrhundert, S. 168f.; J. Skocek, Toni Fritsch. Ein Waisenkind in der Welt. Die erstaunliche Karriere des »Wembley Toni Fritsch«, in: ders., Sportgrößen der Nation. Der Aufstieg des Österreichers vom Helden zum ewigen Verlierer, Bad Sauerbrunn 1994, S. 129–140.

[78] Bei den deutschen Bundesligaberichten werden hohe Einschaltquoten seitens österreichischer Kabel-TV-Benutzer gemessen. Medienforschung ORF.

[79] Vgl. M. John, Bürgersport, Massenattraktion und Medienereignis. Zur Kultur- und Sozialgeschichte des Fußballspiels in Österreich, in: Beiträge zur historischen Sozialkunde, H. 3, 1992, S. 84f.

[80] Interne Studie zur Wirtschaftlichkeit eines Bundesligavereins (FC Stahl Linz), 1991, S. 5ff.

[81] Vgl. Horak/Marschik, Wiener Fußball, S. 155.

Vielen Dank für Hinweise und Unterstützung an Albert Lichtblau, Matthias Marschik, Ossi Reif und die Abteilung Medienforschung des ORF.

Deutschland

Christiane Eisenberg

Einleitung

Der deutsche Fußball zeichnet sich durch zwei Merkmale aus, die sich bereits in seiner Entstehungszeit im Kaiserreich herausbildeten: Das erste Merkmal ist die ausgeprägte Staatsorientierung. Der Spielbetrieb des im Jahr 1900 gegründeten Deutschen Fußball-Bundes (DFB) drehte sich weniger um die Vereine und lokalen Identifikationen als um die Nationalmannschaft und »Deutschland«. Die begehrteste Trophäe des DFB, der Kronprinzenpokal (später Bundes- bzw. Reichsbundpokal), wurde seit 1908 unter den Auswahlmannschaften der angeschlossenen Regionalverbände ausgespielt und hatte die Funktion, die Leistungselite für die Nationalmannschaft (»Ländermannschaft«) auszusieben. Erst seit 1935 wird der heute bekannte Vereinspokal ausgespielt.

Mit dieser Staatsorientierung korrespondiert ein zweites Merkmal des deutschen Fußballs: das Beharren des DFB auf dem Amateurprinzip, das überdies ideologisch überhöht wurde. Es war nicht nur zur Zeit der Jahrhundertwende, der Entstehungszeit des deutschen Fußballs, obligatorisch; auch noch in den 1920er/30er Jahren, als in anderen Ländern West- und Mitteleuropas der Berufsfußball offiziell eingeführt und Profiligen eröffnet wurden, bekamen die Spieler allenfalls unerlaubte Handgelder und überhöhte Spesen, aber keine regulären Gehälter. Noch die 1963 eröffnete Bundesliga stand (und steht) unter der Aufsicht des DFB als Amateurverband – eine in Europa einmalige Konstruktion.[1]

Der vorliegende Beitrag versucht nachzuzeichnen, wie sich diese beiden Merkmale herausbildeten. Zunächst untersucht er die Umstände der Bekanntmachung, Verbreitung und Institutionalisierung des Fußballs im Deutschen Kaiserreich, der Weimarer Republik und dem Dritten Reich; dabei werden auch die wechselnden Aneignungen der Athleten und Anhänger konkret geschildert. Im Anschluß daran werden einige Entwicklungslinien in die Zeit der Bundesrepublik und der DDR weitergezogen; dabei geht es vor allem um die Frage der Kontinuität und Diskontinuität unter den Bedingungen der Professionalisierung und Kommerzialisierung.

Entstehung und Verbreitung

In Deutschland hatten Mannschafts-Ballspiele und so auch der Fußball keine vorindustriellen Traditionen.[2] Scheint die Bevölkerung im Mittelalter noch recht spielfreudig gewesen zu sein, so werden die Quellenbelege bereits für das frühe 17. Jahrhundert seltener, und für das 18. Jahrhundert fehlen sie fast ganz. Die allgemeine Armut nach dem Dreißigjährigen Krieg, die schlechten Verkehrswege und Kommunikationsmöglichkeiten, die ständischen Unterschiede in der Sozialstruktur, nicht zuletzt auch die Versuche der Landesfürsten zur Sozialdisziplinierung ihrer Untertanen – alle diese Faktoren hatten Spiel und Wettspiel aus dem Alltag ausgetrieben.

An dieser Situation sollte sich auch mit Beginn des 19. Jahrhunderts nichts Grundsätzliches ändern. Als Reaktion auf die preußische Niederlage gegen Napoleon entwickelte sich vielmehr die mit dem Namen Friedrich Ludwig Jahn verbundene Turnbewegung, die seit den 1830er/40er Jahren mit der bürgerlich-liberalen Bewegung verschmolz. Hinsichtlich ihrer Popularität kann sie als Pendant des englischen Fußballs betrachtet werden. Jedoch waren die Turner an Leistungsvergleichen und Wettkämpfen weniger interessiert und kultivierten statt dessen Übungen, bei denen es auf gute Haltung und korrekte Ausführung ankam. Für die Improvisationsfreude der Fußballfreunde hatten sie auch längerfristig kaum etwas übrig; aus ihren Reihen stammten vielmehr die entschiedensten Fußballfeinde.

Es bedurfte englischer Anstöße, damit der Fußball in Deutschland ins Rollen kam. An erster Stelle sind die sogenannten Engländerkolonien zu nennen, die sich nach dem Wiener Kongreß in Handelszentren wie Hamburg, Berlin und Frankfurt, in Residenzstädten wie Hannover, Braunschweig und Dresden und in Modebädern wie Baden-Baden, Wiesbaden und Cannstatt angesiedelt hatten. Bei den Gentlemen, die mit ihren Familien dort wohnten, handelte es sich teils um Langzeit-Touristen, teils um Verwandte der deutschen Herrscherhäuser. Seit Mitte des 19. Jahrhunderts kamen auch Unternehmer, kaufmännische Angestellte und »engineers« hinzu, die von deutschen Städten mit der Implementierung von Infrastrukturtechniken (Gas-, Wasser- und Abwasserleitungen) beauftragt worden waren. Um den Zusammenhalt unter den Landsleuten zu stärken, pflegten sie die bekannten »sports and pastimes«, zum Beispiel Lawn-Tennis, Leichtathletik und Hockey, Rudern, Rollschuhlaufen, Angeln und natürlich das Fußballspiel. Wie in England selbst ging die Initiative häufig von anglikanischen Pfarrern aus.[3]

Gegen Ende des 19. Jahrhunderts verstärkten sich diese englischen Mannschaften durch neu hinzugekommene Landsleute. Eine erste Gruppe bildeten Studenten, die sich an deutschen Universitäten und an den modernen Technischen Hochschulen ausbilden lassen wollten, die zweite kommerzielle Interessenten. Zu letzteren gehörten u. a. die Filialleiter von Londoner Handelshäusern mit »Luxus- und Kurz-Waaren«, die neben »Pfeffermünz«, »Drops« und »Regenröcken aus Gummi« auch Sportartikel, darunter Fußbälle, Fußballschuhe und -trikots, im Angebot hatten. Auch einige Zeitungsmacher zählten zu diesem Personenkreis, der das Publikum nicht nur für eine Zerstreuung gewinnen, sondern auch einen neuen Markt erschließen wollte. John Bloch, ein deutschstämmiger, in Birmingham aufgewachsener Jude, der in Berlin Anfang der 1890er Jahre mehrere Fußball- und Cricketorganisationen ins Leben rief, gab beispielsweise seit 1891 ›Spiel und Sport. Organ zur Förderung der Interessen aller athletischer Sports‹ heraus. Und der Schotte Andrew Pitcairn-Knowles, ein ehemaliger Student der Fotochemie an der TH Charlottenburg, wagte 1895 mit ›Sport im Bild‹ das Projekt einer ganz mit Fotos ausgestatteten Sportillustrierten; flankierend publizierte er ›Sport im Wort‹ mit Ergebnislisten und ausführlichen Spielberichten.[4]

Weil die Engländer häufig nicht über genügend Spieler bzw. Gegner verfügten und ihre Mannschaften zudem der Fluktuation ausgesetzt waren, forderten sie junge Deutsche zum Mitspielen auf. Manche von ihnen fanden Gefallen an dem Spiel, schlossen sich den englischen Klubs an oder gründeten eigene Vereine. Wie effektiv dieser Verbreitungsmodus sein konnte, zeigt das Beispiel des Studenten Walter Bensemann, der sich in Süddeutschland als Klubgründer und Organisator internationaler Turniere betätigte. Schon 1889, im Alter von 16 Jahren, hatte er den Football-Club Karlsruhe ins Leben gerufen, aus dem 1891 der Karlsruher Fußball-Verein hervorging. 1892 gründete er dann den Straßburger Fußballverein und 1894/95 die Karlsruher Kickers; außerdem gehörte er zu den Mitbegründern der Fußballabteilung des MTV München. An den von Bensemann entworfenen Statuten orientierten sich außerdem die Old Boys Basel und der FC Gießen.[5]

Trotz der englischen Entwicklungshilfe hielt sich die Fußballbegeisterung der Wilhelminer zunächst in Grenzen. Die Mitgliederzahlen des DFB (1905: 14000, 1910: 82000) blieben bescheiden und kamen nicht entfernt an die der Deutschen Turnerschaft (1905: 800000, 1910: 1080000) heran,[6] und das Publikum verhielt sich reserviert bis ablehnend. Nicht nur zufällig vorbeikommende Spaziergänger zogen wenig schmeichelhafte Vergleiche, etwa mit dem »kunstgerechten Hundstritt« oder sprachen von »Affentum«, »Aftersport« und »Fußlümmelei«;[7] auch zahlende Zuschauer, von denen es vor dem Ersten Weltkrieg indes selten mehr als einige hundert gab, verhielten sich merkwürdig distanziert. Dies fiel dem Verfasser einer 1908 publizierten Studie über Wirtschaft und Gesellschaft in England, Deutschland und den USA auf. Während die englischen Fußballzuschauer »einen fast unaufhörlichen Lärm« zu machen und »verschiedentlich in ein wahres Geheul« auszubrechen pflegten, gaben die deutschen, davon habe er sich selbst überzeugt, »nur schwache Zurufe von sich wenn der Ball ins Ziel flog und waren sonst still ... Die Zuschauer verstanden meiner Meinung nach das Spiel nicht und waren nur aus Neugierde gekommen.«[8]

In diesem Unverständnis spiegelt sich eine besondere Schwierigkeit der Aneignung des Fußballs in Deutschland wider: Wenn man einmal von deutsch-englischen Matches absieht, war es den Zeitgenossen nämlich kaum möglich, gruppenspezifische Identitäten auf die rivalisierenden Mannschaften zu projizieren. Ein Vielvölkerstaat wie die österreichische k.u.k.-Monarchie war das deutsche Kaiserreich nicht. Die evangelische und katholische Amtskirche erwiesen sich bis zu den 1920er Jahren desinteressiert, ja fußballfeindlich. Und die jüdische Minderheit war trotz der Diskriminierung, die sie erfuhr, um Assimilation in die deutsche Gesellschaft bemüht; eigenständige Fußball- und sonstige Sportvereine sollten Juden – gezwungenermaßen – in nennenswerter Zahl erst im Dritten Reich gründen.

Der Klassenkonflikt wiederum war in Deutschland so scharf ausgeprägt, daß eine spielerische Sublimierung ganz undenkbar erschien. Im selben Jahr 1878, als in Hannover der erste deutsche Fußballklub aus der Taufe gehoben wurde, verabschiedete der Reichstag das Sozialistengesetz, durch das die klassenbewußte Arbeiterschaft und ihre Organisationen aus der bürgerlichen Gesellschaft ausgegrenzt wurden; es sollte bis 1890 Geltung haben. Der 1893 gegründete Arbeiter-Turnerbund zeigte verständlicherweise auch längerfristig wenig Interesse, mittels des Fußballs den Kontakt zu den bürgerlichen »Klassenfeinden« anzubahnen. Im Gegenteil, um die unter dem Sozialistengesetz gewachsene sozialdemokratische Subkultur zu stabilisieren, versuchten seine Funktionäre, die Klientel von diesem »Opium für das Volk« fernzuhalten. Dies gelang ihnen problemlos – auch deshalb, weil der finanzielle Aufwand für einen regelgerechten Spielbetrieb die Möglichkeiten der meisten Arbeiterturnvereine ohnehin überstieg: Noch in den 1920er Jahren bevorzugten Arbeiter das traditionelle Turnen, das keine großen Freiflächen, keine teuren Stollenstiefel und keine regelmäßigen Wettkampfreisen erforderte.[9]

Dieses Arbeitermilieu aufzubrechen, war das Ziel des im Jahr 1891, also kurz nach Aufhebung des Sozialistengesetzes, gegründeten Zentralausschusses für Volks- und Jugendspiele (ZA). Es handelte sich um eine Vorfeldorganisation der Nationalliberalen Partei und des Alldeutschen Verbandes, die durch die Initiierung einer massenhaften »Spielbewegung« unter der männlichen Jugend der aufstrebenden Sozialdemokratie den Nachwuchs abwerben wollte. Die Aktivisten des ZA, unter ihnen der Gymnasialprofessor Konrad Koch, der am Braunschweiger Martino-Katharineum das Fußballspiel schon 1874 eingeführt hatte (und deshalb als »Gründervater« gilt), empfahlen nicht nur das »deutsche Turnen«, sondern auch »English sports«, und so kam ihre Werbe- und Lobbytätigkeit auch dem Fußball zugute. Unter anderem wirkten sie auf Militärbehörden und Stadtverwaltungen ein, damit Exerzierplätze, Parks und andere Freiflächen zum Spielen freigegeben wurden. Und in Kooperation mit dem Deutschen Sprachverein, der sich die »Ausmerzung« von Fremdwörtern aus der deutschen Sprache zum Ziel gesetzt hatte, sorgten sie dafür, daß die Regeln der Football Association ins Deutsche übersetzt wurden; Regelbroschüren und »Verdeutschungstafeln« für den Spielfeldrand wurden kostenlos verteilt.[10]

Die Werbemaßnahmen des ZA verhalfen dem Fußballspiel zu Bekanntheit, aber umgekehrt trug Fußball wenig zur Realisierung der Ziele der »Spielbewegung« bei. Als der DFB, der bei der Gründung noch einen ihrer prominenten Repräsentanten, den Hygieniker Professor Ferdinand Hueppe, zu seinem ersten Präsidenten gewählt hatte, 1910 seine Mitgliederstruktur analysierte, stellte sich heraus, daß die vom ZA anvisierte Zielgruppe der Jugendlichen nur 24 Prozent ausmachte und sich zudem fast ausschließlich aus Gymnasiasten und Realschülern, also aus Bürgersöhnen, rekrutierte. Auch die erwachsenen Fußballfreunde repräsentierten im allgemeinen nicht die Arbeiterschaft, sondern bürgerliche Berufe bzw. deren studentischen Nachwuchs. Die Quellen nennen Juristen, Ärzte, Architekten, Sprachlehrer, Journalisten, Universitätsprofessoren, höhere Verwaltungsbeamte, Offiziere, vor allem aber technische und kaufmännische Angestellte (»Kaufleute«).[11] Dementsprechend entstanden die deutschen Fußballhochburgen in Dienstleistungszentren wie Berlin, Hamburg, Hannover, Leipzig, Dresden, Düsseldorf, Köln, Frankfurt, Karlsruhe und München. Um 1900 verfügten die meisten dieser Städte über Technische Hochschulen oder Handelsakademien.

Die Dominanz gerade dieser Gruppe, die den deutschen Fußball maßgeblich prägen sollte und daher im Zentrum der nachfolgenden Ausführungen steht, ist zum Teil sicher darauf zurückzuführen, daß die hier vertretenen Berufe eher mit Engländern in Kontakt kamen als andere und daß sich in ihren Reihen jene noch seltenen Zeitgenossen konzentrierten, die zumindest über rudimentäre Englischkenntnisse verfügten.[12] Drei weitere Faktoren kamen hinzu:

Erstens war ein hinreichender Anteil der Angestellten vergleichsweise gutsituiert. Im Durchschnitt verdienten sie um die Jahrhundertwende zwar nicht mehr als den jährlichen Facharbeiterlohn von 1500–2000 Mark, aber die Verdienstspannen der einzelnen Berufe und Hierarchie-Ebenen waren ungleich größer. Zumindest die sog. Führungskräfte und die Akademiker (dazu gehörten auch die im allgemeinen von den Eltern alimentierten Studenten) brauchten sich die für ein regelgerechtes Spiel erforderliche »Fußballtracht« aus Stollenstiefeln, Trikot, Hose und Strümpfen in den Klubfarben, die etwa 20 Mark und damit einen halben Facharbeiter-Wochenlohn kostete, sicher nicht vom Munde abzusparen.[13]

Wenn manch ein schlechter verdienender Fußballjünger aus ihren Reihen das dennoch tat, lag das – zweitens – daran, daß Angestellte frühzeitig ein modernes Freizeitbewußtsein ausgebildet hatten und bereit waren, einen vergleichsweise hohen Anteil ihres Einkommens für »Vergnügen« und »Erholung« aufzuwenden.[14] Dementsprechend legten ihre Gewerkschaften und Berufsverbände besonderen Wert auf die Frage der Arbeitszeitverkürzung. Bereits im Jahr 1891, als der Reichstag in einer Novelle zur Gewerbeordnung die bis dahin übliche Sonntagsarbeit in den Kontoren untersagte, erzielten sie einen strategischen Durchbruch. Der Freizeitschub kam dem Fußball um so mehr zugute, als die unter dreißigjährigen Angestellten, die noch über hinreichende Fitness für die aktive sportliche Betätigung verfügten, mit 30–40 Prozent stark überrepräsentiert waren. Zudem waren die meisten von ihnen ledig, so daß die freie Zeit nicht vom Familienleben absorbiert wurde.[15]

Drittens schließlich nahmen die Angestelltenzahlen in den Gründerjahren des deutschen Fußballs rapide zu: nach der amtlichen Berufszählung von 516000 Personen im Jahr 1882 auf 935000 im Jahr 1895 und 1,87 Millionen im Jahr 1907.[16] Warum sollte diese »traditionslose« Gruppe, die ganz heterogene Berufe umfaßte und darüber hinaus eine hohe geographische Mobilität aufwies, sich nicht mit Hilfe des gleichermaßen »traditionslosen« Fußballspiels vergesellschaften?

Aneignung und Sinnstiftung

1890–1914

Da die Angestellten noch keine gruppenspezifischen Traditionen ausgebildet hatten, suchten sie Anschluß an das als Referenzgruppe betrachtete Bürgertum. Die Bürger standen diesem Ansinnen jedoch ambivalent gegenüber. Es war zwar naheliegend, Angestellte nicht dem Proletariat zuzurechnen, weil sie in Gehalt, nicht in Lohn bezahlt wurden und aufgrund ihrer produktionsfernen Tätigkeiten ihren Berufsgeschäften mit weißem Kragen nachgingen. Andererseits fehlte ihnen die für einen idealtypischen Bürger kennzeichnende wirtschaftliche Selbständigkeit, und nur eine Minderheit besaß die prestigeträchtigen Bildungspatente, das »Einjährige«, das Abitur oder einen Hochschulabschluß. Selbst angestellte Akademiker hatten Statusprobleme, da sie häufig an den neugegründeten Technischen Hochschulen und Handelsakademien studiert hatten, deren Renommee geringer war als das der etablierten Universitäten, und daher – wie die Juden – nicht in die Korps und Burschenschaften aufgenommen wurden.[17]

Aus dem Wunsch, diesen prekären Status abzusichern, erklärt es sich, daß Kulissen und Kostüme der entstehenden Fußballgeselligkeit der den meisten Angestellten verschlossenen Welt des studentischen Verbindungswesens entstammten.[18] Für die Klubs und Vereine wurden vorzugsweise Namen wie »Borussia«, »Alemannia« oder »Markomannia« gewählt, die Reminiszenzen an die Namen von Burschenschaften, Korps und Landsmannschaften weckten, und die Vereinsmütze war der bekannten Studentenmütze täuschend ähnlich. Nach dem Wettspiel traf man sich zum »Fußballspieler-Kommers«, »rieb« dort manchen »herrlichen Salamander« und sang »O wonnevolles Fußballspiel« nach der Melodie eines bekannten Burschenliedes.

Andere Attribute bürgerlicher Respektabilität, die in die Fußballgeselligkeit übernommen wurden, waren Titel (»Meister«) und Orden (Medaillen). In einem Land, wo selbst kritische Geister einsahen, daß man »respektvoller angekuckt und besser behandelt« (Th. Fontane) wurde, wenn man solche Auszeichnungen besaß, war das naheliegend. Angehörige des »Kaufmannsstandes« waren in dieser Hinsicht besonders sensibel, fühlten sie sich doch bei Dekorationen durch den Staat geradezu stiefmütterlich behandelt. In der Frühzeit des Fußballs traten die Spieler daher nicht selten mit ihrer ganzen Medaillensammlung dekoriert zum Wettkampf an. Der Faszination sportlicher Ehrenzeichen konnten sich auch die nicht entziehen, die den »Medaillenunfug« für »eitel« oder »blasiert« hielten: Ein »Diplom« erhielten die Sieger allemal.

Das Anschlußbedürfnis der Angestellten an die bürgerliche Kultur kam schließlich auch in den Konnotationen des Fußballspiels als »Leibesübung« zum Ausdruck. Wer heute von »Angriff«, »Verteidigung«, »Flügeln«, »Flanken«, »Deckung« und »Schlachtenbummlern« spricht, denkt im allgemeinen nicht mehr an die Sprache des Militärs, der diese Begriffe entstammen. In der von sozialer Militarisierung geprägten Atmosphäre der bürgerlichen Gesellschaft der Jahrhundertwende, in der kaum etwas so erstrebenswert erschien wie der Status eines Reserveoffiziers, bezeichneten solche Begriffe jedoch ganz konkret den »Kriegszustand«, den das Fußballspiel symbolisierte: Die Spieler standen »im Felde« und wurden von einem »Kaiser« bzw. »Spielkaiser« befehligt, der als Feldherr »unumschränkte Vollmacht für seine Mannschaft und volle Disziplinargewalt« hatte. Der einzige »Zivilist« auf dem Platz war der Schiedsrichter mit dem Bowler-Hut.

Die militärischen Metaphern hatten im Fußball die Funktion, das

Zusammenspiel zu fördern, konnten und sollten aber den einzelnen Spieler nicht zum reinen Befehlsempfänger stempeln. Das hätte auch dem Selbstbild der Angestellten unter den Spielern widersprochen, für die der »dauernde Kampf« des Berufslebens, den man – nebenbei bemerkt – ebenfalls militärisch romantisierte, vor allem durch ihre persönliche Initiative, ihren »Willen« entschieden wurde. Ob die Situation gemeistert wurde, hing von der »Körperkraft« und »Gewandtheit« des einzelnen, vor allem jedoch von seiner Persönlichkeit ab: »Kaltblütigkeit«, »Ruhe und Überlegungsfähigkeit«, »klarer Kopf« und »klarer Blick«, »Entschlossenheit« und »Ausdauer« waren die wichtigsten Eigenschaften, die ein Fußballspieler besitzen sollte. Im Ausnahmefall könnten Einzelleistungen sogar »uneigennütziger« sein, »als es das Abgeben des Balles an den Nebenmann ist«, müsse »man doch stets bedenken, daß das selbständige Umgehen des Gegners oft genug notwendig ist«.[19]

Das Persönlichkeitsbild eines idealen Fußballspielers entsprach dem des modernen Soldaten, das sich vor dem Hintergrund der rasanten Entwicklung in der Waffentechnik, insbesondere der Verbreitung des Maschinengewehrs, mit einiger Verzögerung und durchaus nicht unwidersprochen auch im Militär herausbildete. »(D)ie Erziehung des Mannes zu selbständigem Denken und Handeln«, im Fußball stets eine Selbstverständlichkeit, sprach im Jahr 1908 auch die Felddienstordnung aus: »Selbständigkeit und Pflichttreue« würden den Soldaten »auch dann seine Schuldigkeit tun lassen, wenn das Auge des Führers nicht über ihn wacht«. Ebenso verlangte das Infanterie-Reglement nun »denkende, zur Selbständigkeit erzogene Führer und selbsthandelnde Schützen«.[20] Ebenfalls seit 1908 spielten die Besatzung der Hochseeflotte, die Schiffsartillerieschule sowie die Schiffsjungen-, Torpedo- und Werftdivision um die Meisterschaft der Geschwader und den von Prinz Heinrich gestifteten »Deutschlandschild«; 1910 verankerte schließlich ein Militär-Turnerlaß das Fußballspiel in den Ausbildungsplänen der Armee.[21]

Es erklärt sich durch dieses Sportverständnis, daß in Deutschland – anders als z. B. in England – bei Ausbruch des Ersten Weltkriegs im August 1914 keine Forderungen nach Einstellung des Spielbetriebs laut wurden. Ganz im Gegenteil, es wurden Repräsentationsspiele, etwa Berlin gegen Wien oder Budapest, arrangiert, und auch die Punktspielrunden gingen weiter.[22] Die Vereine ersetzten die zu den Fahnen geeilten Mannschaftsmitglieder umgehend durch Jüngere und holten damit nach, was sie mit Rücksicht auf das Geselligkeitsbedürfnis der Erwachsenen bis dahin bewußt vermieden hatten: die Einrichtung von Jugendabteilungen.

So vorbereitet, entwickelte sich mit zunehmender Kriegsdauer auch unter den Frontsoldaten ein reger Spielbetrieb, und er nahm zu, je jünger die eingezogenen Jahrgänge wurden. »Wie oft haben wir es erlebt, daß unsere Frontkämpfer, nachdem sie sich ordentlich ausgeschlafen hatten, auf der ersten besten Wiese mit dem Fußball sich fröhlich tummelten«, schrieb rückblickend der 2. Vorsitzende des Norddeutschen Fußballverbandes, Johannes Runge, der nach einer schweren Verwundung 1916 ins Kriegsministerium versetzt worden war. »Immer lauter erscholl der Ruf von der Front in die Heimat: Schickt uns Fußbälle, schickt uns Sportgeräte aller Art!«[23] Die Verabredung deutsch-englischer Matches in Flandern dürfte zwar ins Reich der Fabel gehören,[24] aber die Kolportierung solcher Gerüchte verrät doch einiges über die Wünsche der Soldaten, die ihre Fußball-Leidenschaft offenbar nicht einmal dann zügelten, wenn Lebensgefahr drohte: »Man hörte das Sausen der Geschosse, Spielmannschaft und Zuschauer warfen sich platt auf die Nase. ›Hat einer was abgekriegt?‹ wurde dann gefragt, und das Spiel ging weiter. Dem Engländer zur Ehre sei gesagt, daß er sich mit einer Lage stets begnügte ...«[25]

Von den direkten militärischen Vorgesetzten bis hinauf zur Obersten Heeresleitung wurde die Sportfreudigkeit der Frontsoldaten begrüßt, obwohl der Spielbetrieb zusehends Selbstzweckcharakter annahm und, wie ein General mißbilligend feststellte, mit der Zeit »das militärische Leben bei einzelnen Truppen mehr beherrschte als der nüchterne Dienst mit der Waffe«.[26] Denn nach dem im März 1917 erfolgten Rückzug auf die Siegfriedlinie war an der Westfront jede Initiative zur Hebung der Truppenmoral hochwillkommen. Dies auch deshalb, weil die kaiserliche Armee in den

Materialschlachten und im Stellungskrieg in weiten Teilen Milizcharakter annahm, so daß die Funktionsunterschiede zwischen Offizieren und Mannschaften eingeebnet wurden. Fußball erwies sich in dieser Situation als probates Mittel, um die kleinen Kampfeinheiten zu stabilisieren und sie zu der später immer wieder beschworenen »Frontsoldatengemeinschaft« zusammenzuschweißen. Als Gesprächsthema waren die Spiele zudem geeignet, Spannungen und Konflikte abzuleiten, die in dem drückenden, von quälender Langeweile geprägten Soldatenalltag in den Schützengräben leicht außer Kontrolle geraten konnten. Wie ein Offizier zum Ausdruck brachte, konnte Fußball angesichts des sich verbreitenden »Drükkebergertums« und der steigenden Zahlen der Fahnenflüchtigen durchaus als militärische »Produktivkraft« betrachtet werden: »Ganz sicher wurde so, um es militärisch auszudrücken, ein weitgehendes Lockermachen der im Graben und Granatloch steifgewordenen Knochen erreicht. Noch wertvoller aber schien mir die dabei erzielte geistige und seelische Entspannung, besonders wenn wir gegen Abend nach dem Dienst mit den beiden besten Mannschaften spielten. Keiner war als Soldat zu erkennen, Vorgesetzter und Mann waren nicht zu unterscheiden. Die Kompanien standen als begeisterte, allmählich fachkundige Zuschauer um das Spielfeld herum, Krieg und Not der letzten Monate vergessend.«[27]

Der Durchbruch zum Massensport

Aufgrund dieser Sportfreudigkeit der Frontsoldaten erfuhren die DFB-Mitgliedsvereine nach Kriegsende einen im Kaiserreich nie für möglich gehaltenen Zustrom. Die Gesamtmitgliederzahl des Jahres 1913 (161600) hatte sich trotz der hohen Gefallenenzahlen bereits 1920 fast verdreifacht (468000) und 1921 fast verfünffacht (780500),[28] und auch im Arbeiter-Turn- und Sportbund (ATSB), in der katholischen Deutschen Jugendkraft (DJK), in den in großer Zahl entstehenden Betriebssportvereinen sowie in »wilden Mannschaften« spielte man nun Fußball, ohne daß jedoch die Prädominanz des DFB in Frage gestellt worden wäre.[29] Die Zuschauerzahlen explodierten ebenfalls. Hatten vor 1914 selbst »Schlagerspiele« nur einige hundert oder tausend Menschen mobilisieren können, so kamen nun Zehntausende. Endspiele um die Deutsche Meisterschaft wurden von durchschnittlich 50000 Zuschauern besucht;

1923, als sich der Hamburger Sportverein (HSV) und der Berliner Klub Union Oberschöneweide gegenüberstanden, zählte man sogar 64000.[30]

Als Massenphänomen dieses Ausmaßes verlor der Fußballsport seine Respektabilität. Ausschreitungen der Zuschauer, Schiedsrichterbeleidigungen und unfaires Spiel waren Anfang der 1920er Jahre an der Tagesordnung. Auch und gerade in Spitzenspielen kam es zu »unerhörten Holzereien« und »Rohheiten in fast endloser Fortsetzung«; der Spielbetrieb war eine »vielgliedrige Kette grober Unsportlichkeiten«. 1922 mußte das Endspiel um die Deutsche Meisterschaft zwischen dem 1. FC Nürnberg und dem HSV wiederholt werden, nachdem sich die Spieldauer wegen der zahlreichen Unterbrechungen auf nahezu drei Stunden ausgedehnt hatte, denn nur noch sieben Nürnberger waren spielfähig. 1925 legte der renommierte Schiedsrichter Dr. Peco Bauwens, Vorsitzender der 1919 eilig gebildeten Schiedsrichter-Vereinigung des DFB, in der Halbzeit eines Spiels zwischen dem 1. FC Nürnberg und MTK Budapest sein Amt nieder, um gegen das Verhalten der Spieler und der Zuschauer zu protestieren.[31]

Es war sicher nicht falsch, wenn der DFB und seine Presse diese Entwicklung auf die »überschnelle, plötzliche Ausdehnung in die Breite« und die unzureichende Regelkenntnis »sportlich noch nicht erzogener Charaktere« zurückführten.[32] Auch war es zutreffend, daß die Spieler nach den Entbehrungen der Kriegsjahre keine Kondition hatten und sich in Zweikämpfen nur mit Hilfe von Fouls durchsetzen konnten. Und schließlich resultierte das hohe Gewaltniveau aus Überfüllungsproblemen. Auf den Tribünen standen die Zuschauer derart dichtgedrängt, daß schon kleine Rempeleien schwerwiegende Folgen nach sich ziehen konnten, und am Übungsbetrieb der Vereine nahmen stets viel zu viele teil. Nicht zuletzt deshalb verbreitete sich das neuerfundene Handballspiel (Feldhandball), das nach den bewußt großzügig gefaßten Regeln von 1919 auf jeder besseren Wiese gespielt werden konnte. Innerhalb weniger Jahre gab es mehrere hunderttausend aktive Spieler, auch in der Deutschen Turnerschaft und im ATSB, in der katholischen und evangelischen Sportbewegung (DJK, Eichenkreuz) sowie im Militär- und Polizeisport.[33]

Man sollte diese Erklärungen für die Gewaltsamkeit des Nachkriegsfußballs jedoch nicht überstrapazieren, zumal es im Handball ähnlich ruppig zuging wie im Fußball. Denn die Entwicklung ist auch darauf zurückzuführen, daß die meisten derjenigen, die im Weltkrieg zum Spiel gefunden hatten, zwischen den Schützengräben und in der Etappe sportlich sozialisiert worden waren und dieses Sportverständnis nicht einfach ablegen konnten wie ihre feldgraue Uniform. Dies auch deshalb nicht, weil die Demobilisierung des Soldatensports nur unvollständig erfolgte: Zum einen bemühten sich die militärischen Kommandobehörden unter dem Eindruck der Niederlage und der revolutionären Ereignisse, die Ströme der heimkehrenden Soldaten durch entsprechende Angebote zu bremsen und zu kanalisieren. Zum anderen suchten auch die Soldaten selber »ein gutes Ventil zum Austoben und Austollen«, so die Formulierung von Johannes Runge, dem Verbindungsmann des DFB im Kriegs- bzw. Reichswehrministerium.[34]

Dieses »Austoben« fand nicht nur in den Turn-, Fußball- und sonstigen Sportvereinen statt, sondern – unterstützt durch großformatige Werbeanzeigen des DFB[35] – auch in den Freikorps, das heißt in jenen Freiwilligenverbänden, die von der zivilen und militärischen Führung zur Sicherung der Reichsgrenzen wie auch zum Kampf gegen die revolutionäre Linke eingesetzt wurden. Runges Mitteilung, daß der Sport bei ihnen »in und außer Dienst« eine wichtige Rolle gespielt habe,[36] traf u. a. auf die Freikorps Pfeffer, Lützow und die Marinebrigade Ehrhardt zu, die gegen DFB-Vereine spielten. Schalke 04 trug das erste Match nach dem Krieg gegen das Freikorps Hacketau aus, und das Freikorps Oberland trainierte regelmäßig auf dem Sportplatz des TuS München 1860 an der Grünwalder Straße.[37]

Amateurismus als Ideologie

Die fließenden Übergänge zwischen Athleten und Kombattanten konservierten den Charakter des Fußballspiels als »Kriegsspiel«. Im politischen Klima der jungen Weimarer Republik festigten sie zugleich sein Image als kulturelle Manifestation des bürgerlichen Revanchismus. Nachdem die Siegermächte dem Deutschen Reich im Versailler Vertrag die Abschaffung der Wehrpflicht und die Reduzierung der Armee auf ein Berufsheer von 100000 Mann »diktiert« hatten, agitierte die politische Rechte massiv für einen »Befreiungskrieg«, der die »deutsche Ehre« wiederherstellen sollte. Auch Politiker und Militärs betrachteten Sport und »Leibesübungen« nun als probates Mittel, um deutsche Stärke zu demonstrieren, und so wurde der Deutsche Reichsausschuß für Leibesübungen (DRL), die Koordinationsstelle des deutschen Sports, 1919 großzügig mit Mitteln der öffentlichen Hand und aus schwarzen Fonds ausgestattet, um die Funktion eines geheimen (weil im Versailler Vertrag verbotenen) »Reichssportamtes« zur Ertüchtigung des Wehrpflichtersatzes wahrzunehmen. Den stellvertretenden Vorsitz im DRA übernahm der Vizepräsident, seit 1925 Präsident des DFB, Kriminalrat Felix Linnemann.[38]

Daß die Spieler als selbstlose »Helden« fürs Vaterland und nicht für Geld kämpfen sollten, war der Hauptgrund für die Unterdrükkung der unübersehbaren Tendenz zur Kommerzialisierung des Fußballs durch den DFB und seine Landesverbände. Wo immer Berufsspiele angekündigt wurden, drohten sie den Teilnehmern die Disqualifikation und den Schiedsrichtern den Verbandsausschluß an. Es wurden Boykottbewegungen gegen Kartenverkäufer organisiert, und in einem Fall engagierte der DFB sogar »Radaubrüder«, um den Spielverlauf zu stören.[39] Doch waren es nicht nur die Funktionäre und die gleichgesinnten Journalisten, die den Amateurgedanken ideologisch zu überhöhen versuchten (Charakterstärke, Opfermut, Idealismus usw.). Die Vereine an der Basis des Fußballs verfolgten im allgemeinen dieselbe Politik. Zum einen gestattete ihnen das Amateurprinzip, daß sie die nicht unbeträchtlichen Einnahmen aus dem Verkauf von Eintrittskarten ganz für den Breitensport und paramilitärische Übungen verwenden konnten. Zum anderen hatten sie nur als Amateurklubs eine Chance, die Städte zum Bau bzw. zur Mitfinanzierung eines repräsentativen Stadions zu veranlassen. Solche Stadien entstanden in den alten Fußballhochburgen, zum Beispiel in München und Köln (1924), Frankfurt (1925), Düsseldorf (1926) und Nürnberg (1928), aber auch in manchen neuen, so in Duisburg, Oberhausen, Dortmund, Neuß und Gelsenkirchen.

Schließlich bevorzugten auch die meisten Spitzenfußballer selber den Amateurstatus, standen sie sich doch im allgemeinen mit bar auf die Hand gezahlten regelwidrigen Zuwendungen besser als mit einem festen Gehalt. Diese Rationalität bestimmte nicht nur die Usancen der Inflationsjahre vor 1923/24, sondern, soweit es die Angestellten und Beamten betraf, die noch immer zwei Drittel bis drei Viertel der Spitzenspieler stellten,[40] auch die Folgezeit. Denn der Status eines Amateurfußballers konnte der Karriere im gelernten bürgerlichen Beruf durchaus förderlich sein:

In der Arbeitswissenschaft der frühen 20er Jahre standen genau jene Fähigkeiten hoch im Kurs, zu deren Einübung das Fußballspiel in Deutschland schon immer empfohlen worden war: »räumliches Sehvermögen«, »Flächensehschärfe«, »Bewegungsgeschwindigkeit«, »Aufmerksamkeit«, »Augenmaß«, »Reaktion«, »Zeitauffassung« usw. Waren diese Eigenschaften im Kaiserreich zunächst im Hinblick auf die Erfordernisse des Militärs hervorgehoben worden, so stand nun die Produktivität der deutschen Wirtschaft im Vordergrund.[41] Um die »schnellste Zurückführung jeder Arbeitskraft zu der Stelle« zu gewährleisten, »an der sie sofort mit dem wirtschaftlich größten Nutzen verwertet werden kann«, waren bereits während des Krieges Initiativen zur Entwicklung eines psychotechnischen Instrumentariums ergriffen worden, und Industrieunternehmen wie öffentliche Arbeitgeber (Reichswehr, Reichsbahn, Reichspost) richteten sog. Prüfstellen ein, um die Eignung der Bewerber zu testen.[42]

Als die Rationalisierungsbewegung Ende der 20er in eine Krise geriet, weil die hohen Kosten der wissenschaftlichen Betriebsführung nun selbst Anlaß zur Rationalisierung gaben, wurde die Psychotechnik mit einer sozialethisch motivierten »Philosophie der Arbeit« verschmolzen. Das Ziel war nun, die »Geistseele« (G. Briefs) der Beschäftigten zu erfassen und den »Kampf um die Arbeitsfreude« (H. de Man) aufzunehmen.[43] Wiederum standen die Angestellten im Mittelpunkt des Interesses, denn die Dienstleistungstätigkeiten, die sie verrichteten, eröffneten ihnen einen verhältnismäßig großen Dispositionsspielraum. Ihre »innere Zufriedenheit« und Leistungsbereitschaft wurden daher als Produktionsfaktoren betrachtet, während bei Arbeitern nach wie vor die »einfache Funktionsprüfung« als ausreichend galt.[44]

Die Bereitschaft der Unternehmer zur wohlwollenden Förderung der sportlichen Hobbys ihrer Angestellten blieb daher auch in der Wirtschaftskrise erhalten. Man habe »mit Sportsleuten die besten Erfahrungen gemacht« und greife »bei Neueinstellungen immer gern Bewerber heraus, von denen wir wissen, sie nehmen aktiv am Sport teil«, gab ein Bankdirektor 1931 auf Befragen zu Protokoll. »Es spielt für uns auch keine Rolle, ob wir unseren Angestellten zu sportlichen Zwecken zwei- bis dreimal im Jahr einen oder einen halben Tag freigeben, die nicht vom Urlaub abgezogen werden. Dafür sind sie weniger krank, doppelt dankbar für kleine Vergünstigungen und suchen den Ausfall durch erhöhten Arbeitseifer und

Freude am Betrieb wieder wettzumachen. ... (D)er Sportsmann als Angestellter ist für uns stets eine geschäftliche Stütze gewesen ...«[45]

Äußerungen wie diese, die breiten Widerhall in der Presse fanden, erhoben Fußball geradezu zu einer Karrierestrategie für Angestellte. Als »ein hervorragender ›linker Stürmer‹ beim Sturm auf vakante Stellen im Vorteil« zu sein, hieß die Parole. Siegfried Kracauer, von dem die zitierte Formulierung stammt, beobachtete diese Erwartung vor allem »in den unteren Schichten, in denen es nicht so viele andere Unterscheidungsmerkmale gibt«. In seinen Reportagen über die Angestelltenkultur und -mentalität der 20er Jahre wies er zugleich auf das verschiedentlich zu beobachtende Phänomen hin, daß die sportliche Betätigung erst durch solche Überlegungen motiviert worden war.[46]

Die Durchsetzung des Leistungsprinzips

Welchen hohen Stellenwert diese außersportlichen Motive für die Spieler hatten, zeigte sich nicht zuletzt an ihrer Auffassung vom Leistungsprinzip. Mit dem Begriff Training verbanden nämlich in den frühen 20er Jahren auch die Spitzenfußballer noch nichts anderes als in der Vorkriegszeit: Körperpflege und eine gemäßigte Lebensführung, also viel Schlaf, gute Ernährung, Verzicht auf Alkohol und Nikotin, daneben etwas Gymnastik, Seilspringen, gelegentliche Dauerläufe von maximal 10 km und Sprintübungen. Bei den finanzstarken Klubs, so etwa bei den Abonnementsmeistern 1. FC Nürnberg und Spvgg. Fürth, die ehemalige Berufsspieler aus England und Ungarn als Trainer engagiert hatten, kam eine systematische Einübung von Spielzügen hinzu. Konditionsübungen im heutigen Sinn wurden jedoch für gesundheitsschädlich oder, weil gute Fußballer als »Naturburschen« galten, für überflüssig gehalten. Es wirft ein Licht auf die »Fitness« der Spitzenspieler der 20er Jahre, daß als bester Mittelläufer des DFB Hans Kalb vom 1. FC Nürnberg galt, der bei einer Körpergröße von 1,85 m etwa 100 Kilo auf die Waage brachte.[47]

Die 20er Jahre waren aus diesem Grund nicht eben eine Glanzzeit des deutschen Fußballs, doch spielten auch zwei weitere Gründe eine Rolle: zum einen der Boykott des deutschen Sports durch die Siegermächte des Ersten Weltkriegs, der dazu führte, daß die Nationalmannschaft kaum zum Einsatz kam; zum anderen ein Verbot des

DFB aus dem Jahr 1924, gegen Profiteams zu spielen. Daher nahmen auch keine deutschen Klubs an den Spielen um den seit 1927 ausgespielten »Mitropa-Cup« der mitteleuropäischen Länder teil.

Eine Kurskorrektur erfolgte im Vorfeld der Olympischen Spiele 1928 in Amsterdam, der ersten internationalen Großveranstaltung nach dem Ersten Weltkrieg, an der wieder deutsche Athleten teilnehmen durften. Ein Jahr vor den Spielen hatte der DFB den Volksschullehrer Otto Nerz, einen ausgewiesenen Kenner des englischen Fußballs, als »Bundestrainer« eingestellt.[48] Nerz, der den Doktortitel erwarb und als Professor für Sportmedizin an der Deutschen Hochschule für Leibesübungen lehrte, galt bald auch in den Landesverbänden und Vereinen als Autorität. 1930 waren schließlich die meisten der bald rund 300 Vereinsfußballehrer durch seine Schule gegangen. Sein Konzept des »Energiefußballs« (»Schnelligkeit mit guter Technik und Taktik«) verbreitete er zudem in zahlreichen Publikationen sowie als Leiter von Trainingskursen, in denen sich auch potentielle Nationalspieler »schleifen« lassen mußten.[49]

Diese zeitaufwendigen Trainingslager überforderten die Nationalspieler der alten Garde, und viele von ihnen stiegen nun aus dem Spitzenfußball aus.[50] Zwei weitere Entwicklungen bestärkten sie in dieser Entscheidung: Zum einen bezog die deutsche Nationalmannschaft bei den Olympischen Spielen in Amsterdam eine 1:4 Niederlage gegen die »Halbwilden« aus Uruguay, die späteren Olympiasieger, worauf die Presse gnadenlos auf die deutsche Elf eindrosch.[51] Zum anderen beschloß die FIFA kurzfristig, eine auch für Profimannschaften offene Fußball-Weltmeisterschaft auszurichten. Am ersten Turnier, das 1930 in Uruguay stattfand, nahm noch keine deutsche Elf teil, so daß der Leistungsstand nicht überprüft werden konnte. Es war jedoch abzusehen, daß Amateure im internationalen Fußball längerfristig nicht mithalten könnten.

Otto Nerz unterzog nun auch das Auswahlverfahren für die Nationalmannschaft einer Reform. Vor seiner Zeit waren die Mannschaftsmitglieder durch die Landesverbände bestimmt worden, die dem DFB lediglich die Namen der Einzuladenden mitgeteilt hatten; dabei waren Proporzdenken und Vereinsegoismus stets zu ihrem Recht gekommen. Fortan wurden systematisch junge, leistungsstarke Spieler berufen, und dabei fiel die Wahl immer öfter auf die Stars der mehr oder weniger offen professionalisierten westdeutschen Klubs Fortuna Düsseldorf und Schalke 04.[52] Zwar geriet Nerz auf diese Weise in den DFB-Publikationsorganen, in denen die Lobby des Traditionsfußballs eine starke Stellung hatte, ins Kreuzfeuer der Kritik. Darüber hinaus wurden seine Entscheidungen nicht selten von einer dreiköpfigen DFB-Auswahlkommission sabotiert, gegen die sich erst sein Nachfolger Sepp Herberger durchzusetzen wußte. Gleichwohl gelang es Nerz, die Nationalmannschaft sukzessive von Grund auf zu erneuern, so daß das Durchschnittsalter der Spieler 1933 bei 23 Jahren lag.[53]

Auch die Vereine versuchten auf den Zug der Zeit aufzuspringen, zumal die Städte, die die Hypothekenzinsen für ihre neugebauten Stadien aufzubringen hatten, ihnen für attraktive Matches gegen auswärtige Klubs oftmals »erstaunliche Barsummen« boten.[54] Da sie sich daraufhin ihrerseits mit immer höheren Spesen- und Handgeldforderungen der Spieler konfrontiert sahen, erschien es den Vorständen bald vorteilhaft, den Markt durch ein Kartell zu regulieren, und dafür war eine Profiliga das probate Mittel.[55] Diese Bewegung nahm nicht zufällig im Gebiet des Westdeutschen Spielverbandes ihren Ausgang, wo im Verlauf der 20er Jahre besonders viele Stadien errichtet worden waren.

Spätestens 1930 mußte sich auch der DFB mit diesem Thema ernsthaft befassen. Bei seinem Dresdner Bundestag in diesem Jahr traten die Delegierten des Westdeutschen Spielverbandes, die zu den Hardlinern der Amateurfraktion gehörten und, um ein Zeichen zu setzen, kurz zuvor die erste Mannschaft von Schalke 04 wegen Verstoßes gegen das Amateurstatut gesperrt hatten, die Flucht nach vorn an und forderten die »reinliche Scheidung« von Amateur- und Berufsfußball; die zu bildende Profiliga sollte vom DFB verwaltet und kontrolliert werden. Die Delegierten der anderen Landesverbände wollten diesen Schritt jedoch noch nicht wagen und lehnten ab. Daraufhin separierte sich ein eigenständiger Deutscher Professionalverband vom DFB, dem u. a. der 1. FC Köln, der 1. FC Wuppertal, ein FC Mönchengladbach/Rheydt und die unter der Bezeichnung »Des Westens Meister« antretende erste Mannschaft von Schalke 04 anschlossen. Der Professionalverband löste sich zwar nach kurzer Zeit wieder auf, weil der DFB scheinbar Kooperationsbereitschaft signalisierte, doch der Damm war gebrochen. 1932 erfolgte eine neue, auf Journalisten zurückgehende Initiative zur Errichtung einer »Reichsliga«. Nun schlossen sich nicht nur West-Vereine an, sondern auch der HSV, der 1. FC Nürnberg, Bayern und Wacker München, Hertha BSC Berlin sowie einige Frankfurter und Stuttgarter Klubs. Daraufhin wurde auf dem DFB-Bundestag im

September 1932 die Einführung des Berufsfußballs definitiv beschlossen. Dies geschah auch im Hinblick darauf, daß man bei der zweiten Fußball-Weltmeisterschaft, die 1934 in Italien stattfinden würde, mit einer starken Mannschaft vertreten sein wollte.[56]

Leistungsfußball der Staatsamateure

Im internationalen Vergleich betrachtet, folgte der Schritt dem Zug der Zeit, ja er war überfällig. Aus der deutschen Binnenperspektive war er hingegen riskant. Zum einen erschien es auf dem Höhepunkt der Weltwirtschaftskrise höchst ungewiß, ob die geplante Liga sich selbst tragen würde. Zum anderen hatten führende Politiker und Militärs für den Fall einer Aufgabe des Amateurprinzips damit gedroht, den Sportvereinen das Prädikat »gemeinnützig« zu entziehen und ihnen nicht nur die Subventionen zu streichen, sondern sie auch als Vergnügungsunternehmen zu besteuern.[57] Die »Reichsliga« konnte also auch zum Nachteil des gesamten deutschen Fußballs ausschlagen.

Als die Nationalsozialisten, die stets gegen den »jüdischen« Kommerz im Sport agitiert hatten, am 30. Januar 1933 die Macht übernahmen, erkannten daher nicht nur die Parteigenossen unter den DFB-Funktionären in dem neuen Regime einen Rettungsanker, und der DFB-Präsident Felix Linnemann, der zu diesem Zeitpunkt noch kein Nazi war, beeilte sich, Ergebenheitsadressen an den neuen »Reichssportführer« Hans v. Tschammer u. Osten zu richten und ihm seine Kooperationsbereitschaft zu versichern. Mit Erfolg: Der im September 1932 gefaßte Beschluß zur Einführung einer »Reichsliga« wurde ausgesetzt, und bald erfolgte ein generelles Verbot des Berufsfußballs.

Doch war der Zug der Zeit tatsächlich aufzuhalten? Konnte der Nationalsozialismus die Amateurmoral der Sportler per Dekret wiederherstellen, wie die gleichgeschaltete Presse glauben machen wollte?

Obwohl die Geschichte des Fußballs im Dritten Reich noch nicht im Detail erforscht ist, kann man diese Frage wohl verneinen. Denn die Maßnahmen gegen den Professionalismus beschränkten sich im wesentlichen auf die Unterbindung der Diskussion über dieses Thema. Der Grund: Adolf Hitler wollte einen Sieg der deutschen Fußball-Nationalmannschaft bei den Olympischen Spielen 1936 in

Berlin, und so galt es nicht nur die Leistungsfähigkeit der deutschen Spitzenspieler zu erhöhen, sondern auch zu vermeiden, daß im Ausland Zweifel an ihrer Amateureigenschaft geweckt würden. Die einst wegen Verstößen gegen das Amateurstatut gesperrten »Knappen« aus Gelsenkirchen-Schalke wurden denn auch in den Jahren 1934 und 1935 unbeanstandet Deutscher Meister und setzten ihre Siegesserie in den Jahren 1937, 1939, 1940 und 1942 ebenso unbeanstandet fort, obwohl sie nach wie vor Geld bekamen.

Auch bei anderen Klubs schritt der schon in der Weimarer Republik begonnene Prozeß der Kommerzialisierung und Professionalisierung ungebrochen voran. Da die Sportvereine im Dritten Reich einen Großteil ihrer Mitglieder und des dazugehörigen Beitragsaufkommens an Partei- und Staatsorgane (SA, SS, HJ, Arbeitsdienst, Wehrmacht etc.) verloren und zudem ihre jüdischen Mäzene und Kreditgeber 1933 ausgeschlossen hatten, mußten sie sich dringend durch Einnahmen aus Eintrittsgeldern finanzieren – was in vielen Fällen auch gelang: Die organisatorische Umstrukturierung des DFB im Zuge der »Gleichschaltung« (Auflösung der Landesverbände, neue Gaueinteilung) hatte eine erhebliche Reduzierung der Mannschaften in der höchsten Spielklasse zur Folge und führte zu einer Konzentration der Zuschauer. Und anläßlich von »Schlagerspielen« charterte »Kraft durch Freude« Sonderzüge und brachte auswärtige Fans in die Stadien. Es war daher kein Zufall, daß ein Verein wie Hannover 96, der 1938 Deutscher Meister wurde, in den 1930er Jahren erstmals einen hauptamtlichen Geschäftsführer einstellte.[58]

Die Angleichung des deutschen Spitzenfußballs an internationales Niveau kam schließlich auch in der Erfolgsbilanz der Nationalmannschaft zum Ausdruck. Zwar blieben nach dem dritten Platz bei der Weltmeisterschaft in Italien 1934 trotz der systematischen Nachwuchsförderung und eines regen Lehrgangsbetriebs[59] die erhofften großen Erfolge aus, ja im olympischen Fußballturnier 1936 und im Weltmeisterschaftsturnier 1938 schieden die Deutschen schon in der Vorrunde sang- und klanglos aus. Dennoch war die Nationalmannschaft im Dritten Reich so stark wie nie zuvor und erreichte erstmals eine positive Leistungsbilanz. Zwischen 1933 und 1942 verbuchte sie 69 Siege (bei 21 Niederlagen und 16 Unentschieden) und setzte sich sogar gegen renommierte Gegner wie Österreich (1934) und die Tschechoslowakei (1936) durch. Insgesamt absolvierte sie zwei- bis dreimal mehr Länderspiele als im vorangehenden Jahrzehnt. 1935 waren es insgesamt 16, ein Pensum, das – wie immer die Entlohnung im einzelnen aussah – nur von »hauptamtlichen« Fußballspielern absolviert werden konnte.[60]

Die nationalsozialistische Propaganda führte diese Erfolge, dem Ideal der »Volksgemeinschaft« entsprechend, auf den Durchbruch des »Arbeiterfußballs« zurück. »Die zähe Aufbauarbeit durch viele Jahre, das Sich-nicht-entmutigen-lassen durch Niederlagen und Rückschläge, der fanatische Wille zum Sieg«, diese Tugenden der Fußballer, die sie angeblich mit Adolf Hitler gemeinsam hatten, wurden nun als genuin proletarisch bezeichnet und den bürgerlichen Schichten explizit abgesprochen.[61] Die Realität des deutschen Fußballs sah allerdings anders aus. Denn diejenigen, die die Erfolge »für Deutschland« erzielten, waren – wie schon im Kaiserreich und in der Weimarer Republik – überwiegend Angehörige der bürgerlichen Mittelschichten, vor allem der Angestelltenschaft. Darüber können auch die Prominenz der unzweifelhaft proletarischen Mannschaft von Schalke 04 und die Verstärkung der Nationalmannschaft durch die 1938 »angeschlossenen« österreichischen Ex-Profis, die im allgemeinen ebenfalls aus der Arbeiterschaft stammten, nicht hinwegtäuschen. Der Anteil gelernter Arbeiter unter den Nationalspielern wuchs zwar im Zeitraum 1930–1939 von 15,3 Prozent auf 33 Prozent an; bei einem Anteil von 55 Prozent in der Erwerbsbevölkerung waren sie jedoch noch immer deutlich unterrepräsentiert. Die Angestellten, die 12 Prozent der Erwerbstätigen ausmachten, stellten hingegen 50,9 Prozent der Nationalspieler; diese Majorität von Angehörigen der Mittelschicht wurde noch vergrößert durch Beamte (4,5 Prozent der Nationalspieler) und Sportlehrer (1,8 Prozent).[62]

Die Kontinuität des Mittelschichtenfußballs erklärt sich im wesentlichen dadurch, daß jene trainingsfreudigen jungen Leute, die Ende der 20er/Anfang der 30er Jahre die alte Garde der Nationalspieler ersetzt hatten, aus der sogenannten »überflüssigen Generation« stammten, das heißt aus jenen außergewöhnlich geburtenstarken Jahrgängen des Jahrzehnts vor 1914, die sich nach der Schulzeit mit einer stagnierenden, später hochgradig krisenhaften Volkswirtschaft konfrontiert sahen und in ihrem gelernten Beruf niemals recht Fuß zu fassen vermochten.[63] Zu diesen »Überflüssigen« gehörten Arbeiter und Angestellte gleichermaßen. Daß im Fußball überwiegend die Angestellten unterkamen, dürfte an der Vorauswahl der Vereine gelegen haben, in denen die »alten Herren«

aus dem Vorstand ihresgleichen bevorzugten. Ein zweiter Grund ist in der Arbeitsmarktentwicklung zu sehen. Denn als die Konjunktur Anfang der 30er Jahre wieder anzog, ging die Zahl der erwerbslosen Angestellten langsamer zurück als die der Arbeiter, und als im weiteren Verlauf des Jahrzehnts die Nationalsozialisten die Rüstungsproduktion ankurbelten, wurde es zusehends schwieriger, Facharbeiter aus den Betrieben abzuziehen.[64]

Kontinuität und Diskontinuität im deutschen Fußball

Der Ausbruch des Zweiten Weltkriegs, die Niederlage und der Untergang des Dritten Reiches, die Besatzung durch die Alliierten und die Gründung der Bundesrepublik – diese politischen Zäsuren der deutschen Zeitgeschichte gingen am Fußball vergleichsweise folgenlos vorbei. Das letzte Länderspiel hatte zwar 1942 stattgefunden, der Spielbetrieb in den Städten war jedoch – mit Ausnahme der Zeit des Bombenkriegs – aufrechterhalten worden, wenn auch zum Teil mit großen Einschränkungen. Bereits 1946/47 nahmen einige der fünf Oberligen ihre Punktspiele wieder auf.[65] Auch institutionell änderte sich wenig. Unter den Offiziellen des 1950 neugegründeten DFB fehlten einige nationalsozialistische Funktionsträger, doch es gab viele bekannte Gesichter, und als Bundestrainer fungierte weiterhin (bis 1964) Sepp Herberger. Das mit seinem Namen verbundene »Wunder von Bern«, der unerwartete Sieg der deutschen Elf bei der Weltmeisterschaft 1954 in der Schweiz, war eine späte Frucht der im Dritten Reich entwickelten Trainingsmethoden und des regen Lehrgangsbetriebs, der nun unter demokratischen Rahmenbedingungen fortgeführt wurde.

Wenig überraschend, hatte sich auch die soziale Basis des Spitzenfußballs nicht grundsätzlich verändert. Das Sozialprofil der Mannschaften, die in der Saison 1949/50 bzw. 1950/51 z.B. in der Oberliga Süd, also in der damals höchsten Spielklasse, antraten, ist dem der Nationalspieler der 30er Jahre jedenfalls in bezug auf den Arbeiteranteil sehr ähnlich: Hatte er damals 33 Prozent betragen, so lag er nun bei 35,1 Prozent. Noch immer war er niedriger als der Arbeiteranteil an den Erwerbstätigen (1950 = 49 Prozent). Bis Anfang der 70er Jahre sollte eine Angleichung erfolgen, d.h. das Sozialprofil der Spitzenfußballer entsprach nun dem repräsentativen Querschnitt der Erwerbstätigen. Allerdings war der Anteil der Arbeiter, dem Trend der Dienstleistungsgesellschaft folgend, zu diesem Zeitpunkt bereits auf 43 Prozent der Erwerbstätigen gesunken.[66]

In dieser schleppenden Entwicklung spiegelt sich die abermalige Verzögerung des Professionalismus wider. Zwar verabschiedete eine Delegiertenversammlung der Landesverbände im Jahr 1949, also noch vor Wiedergründung des DFB, ein »Vertragsspieler-Statut« zur Legalisierung des bezahlten Fußballs. Viele Delegierte hielten jedoch ungebrochen am Amateurideal fest und glaubten, es beim Halbprofessionalismus belassen zu können. Daher verlangte das Statut, daß die Vertragsspieler einen Beruf erlernt haben oder über andere Einkünfte verfügen sollten; ihr Monatsgehalt als Fußballspieler durfte 320 DM nicht übersteigen.[67] Es stellte sich bald heraus, daß diese Obergrenze in vielen Fällen nicht eingehalten wurde, und so ergänzte der DFB mit Eröffnung der Bundesliga im Jahr 1963 den Status des »Vertragsspielers« um den des »Lizenzspielers«; diesem wurde ein dreimal so hohes Gehalt zugestanden, und er durfte 20 Prozent der Transfersumme einstecken. Erst als die Klubs auch dieses Limit ignorierten, unter dem Tisch Tausende von Mark als Gehälter zahlten und einige am Ende ihrer Karriere stehende Fußballer die Spiele »verschoben« (sog. Bundesligaskandal der Saison 1970/71), kapitulierten die DFB-Offiziellen: Am 8. Mai 1972, also 40 Jahre nach dem Beschluß zur Einführung des Professionalismus von 1932, gaben sie den Markt frei. Seitdem sind die Einkommen der Spieler permanent gestiegen, und heute gehören die »Fußballprofis« – so die offizielle Bezeichnung – zu den Spitzenverdienern des Landes.[68]

Daß der Durchbruch des kommerziellen Fußballs gerade zwischen 1963 und 1972 erfolgte, lag zum Teil daran, daß sich sportinterne Probleme kumuliert hatten. Der Weltmeister von 1954 war von den Turnieren 1958 in Schweden und 1962 in Chile vergleichsweise erfolglos zurückgekehrt, bei den seit 1956 durchgeführten Europapokalwettbewerben spielten deutsche Mannschaften keine Rolle, und seit Anfang der 1960er Jahre wurden Starspieler wie Albert Brülls, Karl-Heinz Schnellinger oder Helmut Haller von italienischen Klubs abgeworben. In den 60er und 70er Jahren hatten sich aber auch die Rahmenbedingungen des Sportbetriebs außerordentlich verbessert, so daß eine moderne Liga aussichtsreich erschien. Denn die Bundesrepublik war nach erfolgreichem Wiederaufbau eine »Wohlstandsgesellschaft« geworden, und ihre Bürger erfreuten sich wachsender Freizeit: Zwischen 1956 und 1960 konnten die Gewerkschaften für etwa zwei Drittel der Arbeitnehmer den freien Samstagnachmittag durchsetzen, und die wöchentliche Arbeitszeit sank von 49 auf 44, in den 70er Jahren schließlich auf 40 Stunden.[69]

Zu den günstigen Rahmenbedingungen gehörte auch, daß sich der Staat kooperativ zeigte und das Projekt Bundesliga durch zwei indirekte Subventionen unterstützte. An erster Stelle ist eine Übereinkunft zwischen dem DFB und dem Bundesinnenministerium aus dem Jahr 1962 zu nennen, wonach den Klubs trotz ihrer auf Gewinn ausgerichteten wirtschaftlichen Aktivität (und unabhängig von der Höhe des Gewinns!) der Status der Gemeinnützigkeit gewährt wurde; sie durften also als sogenannte Idealvereine im Vereinsregister eingetragen bleiben und brauchten sich nicht in Kapitalgesellschaften umzuwandeln.[70] Nutznießer dieser Regelung waren (und sind) – wie in der Weimarer Republik – die Amateurabteilungen der Vereine, die seitdem zu nahezu 100 Prozent durch die Lizenzabteilungen finanziert werden. Nutznießer waren aber auch die Lizenzabteilungen selber. Sie konnten ihre steuerpflichtigen Gewinne um die von den Amateuren erzeugten »Verluste« mindern. Sie konnten Nachwuchsspieler ausbilden, um sie dann entweder im eigenen Team einzusetzen oder auf dem Spielermarkt zu »veräußern«. Und sie konnten aufgrund dieser Regelung im großen Stil Jugendarbeit betreiben und sich damit zahlende Zuschauer heranziehen; denn wer in jungen Jahren gegen den Ball getreten hat, bleibt im allgemeinen ein lebenslanger Anhänger des Fußballsports.

Die zweite indirekte Subvention für den kommerziellen Fußball war die Finanzierung der Stadion-Neubauten für die Weltmeisterschaft 1974 aus Mitteln der öffentlichen Hand. Mit Ausnahme von München, wo bereits für die Spiele 1972 das Olympiastadion errichtet worden war, verfügten die deutschen Städte bis dahin nämlich noch nicht über Sitzplatzstadien mit ausreichenden Parkplätzen und guter Bewirtschaftung, ohne die wohl kein Veranstalter die heute üblichen Eintrittspreise verlangen könnte. Nachdem schon bei Eröffnung der Bundesliga im Jahr 1963 die überwiegende Mehrheit der Oberligaklubs in die Zweitklassigkeit – und damit oftmals auch in den finanziellen Ruin – geschickt worden war, erfolgte nun abermals eine Konzentration und – damit verbunden – eine finanzielle Konsolidierung der Liga. Mit wenigen Ausnahmen sind in der Bundesliga seitdem nur Städte mit einem solchen modernen Stadion vertreten: Hamburg, Hannover, Berlin, Frankfurt, Stuttgart, Dortmund, Gelsenkirchen, Bochum, Köln und München. Die Kommunen von Mönchengladbach, Kaiserslautern, Nürnberg, Bremen und Leverkusen zogen später nach.[71]

Der Erfolg der so flankierten Modernisierung blieb nicht aus: 1966 gewann Borussia Dortmund als erste deutsche Mannschaft den Europapokal, und in den 70er Jahren gelangen Bayern München und Borussia Mönchengladbach ganze Siegesserien in den europäischen Pokalwettbewerben. Auch die Nationalmannschaft regenerierte sich: Ebenfalls 1966 errang sie in einem legendären Spiel gegen England den Titel eines Vize-Weltmeisters, und 1974 sowie 1990 wiederholte sie den Erfolg von 1954; hinzu kamen Europameister- und Vize-Europameistertitel.

Betrachtet man die skizzierte Entwicklung des deutschen Fußballs im europäischen Rahmen, so fällt als ihr Strukturmerkmal das zeitliche Zusammenfallen von Professionalisierung und Kommerzialisierung mit dem Durchbruch des Fernsehens und der modernen Freizeitindustrie auf. Kaum daß die Liga florierte, finanzierten sich der DFB und seine Klubs auch schon durch Fernsehgebühren, Werbeeinnahmen und Sponsorengelder. Das war nicht unproblematisch, weil die Mentalität der Akteure hinter der beschleunigten Entwicklung zurückblieb. Viele Spieler wußten mit dem Geldsegen nicht umzugehen, führten einen aufwendigen Lebensstil und mußten sich nach Beendigung der Karriere mit ungelernten Jobs ernähren; noch vor einigen Jahren verloren 150 Bundesligaspieler einen Teil ihres Vermögens, weil sie sich mit sogenannten Bauherrenmodellen verspekuliert hatten. Hinzu kamen die widersprüchlichen Verhaltensanforderungen im Berufsalltag, die auch den abgeklärten Profis von heute noch sehr zu schaffen machen. Einerseits sind sie Angestellte eines Klubs, die bedingungslos loyal sein und sich ins Kollektiv einfügen müssen, wenn sie ihren Platz in der Mannschaft behalten wollen. Andererseits sind sie ihre eigenen Chefs, die private Werbeverträge erfüllen, bei Millionentransfers auch einen Vertragsbruch riskieren können und im übrigen wie Pop-Stars auf Schritt und Tritt von den Medien verfolgt werden. Der permanente Rollenwechsel gelingt nicht immer, und so vermißt das Publikum heute bei Fußballspielern die traditionellen Eigenschaften »Charakterstärke« und »Persönlichkeit« – wobei es aus historischer Perspektive nicht der Ironie entbehrt, daß gerade dann, wenn die ökonomische Rationalität durchschlägt und eine Mannschaft z. B. auf Risikovermeidung spielt, der alte Mythos des »Arbeiterfußballs«

beschworen und der Vorwurf der »Angestelltenmentalität« erhoben wird.[72]

Auch für die Vereine ergaben sich durch die besonderen Umstände der Professionalisierung und Kommerzialisierung Schwierigkeiten. Dies nicht nur, weil die Vereinspräsidenten, die sich traditionell aus den Reihen der lokalen Honoratioren rekrutierten und mit den Millionengeschäften oftmals überfordert waren, manch einen Klub in bester Absicht herunterwirtschafteten, sondern auch weil die Vereinsdemokratie ein risikoadäquates und verantwortungsbewußtes Abstimmungsverhalten nicht garantieren kann.[73] Mittlerweile leisten sich viele Bundesligaklubs ein professionelles Management und lassen es durch einen mit dem Aufsichtsrat einer Aktiengesellschaft vergleichbaren Wirtschafts- oder Verwaltungsrat kontrollieren; da die Kompetenzen dieses Rats jedoch jederzeit durch Satzungsänderungen beschränkt werden können, ist das Problem noch nicht grundsätzlich gelöst.

Daß die Klubs es trotz dieser Probleme bislang unterlassen haben, sich in Kapitalgesellschaften umzuwandeln,[74] liegt zum Teil an der erwähnten Gemeinnützigkeitsregelung, aber auch an der Sensibilität der Manager für die emotionalen Grundlagen des Fußballbusiness. Diese Sensibilität wurde nicht zuletzt dadurch geschärft, daß sie vierzig Jahre lang das negative Beispiel des DDR-Fußballs vor Augen hatten.

Der wesentliche Unterschied der ostdeutschen zur westdeutschen Entwicklung bestand nicht etwa darin, daß die Professionalisierung ausgeblieben wäre; denn parallel zur Entstehung der Bundesliga bauten auch die Klubs der DDR-Oberliga zunehmend auf Vollprofis. Wenn diese Spieler auch pro forma in einem Volkseigenen Betrieb oder einer Behörde angestellt waren, so wurden sie aufgrund der Konkurrenz der Klubs untereinander doch nach Marktgesichtspunkten und daher erheblich besser entlohnt als die Olympiasieger und Weltmeister der DDR in anderen Disziplinen; dies geschah im übrigen mit Wissen, ja auf Betreiben der Nomenklatura.[75] Dementsprechend blieben auch internationale Erfolge nicht ganz aus; der 1. FC Magdeburg und Dynamo Dresden machten sich auf europäischer Ebene einen Namen, und die Nationalmannschaft wurde 1988 Olympiasieger. Was dem DDR-Fußball jedoch fehlte, war der breite Unterbau mitgliederstarker Vereine und der Spielbetrieb bis hinunter zur dritten Kreisklasse. Anders als in der Bundesrepublik war das Vereinswesen nämlich in Ostdeutschland nach

1945 nicht nur nicht gefördert, sondern systematisch behindert worden: Schon nach dem Krieg hatte die Sowjetische Militäradministration seine Wiederentstehung weitgehend unterbunden, und später, im Zuge der zentralistischen Neuorganisation des DDR-Sports, wurden die weiterhin existierenden Vereine aufgelöst oder auf leistungssportliche Funktionen reduziert. Der Breitensport entwickelte sich fortan in der FDJ (Freie Deutsche Jugend), in Betriebssportgemeinschaften und staatlichen Gliederungen, wo er jedoch Nebensache war. Infolgedessen brach die »Gemeinschaftskommunikation« ab, wie heute auch die Verfechter dieses Systems eingestehen, und »die Atmosphäre ging verloren«.[76] Da ein Großteil der alten Fußballanhänger aus den bürgerlichen Mittelschichten vor dem Mauerbau 1961 in den Westen übergesiedelt war und der dem westdeutschen Fußball so förderliche Durchbruch der Dienstleistungsgesellschaft ausblieb – in dieser Hinsicht befand sich die DDR, verglichen mit der Bundesrepublik, 1990 auf dem Stand von 1965 –,[77] entwickelten sich auch kaum informelle Gegentendenzen.

Sechs Jahre nach der Wiedervereinigung macht der Anteil der neuen Bundesländer an den derzeit 5,9 Millionen Mitgliedern der DFB-Landesverbände 9,7 Prozent aus (bei einem Bevölkerungsanteil von 19,2 Prozent). Er liegt damit noch niedriger als der Mitgliederanteil des weiblichen Geschlechts im Westen, der seit der offiziellen Anerkennung des Frauenfußballs im Jahr 1970 und den beachtlichen Erfolgen der Frauen-Nationalmannschaft (Europameister 1989, Vizeweltmeister 1995) mittlerweile 12,2 Prozent beträgt und jährliche Steigerungsraten von 10–15 Prozent aufweist.[78] Insgesamt sind die Mitgliederzahlen des DFB zwischen 1950 und 1996 um 4,5 Millionen angewachsen, wobei der größte Zustrom in den Jahren 1965 bis 1980, also nach Eröffnung der Bundesliga, erfolgte. Danach verlangsamte sich das Wachstum durch die wachsende Konkurrenz anderer Freizeitangebote und den Geburtenrückgang von bis zu 40 Prozent. Doch rückläufig ist die Mitgliederbewegung noch immer nicht; in Kürze dürfte die 6-Millionen-Grenze überschritten werden.[79]

In dieser Kontinuität des Vereinswesens kommt ein weiteres Strukturmerkmal des modernen Fußballs in der Bundesrepublik zum Ausdruck: die außerordentlich fruchtbare Wechselbeziehung von Tradition und Kommerz. So dienten die gewachsenen Strukturen des Amateursports dem kommerziellen Fußball als Nährboden, und umgekehrt befestigte und erneuerte die Kommerzialisierung diese gewachsenen Strukturen, indem sie sie an die Marktentwicklung band. Auf diese Weise entstanden auch neue Gemeinschaftsbeziehungen. Diese sind informell und flüchtig, werden aber mit Hilfe der Medien und des Kommerz immer wieder von neuem gebildet; die Vereine als Träger der Mannschaften fungieren dabei oftmals als Katalysatoren. Ein Beispiel ist die über das Fernsehen bekanntgemachte La-ola-Welle, durch die das Publikum das Wechselspiel mit sich selbst aufnimmt, ein weiteres ist der durch die Öffentlichkeitsarbeit der Klubs, insbesondere den Vertrieb von Fan-Artikeln erzeugte Lokalpatriotismus in Fußballstädten wie München, Dortmund, Mönchengladbach oder Kaiserslautern, den es – nicht nur wegen der zahlreichen auswärtigen Sympathisanten – so in der vorkommerziellen Phase des Fußballs nicht gegeben hat. Zu diesen neuen Gemeinschaftsbeziehungen gehört schließlich auch der neue Fußball-Nationalismus in der Bundesrepublik, der sich, wie der folgende Rückblick auf die drei siegreich beendeten Weltmeisterschaftsturniere zeigt, erst in jüngster Zeit herausgebildet hat.

Als am 4. Juli 1954 Helmut Rahn das entscheidende Tor zum 3:2-Sieg über Ungarn schoß und damit nicht nur das »Wunder von Bern« vollendete, sondern, so meinen die Historiker dieses Ereignisses, auch den kulturellen Gründungsakt der jungen Bundesrepublik einleitete, reagierte die Bevölkerung noch in alter Manier. Die Schlachtenbummler auf den Rängen sangen im Freudentaumel »Deutschland, Deutschland über alles«, so wie sie es im Deutschen Reich gelernt hatten, einige Reporter sahen den im Weltkrieg verpaßten »Endsieg« doch noch gekommen, und der DFB-Präsident Peco Bauwens trat durch derart markige Sprüche hervor, daß der Bayerische Rundfunk mitten in einem Interview mit ihm auf Tanzmusik umschaltete. Diejenigen, die nicht in den alten Chauvinismus zurückfallen wollten, wußten ihren Stolz wiederum nur dadurch zum Ausdruck zu bringen, daß sie der siegreichen Elf von Stadtvätern und Honoratioren Motorroller und Kleinwagen, Kühlschränke, Polstergarnituren und andere Symbole des »Wirtschaftswunders« spendieren ließen.[80]

1974 hatte sich der »Zeitgeist« verändert. Nach der Studentenbewegung und vor dem Hintergrund der Entspannungspolitik der sozialliberalen Koalition unter Willy Brandt waren nationalistische Äußerungen jeder Art verpönt. Ebenso wie das Publikum eine dem Finale vorangehende Niederlage gegen die DDR klaglos hinnahm, entfachte auch der glückliche Titelgewinn keine Leidenschaften.

Doch lag die nüchterne Reaktion auch an manchen ernüchternden Begleiterscheinungen des Turniers. Nicht nur daß die Mannschaft um Franz Beckenbauer und Günter Netzer den hocheleganten Fußball, mit dem sie in den Jahren zuvor begeistert hatte, verlernt zu haben schien; die »Helden der Nation« feilschten auch mit dem DFB so lange über die Höhe der Siegprämie, bis die jedem auszuzahlende Summe von 30000 auf 70000 DM erhöht worden war.[81]

Der Zurückhaltung der Öffentlichkeit setzte die konservative Wende der 80er Jahre ein Ende. Hatten die Nationalspieler bis dahin die Eröffnungszeremonie von Länderspielen kaugummikauend über sich ergehen lassen, so sangen sie nun auf Weisung des DFB die Nationalhymne mit und versicherten der Presse, daß sie »unheimlich stolz« seien, für ihr Land spielen zu dürfen; auch manche Zuschauer begannen in dieser Zeit, Flagge zu zeigen. Den Durchbruch des neuen Nationalismus im Fußball brachte jedoch erst das Finale des Weltmeisterschaftsturniers in Italien 1990. Es war das Jahr der Wiedervereinigung mit der DDR, und so wurde bei diesem Anlaß manche Großmachtphantasie zum Ausdruck gebracht. »Zusammen mit den Ostdeutschen werden wir auf Jahre hinaus nicht mehr zu besiegen sein«, verkündete zum Beispiel der damalige Bundestrainer Franz Beckenbauer. »Es tut mir leid für den Rest der Welt, aber es ist so.« Das Meer schwarz-rot-goldener Fahnen auf den Tribünen und dann bei der Siegesfeier auf dem Frankfurter Römer war jedoch weniger der Vereinigungseuphorie als der vorausschauenden Geschäftstüchtigkeit des Devotionalienhandels zu verdanken, der gewissermaßen die Verpackung für ein Produkt »made in Germany« lieferte. »Wir haben das Bestreben, einen so guten Weltrang zu bekommen wie Mercedes-Benz«, lautete denn auch die als Reverenz an den Hauptsponsor formulierte Zielvorgabe des DFB-Präsidenten Egidius Braun.[82]

Da schon zwei Jahre später die Europameisterschaft an das kleine Dänemark ging, war von der neuen Fußball-Großmacht bald keine Rede mehr. Doch die schwarz-rot-goldene Kulisse ist ein fester Bestandteil von Länderspielen, insbesondere bei großen Turnieren, geblieben und wird im übrigen von der Öffentlichkeit der um symbolische Formen stets verlegenen Bundesrepublik akzeptiert. Nicht nur die konservative ›Frankfurter Allgemeine Zeitung‹, auch die linksliberale ›Frankfurter Rundschau‹ hält diese Form des Fußballjubels für »normal«, und die grün-alternative ›Tageszeitung‹ begrüßt es, daß die Bevölkerung sich wieder »kollektiv in öffentlichem Raum« freut.[83]

Man kann diese Zustimmung darauf zurückführen, daß der neue Nationalismus unverbindlich bleibt. Aus der Perspektive dieses Beitrags wird man jedoch auch festhalten, daß der deutsche Fußball sich von der ihn umgebenden Gesellschaft mittlerweile erfolgreich emanzipiert hat. Während er über den größten Teil des 20. Jahrhunderts auf eine im weiten Sinn bürgerliche Klientel und deren konkrete Phantasien beschränkt war, transportiert er heute nur noch die inhaltsleere Rationalität des Marktes. Daher kann er dessen gemeinschaftsbildende Kraft für sich nutzen und jedermann wie jedefrau an sich binden.

[1] Vgl. A. Malatos, Berufsfußball im europäischen Rechtsvergleich, Kehl 1988, S. 50f.

[2] Das nachfolgende Teilkapitel dieses Beitrags fußt auf Kap. II einer noch ungedruckten Untersuchung: C. Eisenberg, Gesellschaftsgeschichte des bürgerlichen Sports. England und Deutschland vom 18. bis zum frühen 20. Jahrhundert, Habilitationsschrift Universität Hamburg 1995 (Ms.).

[3] Vgl. stellvertretend für zahlreiche verstreute Akten- und Literaturbelege die materialreiche Arbeit von U. Perkow, »Residents and Visitors«. Die englisch-amerikanische Gemeinde in Baden-Baden, Baden-Baden 1990, S. 242ff.

[4] Vgl. H. Gillmeister, English Editors of German Sporting Journals at the Turn of the Century, in: The Sports Historian 1993, Nr. 13, S. 38–65, sowie Eisenberg, Gesellschaftsgeschichte, Kap. III.2.

[5] Auch noch nach dem Studium betätigte er sich als Fußballpromotor; u. a. gründete er 1920 die Fußballzeitung ›Der Kicker‹. Zu seiner Person: H. Gillmeister, Als die Kicker laufen lernten: Walter Bensemann und der Beginn des europäischen Fußballs, in: Frankfurter Allg. Zeitung Nr. 140, 19. 6. 1996. Vgl. auch E. Beyer, Die Anfänge des Fußballsports in Karlsruhe, in: W. Buss/A. Krüger (Hgg.), Sportgeschichte: Traditionspflege und Wertewandel, Duderstadt 1975, S. 123–129; K. Geppert, Entstehung und Entwicklung des Fußballsports in Baden, in: Fs. aus Anlaß der Eröffnung der Sportschule Schöneck auf dem Turmberg am 11. u. 12. Juli 1953, hg. v. Badischen Fußballverband, Karlsruhe o. J., S. 34ff.; R. Binz, »Borussia ist stärker«. Zur Alltagsgeschichte des Fußballvereins gestern und heute, Frankfurt 1988, S. 176ff. Weitere Beispiele bei C. Koppehel, Geschichte des deutschen Fußballsports, Frankfurt 1954, S. 14, 26, 124.

[6] Angaben nach: Jahrbuch der Leibesübungen 35, 1928, S. 111f. (DFB); E. Jeran, Deutsche Turnerschaft (DT) 1868–1936, in: D. Fricke u. a. (Hgg.), Die bürgerlichen Parteien in Deutschland, Bd. 1, Leipzig 1968, S. 606 (1905); H.-G. John, Die

Turnbewegung im deutschen Kaiserreich von 1871, in: H. Ueberhorst (Hg.), Geschichte der Leibesübungen, Bd. 3/1, Berlin 1980, S. 324 (1910).

[7] Vgl. K. Planck, Fusslümmelei. Über Strauchballspiele und englische Krankheit, Stuttgart 1898, ND Münster 1982; E. Haberland, Sport, Berlin [1927], S. 32; M. Dietz, Der Wortschatz der neueren Leibesübungen, Diss. Heidelberg 1936, S. 43.

[8] A. Shadwell, England, Deutschland und Amerika. Eine vergleichende Studie ihrer industriellen Leistungsfähigkeit (Industrial efficiency), Berlin 1908, S. 457f. Ähnlich die Beobachtungen von R. Hessen, Der Sport, Frankfurt 1908, S. 24.

[9] Nach F. Filter, Fußballsport in der Arbeiter-Turn- und Sportbewegung, in: Sozial- und Zeitgeschichte des Sports 2, 1988, H. 1, S. 57, gab es im Arbeiter-Turnerbund 1914 nur 77 Fußballteams. Vgl. ferner: U. Preussner, Fußball im einstigen Arbeiter-Turn- und Sportbund, in: Fußball-Jb. 1950, S. 220; Koppehel, Geschichte, S. 120, 133. Zur quantitativen Dimension des oft überschätzten Phänomens Arbeitersport auch C. Eisenberg, Massensport in der Weimarer Republik. Ein statistischer Überblick, in: Archiv für Sozialgeschichte 33, 1993, S. 137–178.

[10] Die Tätigkeit des ZA wird dokumentiert im Jahrbuch für Volks- und Jugendspiel, Hannover-Linden 1892ff.

[11] Einzelbelege über die soziale Basis des frühen Fußballs bei C. Eisenberg, Fußball in Deutschland 1890–1914. Ein Gesellschaftsspiel für bürgerliche Mittelschichten, in: Geschichte und Gesellschaft 20, 1994, S. 189ff.

[12] Vgl. H. Dunger, Engländerei in der deutschen Sprache, 2. Aufl. Berlin 1909, S. 2; W. Deich, Der Angestellte im Roman. Zur Sozialgeschichte des Handlungsgehilfen um 1900, Köln 1974, S. 76f.

[13] Zu den Einkommensverhältnissen vgl. G. Schulz, Die industriellen Angestellten. Zum Wandel einer sozialen Gruppe im Industrialisierungsprozeß, in: H. Pohl (Hg.), Sozialgeschichtliche Probleme in der Zeit der Hochindustrialisierung (1870–1914), Paderborn 1979, S. 247.

[14] Dies belegt im Detail A. Triebel, Zwei Klassen und die Vielfalt des Konsums. Haushaltsbudgetierung bei abhängig Erwerbstätigen in Deutschland im ersten Drittel des 20. Jahrhunderts, Bd. 1, Berlin 1991, S. 358–378.

[15] Vgl. G. Hartfiel, Angestellte und Angestelltengewerkschaften in Deutschland. Entwicklung und gegenwärtige Situation von beruflicher Tätigkeit, sozialer Stellung und Verbandswesen der Angestellten in der gewerblichen Wirtschaft, Berlin 1961, S. 48. Zum Familienstand: K. Oldenberg, Die heutige Lage der Commis nach der neueren Literatur, in: Jahrbuch für Gesetzgebung, Verwaltung und Volkswirtschaft 16, 1892, S. 117.

[16] Angaben nach K. M. Bolte u. a., Beruf und Gesellschaft in Deutschland. Berufsstruktur und Berufsprobleme, Opladen 1970, S. 51.

[17] Vgl. J. Kocka, Die Angestellten in der deutschen Geschichte 1850–1980. Vom Privatbeamten zum angestellten Arbeitnehmer, Göttingen 1981, Kap. 2–4; ferner: K. H. Jarausch, Die Krise des deutschen Bildungsbürgertums im ersten Drittel des 20. Jahrhunderts, in: J. Kocka (Hg.), Bildungsbürgertum im 19. Jahrhundert, Tl. IV: Politischer Einfluß und gesellschaftliche Formation, Stuttgart 1989, S. 183, sowie P. Thomsen, Die Deutsche Burschenschaft im Deutschen Kaiserreich 1881–1914. Ein Beitrag zum Wandel des studentischen Verbindungswesens, Magisterarbeit Universität Hamburg 1989 (Ms.), S. 61–64 (über die Diskriminierung der TH-Studenten durch die Uni-Verbindungen).

[18] Einzelbelege für diesen und die folgenden Absätze bei Eisenberg, Fußball, S. 196ff.

[19] Zitate: P. Faber, Der Fußballsport. Mit Beiträgen von W. Sanß u. a., Leipzig [1907], S. 36, 45ff., 50. Vgl. auch J. E., Sport und Turnen!, in: Sport im Bild Nr. 33, 19. 8. 1898, S. 540f. Ferner: E. Stutzke, Die Stellung des Fußballsports zu den Erwerbsständen, in: Fußball-Jahrbuch 1912, S. 149; C. Dreyfuß, Beruf und Ideologie der Angestellten, München 1933, S. 259; sowie M. König, Angestellte am Rande des Bürgertums. Kaufleute und Techniker in Deutschland und in der Schweiz 1860–1930, in: J. Kocka (Hg.), Bürgertum im 19. Jahrhundert. Deutschland im internationalen Vergleich, Bd. 2, München 1988, S. 250.

[20] Zit. nach H.-L. Borgert, Grundzüge der Landkriegsführung von Schlieffen bis Guderian, in: Hb. d. dt. Militärgeschichte 1648–1939, hg. v. Militärgesch. Forschungsamt, Bd. 5, Abschn. IX, München 1979, S. 486.

[21] Vgl. H. Reinhardt, Fußball im deutschen Militär. Ein sportgeschichtlicher Streifzug durch 7 Jahrzehnte, in: Der Fußballtrainer 16, 1965, H. 11, S. 6–10, sowie Koppehel, Geschichte, S. 86, 92, 107, 110f., 117f., 124 u. passim.

[22] Vgl. den rückblickenden Artikel Sport im Kriege, in: NS-Sport, 10. 9. 1939, sowie Sachakten Nr. 726 u. 727a im Carl-Diem-Institut der Sporthochschule Köln.

[23] J. Runge, Die Leibesübungen in der Reichswehr, in: Carl Diem u. a. (Hgg.), Stadion. Das Buch von Sport und Turnen, Gymnastik und Spiel, Berlin 1928, S. 435.

[24] Vgl. M. Eksteins, Tanz über Gräben. Die Geburt der Moderne und der Erste Weltkrieg, Reinbek 1990, S. 177, der im übrigen zahlreiche andere Beispiele für Fraternisierungen anführt.

[25] C. Diem, Leibesübung im Heere, in: Jahrbuch für Volks- und Jugendspiele 26, 1919, S. 28.

[26] G. Maercker, Vom Kaiserheer zur Reichswehr. Ein Beitrag zur Geschichte der deutschen Revolution, Leipzig 1921, S. 309.

[27] W. Hansen, Sport im deutschen Feldheer 1917/18, in: Die Leibesübungen 51, 1932, S. 408. Vgl. auch Runge, Leibesübungen, S. 435.

[28] Zahlen nach Jahrbuch der Leibesübungen 35, 1928, S. 111f.

[29] Den über 1 Mio. Mitgliedern von DFB-Vereinen standen Anfang der 30er Jahre nur 136800 ATSB- und 83280 DJK-Fußballer gegenüber. Vgl. B. Rohr/G. Simon, Lexikon Fußball, Leipzig 1987, S. 41, und J. Sampels, 30 Jahre Deutsche Jugendkraft 1920–1950, in: 50 Jahre Deutscher Fußball-Bund. Jubiläumsband, o.O. 1950, S. 217.

[30] Errechnet nach den Zahlen bei J. Wendt, Grundzüge der Geschichte des Deutschen Fußball-Bundes und des bürgerlichen deutschen Fußballsports im Zeitraum von 1918 bis 1933, Diss. Halle/Wittenberg 1975 (Ms.), S. 266.

[31] Vgl. ebd., S. 120f. (dort auch die Zitate). Weitere Beispiele finden sich in den Verbandsblättern der Schiedsrichter. Vgl. Berliner Schiedsrichter-Zeitung für den Fussballsport, hg. von der Berliner Schiedsrichter-Vereinigung im VBB, Berlin, 1919–20; Deutsche Schiedsrichter-Zeitung, hg. v. L. Germann, Hannover-Linden, 1 (1919), 5 (1923) [vorhanden im Archiv des DFB, Frankfurt]; ferner A. Rosenberger/A. Hoffschneider, Der Schiedsrichter. Eine Erläuterung der Fußball-Spielregeln für Schiedsrichter, Fußballspieler und Zuschauer, Stuttgart o.J. [1923], Vorwort.

[32] C. Koppehel, Fussball. Der Volkssport, Berlin 1924, S. 57.

[33] Vgl. C. Schelenz, Das Handballspiel, in: Diem u. a., Stadion, S. 172f. Generell:

H. Bernett, Die Metamorphose des Handballspiels, in: Sozial- und Zeitgeschichte des Sports 10, 1996, H. 1, S. 7–26.

34 Runge, Leibesübungen, S. 435.

35 Vgl. z. B. Fußball und Leichtathletik 1920; Deutsche Sportzeitung 1919 und 1920.

36 Runge, Leibesübungen, S. 435. Vgl. auch den Artikel, Das Sportfest des Freikorps Hülsen, in: Militär-Sport 3, 1919, S. 41–42; F. Crasemann, Freikorps Maercker. Erlebnisse und Erfahrungen eines Freikorpsoffiziers seit der Revolution, Hamburg [1920], S. 22.

37 Vgl. Wendt, Grundzüge, S. 55; H. Ueberhorst, Carl Krümmel und die nationalsozialistische Leibeserziehung, Berlin 1976, S. 30.

38 Dazu Eisenberg, Gesellschaftsgeschichte, Kap. VI.3.

39 Den Vorfall schildert W. Blieseneck, Revolution, in: Der Kicker 1920, Nr. 8, S. 210–214.

40 Nach einer Auszählung von Fußballspieler-Sammelbildchen aus den 20er Jahren lag der Angestelltenanteil unter den Nationalspielern bei 55,9 Prozent, der Beamten bei 34 Prozent und der der Sportlehrer bei 17,8 Prozent) (N = 161); nach einem Album deutscher Olympiakandidaten für die Spiele 1928 lag der Angestelltenanteil bei 65 Prozent (N = 29). Die Sammelbildchen-Auszählung bei C. Eisenberg, Vom »Arbeiter-« zum »Angestelltenfußball«? Zur Sozialstruktur des deutschen Fußballsports 1890–1950, in: Sozial- und Zeitgeschichte des Sports, Bd. 4/3, 1990, insbes. S. 28 f.; die Olympiakandidaten bei C. Schelenz/K. Scharping, Deutschlands Olympiakämpfer 1928 in Wort und Bild. 300 Biographien der Olympiakandidaten, Dresden 1928, S. 21–36.

41 Vgl. R. Rüegsegger, Die Geschichte der Angewandten Psychologie 1900–1940. Ein internationaler Vergleich am Beispiel der Entwicklung in Zürich, Bern u. a. 1986, S. 111, 175; U. Geuter, Polemos panton pater – Militär und Psychologie im Deutschen Reich 1914–1945, in: M. G. Ash/U. Geuter (Hgg.), Geschichte der deutschen Psychologie im 20. Jahrhundert. Ein Überblick. Opladen 1985, S. 146–171.

42 Zitat: O. Lipmann, Wirtschaftspsychologie und psychologische Berufsberatung, in: Schriften zur Psychologie der Berufseignung und des Wirtschaftslebens 1918, H. 1, S. 22, zit. nach S. Jaeger, Zur Herausbildung von Praxisfeldern der Psychologie bis 1933, in: Ash/Geuter, Geschichte, S. 102; vgl. auch ebd., S. 102 f., sowie Rüegsegger, Geschichte, S. 81 f., 133 ff., 222 ff.

43 Vgl. Jaeger, Herausbildung, S. 106; Rüegsegger, Geschichte, S. 133 f., 142; ferner die ausführliche Darstellung bzw. Materialsammlung bei P. Hinrichs, Um die Seele des Arbeiters. Arbeitspsychologie, Industrie- und Betriebssoziologie in Deutschland 1871–1945, Köln 1981, insbes. Kap. III.

44 Vgl. Jaeger, Herausbildung, S. 105, und S. Kracauer, Die Angestellten. Aus dem neuesten Deutschland, 3. Aufl. Frankfurt 1980 (zuerst 1929 als Artikelserie in der Frankfurter Zeitung), S. 20. Vgl. auch die arbeitssoziologischen Ausführungen von C. W. Mills, The Competitive Personality, in: Irving Louis Horowitz (Hg.), Power, Politics and People. The collected Essays of C. Wright Mills, New York 1963, S. 271, und C. Offe, Angestellte – die »anderen« Arbeitnehmer, in: Gewerkschaftliche Monatshefte 36, 1985, S. 583–597.

45 Sport und Wirtschaftsleben. Ein Faktor der Leistungssteigerung, in: Münchner Telegr. Zeitung, 16. 4. 1931.

46 Kracauer, Angestellte, S. 78–80.

[47] Vgl. Wendt, Grundzüge, Kap. 6.4; zu Kalb ebd., S. 189. Vgl. auch W. Dörr, Athletische Trainingswerke, in: Illustrierter Sport Nr. 6, 3. 6. 1919.

[48] Nerz hatte zahlreiche Studienreisen nach England unternommen und orientierte sich an der Spielweise der englischen Profis. Vgl. F. Hack, Die Großen Fußballtrainer, Frankfurt 1974, S. 64–69.

[49] Zitat: O. Nerz, Fußball, Tl. 1, Berlin 1926, S. 41. Vgl. ferner H. Hädicke, Die wirtschaftliche Bedeutung des Fußballsports, in: DFB-Jahrbuch 1930, S. 58; R. Girulatis, Die Lehrtätigkeit des DFB seit 1914, in: 50 Jahre Deutscher Fußballbund, S. 96–99; zu den Trainingsmethoden: W. Bergmann u. a., 1930–1978. Die Geschichte der Fußball-Weltmeisterschaft, München o.J., S. 26.

[50] Vgl. W. Busse, Die Mittelrheinliga. Kapitel westdeutscher Fußballgeschichte, in: WFV-Sport 11, 1961, H. 18, S. 14.

[51] Dazu und zu den chauvinistischen und rassistischen Ausfällen der Zuschauer, die in der internationalen Presse für Aufregung sorgten, vgl. Wendt, Grundzüge, S. 152ff.

[52] Vgl. O. Nerz, Unsere Nationalmannschaft, in: DFB-Jahrbuch 1930, S. 128–130; E. Werner, Auf den Spuren der Nationalmannschaft, in: WFV-Sport 15, 1965, H. 1, S. 8; H. 7, S. 8f.

[53] Vgl. Bergmann u. a., 1930–1978, S. 19.

[54] Dr. Burgaß, Schaustätten oder Übungsstätten, in: Die Leibesübungen 1927, H. 5/6, S. 141.

[55] K. Müller, Die Entwicklung des Professionalismus im deutschen Fußballsport, in: 50 Jahre Deutscher Fußballbund, S. 84ff.

[56] Vgl. Werner, Spuren, in: WFV-Sport 14, 1964, H. 14, S. 8f.; H. 19, S. 8f.; H. 21, S. 8f.; M. Blödorn, Fußballprofis. Die Helden der Nation, Hamburg 1974, S. 33ff.

[57] Dazu ausführlich Eisenberg, Gesellschaftsgeschichte, Kap. VI.5.c.

[58] Vgl. C. Becker/L. Peiffer, Vom »Hipp-Hipp-Hurra« zum »Sieg Heil«. Hannover 96 in der NS-Zeit, in: L. Peiffer/G. A. Pilz (Hgg.), Hannover 96. 100 Jahre – Macht an der Leine, Hannover 1996, S. 86f.; Stefan Goch, Sozialdemokratische Arbeiterbewegung und Arbeiterkultur im Ruhrgebiet. Eine Untersuchung am Beispiel Gelsenkirchen 1848–1975, Düsseldorf 1990, S. 412; M. L. Müller, Sozialgeschichte des Fußballsports im Raum Frankfurt am Main 1890–1933, Magisterarbeit Universität Frankfurt 1989, S. 106.

[59] 1937 wurden rd. 10000 Spieler zu Lehrgängen eingeladen. Vgl. M. Zöller u. a. (Autorenkollektiv), Fußball in Vergangenheit und Gegenwart, Bd. 1, Berlin (DDR) 1976, S. 154.

[60] Ausgezählt nach Koppehel, Geschichte, S. 324ff. Vgl. auch die Beurteilung bei Müller, Entwicklung, S. 85f.

[61] Zitate: H. Berns/H. Wiersch, Das Buch vom deutschen Fußballmeister. Fritz Szepan und Ernst Kuzorra. Die Geschichte zweier Mannen und einer Mannschaft, Wattenscheid 1936, S. 65f.

[62] Angaben für erstmals eingesetzte Nationalspieler (ohne Berücksichtigung der Österreicher) nach Eisenberg, Vom Arbeiter- zum Angestelltenfußball, S. 28 (auf der Basis der oben [Anm. 40] erwähnten Auszählung von Sammelbildchen). Angaben über die Erwerbstätigenstruktur nach Bolte u. a., Beruf, S. 43.

[63] Vgl. D. J. K. Peukert, Alltagsleben und Generationserfahrungen von Jugendlichen in der Zwischenkriegszeit, in: D. Dowe (Hg.), Jugendprotest und Genera-

tionenkonflikt in Europa im 20. Jahrhundert. Deutschland, England, Frankreich und Italien zum Vergleich, Bonn 1986, S. 145, und die Belege bei Eisenberg, Vom Arbeiter- zum Angestelltenfußball, S. 39ff. Nach S. Gehrmann, Fritz Szepan und Ernst Kuzorra – zwei Fußballidole des Ruhrgebiets, in: Sozial- und Zeitgeschichte des Sports 2, 1988, H. 3, S. 64, lag der Erwerbslosenanteil unter den Seniorenmitgliedern des Westdeutschen Spielverbandes bei durchschnittlich 50 Prozent.

64 Vgl. M. Prinz, Vom neuen Mittelstand zum Volksgenossen. Die Entwicklung des sozialen Status der Angestellten von der Weimarer Republik bis zum Ende der NS-Zeit, München 1986, S. 146ff.; R. Hachtmann, Industriearbeit im »Dritten Reich«. Untersuchungen zu den Lohn- und Arbeitsbedingungen in Deutschland 1933–1945, Göttingen 1989, Kap. II. Wenn Koppehel, Geschichte, S. 249, die »bessere Möglichkeit eines zentralen Wirkens« unter den Bedingungen der Diktatur hervorhebt und schreibt, »Urlaubsschwierigkeiten gab es nicht mehr«, kann sich das nur auf Angestellte beziehen.

65 Vgl. die Überblicksdarstellungen über die Regionalentwicklungen in: Deutscher Sportbund (Hg.), Die Gründerjahre des deutschen Sportbundes. Wege von der Not zur Einheit, Bd. 1, Schorndorf 1990, S. 125–150, sowie L. Peiffer u.a., Der Weg aus den Trümmern zu großen Erfolgen. Die Zeit des Wiederaufbaus und der »Golden Sixties« der Leichtathletik, in: Peiffer/Pilz (Hgg.), Hannover 96, insb. S. 111f.

66 Angaben für 1949–51: Eisenberg, Vom Arbeiter- zum Angestelltenfußball, S. 41 (auf der Basis einer Auszählung von Sammelalben für Sport-Mercator-Bilder, Serie 6: Fußball 1949/50. 256 Einzelbilder von Spielern und Trainern der Oberliga Süd, Bayreuth 1950, und Fußball 1950/51. 288 Einzelbilder ..., Bayreuth 1951); für die frühen 70er Jahre vgl. M. Blödorn, Fußballprofis. Die Helden der Nation, Hamburg 1974, S. 62 (auf der Basis einer Befragung von 265 Bundesligaspielern). Erwerbstätigenanteil nach R. Rytlewki/M. Opp de Hip, Die Bundesrepublik Deutschland in Zahlen 1945/49–1980, München 1987, S. 80.

67 Vgl. S. Gehrmann, Die Anfänge des bezahlten Fußballs in Westdeutschland, in: Deutscher Sportbund (Hg.), Gründerjahre, Bd. 1, S. 231f.

68 Vgl. S. Gehrmann, Ein Schritt nach Europa: Zur Gründungsgeschichte der Fußballbundesliga, in: Sozial- und Zeitgeschichte des Sports 6, 1992, H. 1, S. 7–37. Zum Bundesligaskandal am besten G. Hortleder, Die Faszination des Fußballspiels. Soziologische Anmerkungen zum Sport als Freizeit und Beruf, Frankfurt 1974, S. 35ff.

69 Vgl. dazu im Detail A. Schildt/A. Sywottek (Hgg.), Modernisierung im Wiederaufbau. Die westdeutsche Gesellschaft der 50er Jahre, Bonn 1993; A. Schildt, Moderne Zeiten. Freizeit, Massenmedien und »Zeitgeist« in der Bundesrepublik der 50er Jahre, Hamburg 1995. Ähnlich dichte Forschungen liegen für die nachfolgenden Jahrzehnte noch nicht vor.

70 Gehrmann, Schritt, S. 12–17, der die Entstehungsgeschichte dieser Gemeinnützigkeitsregelung untersucht, weist darauf hin, daß der Staat zuvor mit seiner Klassenlotterie dem Fußballtoto erfolgreich Konkurrenz gemacht hatte. Zur gegenwärtigen Praxis der Gemeinnützigkeitsregelung vgl. H. Väth, Profifußball. Zur Soziologie der Bundesliga, Frankfurt 1994, S. 105–107, und C. Fuhrmann, Idealverein oder Kapitalgesellschaft im bezahlten Fußball?, in: Spurt. Zeitschrift für Sport und Recht 2, 1995, Nr. 1–2, S. 12–17.

[71] Vgl. H. G. Martin, Deutschlands Fußball. Geschichte eines rasanten Aufstiegs. Vereine, Spieler, Trainer, Tore, Titel seit 1945, Düsseldorf 1990, S. 115.

[72] Über diese Probleme am besten D. Schümer, Gott ist rund. Die Kultur des Fußballs, Berlin 1996, S. 61–98, S. 110; auch schon Hortleder, Faszination, S. 18ff.

[73] Lebensnahe Einblicke in diese Probleme bietet D. v. d. Heide, »Wir arbeiten seit zwei Jahren in einem Geschäft, von dem wir keine Ahnung hatten.« Die Vereinsvorstände bzw. Präsidien von Hannover 96 – eine unendliche Skandalgeschichte?!, in: Peiffer/Pilz (Hgg.), Hannover 96, S. 298–306.

[74] Auch der gescheiterte Börsengang des HSV ist kein Gegenbeispiel. Denn bei der HSV-AG handelte es sich nicht um die Lizenzspielerabteilung, sondern um eine reine Vermarktungsgesellschaft.

[75] Vgl. G. Spitzer, Eigenweltlichkeit des Sports? Die Sonderrolle des Fußballsports in der DDR am Beispiel der illegalen Zahlung von Spielergehältern, erscheint in: I. Dieckmann/H. J. Teichler (Hgg.), Körper, Kultur und Ideologie. Sport und Zeitgeist im 20. Jahrhundert, Bodenheim 1996.

[76] Vgl. R. Fuchs/K. Ullrich, Lorbeerkranz und Trauerflor. Aufstieg und »Untergang« des Sportwunders DDR, Berlin 1990, Zitat S. 80 (Ruth Fuchs). Vgl. ferner H. Friedemann (Hg.), Sparwasser und Mauerblümchen. Die Geschichte des Fußballs in der DDR 1949–1991, Essen 1991.

[77] Vgl. R. Geißler, Die Sozialstruktur Deutschlands. Ein Studienbuch zur Entwicklung im geteilten und vereinigten Deutschland, Opladen 1992, S. 117.

[78] Angaben auf der Basis der DFB-Mitgliederstatistik 1996, hg. v. DFB, Frankfurt 1996, S. 2, 6, und des Statistischen Jahrbuchs 1995 für die Bundesrepublik Deutschland, S. 48. Vgl. auch J. Baur/W.-D. Brettschneider, Der Sportverein und seine Jugendlichen, Aachen 1994, Kap. 4, sowie B. Fechtig, Frauen und Fußball. Interviews – Porträts – Reportagen, Dortmund 1995.

[79] DFB-Mitgliederstatistik 1950–1996, Frankfurt 1996.

[80] Vgl. A. G. Frei, Finale Grande. Die Rückkehr der Fußballweltmeister 1954, Berlin 1994; A. Heinrich, Tooor! Toor! Tor! Vierzig Jahre 3:2, Hamburg 1994; J. Busche, Der Mythos von 1954, in: Aus Politik und Zeitgeschichte B 24/1994, S. 13–15.

[81] Vgl. Martin, Deutschlands Fußball, S. 60.

[82] Zitat nach J. Leinemann, Die Elf als Gesamtbeckenbauer, in: Der Spiegel Nr. 25, 18. 7. 1990, S. 228; vgl. auch den Artikel ›Fußballselig‹, in: Die Zeit Nr. 29, 13. 7. 1990.

[83] Zitate nach N. Seitz, Von Bern bis Los Angeles. Die politische Geschichte der Fußball-Weltmeisterschaft, in: Aus Politik und Zeitgeschichte B 24/94 v. 17. 6. 1994, S. 10.

Rußland und Sowjetunion

Jim Riordan

Anfänge des modernen Fußballs im Zarenreich

Auch vor Beginn der organisierten Sportbewegung, die sich in Rußland seit der zweiten Hälfte des 19. Jahrhunderts entwickelte, gab es volkstümliche Spiele. Sie wurden von der Landbevölkerung gespielt – jedenfalls solange die Behörden nicht eingriffen. In den Dörfern waren »Wand gegen Wand«-Faustkämpfe sehr beliebt, bei denen sich alle Erwachsenen männlichen Geschlechts in einer Reihe aufstellten und gegen eine ebensolche »Wand« des Nachbardorfes vorgingen. Gelegentlich setzten diese Dorfmannschaften, die jeweils mit acht oder neun Spielern antraten, einen mit Haaren gefüllten Lederball von der Größe eines Männerkopfes ein. Auch sie stellten sich als »Wände« gegeneinander auf. Ein Spieler kickte dann den Ball und versuchte, ihn möglichst nicht an die Gegenseite zu verlieren. Das Ziel bestand darin, den Ball in eine »Gorod« (Stadt) zu treiben, die durch eine Linie markiert war. Jedem, der gegen die Regeln verstieß, wurde das Genick »eingeseift«. Wenn die »Gorod« eingenommen war, schrien die Spieler »Kila!«. So hieß das Spiel auch: »Kila« oder »Shalyga«. Es wurde im Sommer wie im Winter (auf Eis) gespielt.[1]

Das moderne Fußballspiel wuchs jedoch in Rußland nicht aus der Volkskultur heraus, sondern wurde aus Großbritannien eingeführt. Die wichtigsten Vermittler waren britische Einwohner in Rußland, insbesondere die Eigentümer britischer Fabriken und Geschäftshäuser, ihre Techniker und Verwalter sowie das britische diplomatische Korps. Ihre Vorherrschaft über den Fußball in Rußland hielt sich ungefähr bis zum Jahre 1908, als die russischen Vereine zahlreich und stark genug geworden waren, ihre Lehrmeister zu schlagen und sich zu verselbständigen. Diese erste Phase des Fußballs in Rußland begann 1886 mit Rugby. Der kühne Pionier war ein gewisser Hopper, ein Schotte, der in einer Moskauer Fabrik arbeitete. Seine Bemühungen, das Spiel bekannt zu machen, wurden jedoch nach kurzer Zeit abrupt beendet, weil die Polizei intervenierte; Fußball sei roh und könne Aufruhr oder Massenversammlungen provozieren.

Auch in den frühen 1890er Jahren blieben die Initiativen noch vereinzelt. In dieser Zeit spielten zunächst nur Briten gegen Briten, später dann auch gegen andere ausländische Teams, insbesondere gegen Deutsche. Doch mit der Zeit kam es auch zu Begegnungen gemischter deutsch-britischer und russischer Mannschaften. Letztere setzten sich hauptsächlich aus Studenten, Kadetten und Handelsangestellten zusammen – mit einer Ausnahme: Im Jahr 1894 machte Harry Charnock, einer von vier fußballverrückten Söhnen eines Textilunternehmers aus Lancashire, das Spiel auch in der Belegschaft der von ihm geleiteten Morozov-Werke in Moskau bekannt. Auf diese Weise wollte er die Arbeiter dieser größten Textilfabrik Rußlands vom sonntäglichen Wodka-Trinken abbringen.

Die ersten Fußballspiele, die nachweislich nur unter Russen ausgetragen wurden, fanden 1892 im Semjonov-Hippodrom in St. Petersburg statt – als Pausenfüller bei Radrennen. Die Regeln dieses »Kick-and-Rush«-Spiels waren noch primitiv; es gab keinen Schiedsrichter, und überhaupt wußte niemand so recht, wie ein solches Spiel durchzuführen sei. Erst der in Rußland geborene Franzose Georges Duperon, der später Präsident des Gesamtrussischen Fußballverbandes und in Sowjetzeiten Vorsitzender der Petrograder Fußballunion werden sollte, übersetzte die vorhandene Fußball-Literatur.[2] Er war es auch, der im Jahr 1896 auf der Insel Krestovski das erste Spiel nach den Regeln der englischen Football Association organisierte. Seine Mannschaft, der St. Petersburger gesellige Kreis der Amateur-Sportsleute, wurde im darauffolgenden Jahr von einem anderen Petersburger Sportkreis, der auf dem Exerzierplatz des Ersten Kadettenkorps spielte, zu einem regelgerechten Match herausgefordert; dieses Match gilt als Geburtsstunde des russischen Soccer-Fußballs. Noch im selben Jahr 1897 ging aus dem geselligen Kreis der Amateur-Sportsleute ein spezialisierter Fußballklub mit dem Namen Sport hervor.

Vom Spiel der Ausländer zum Spiel der Russen

Die Fußballmannschaften der Ausländer waren um diese Zeit recht zahlreich geworden und trugen Freundschaftsspiele gegeneinander aus. Von englischen und deutschen Angestellten in St. Petersburg wurde 1894 der Fußball-Klub Viktoria gegründet, dessen Spiele bereits einigermaßen korrekt durchgeführt wurden. Unter anderem spielte Viktoria gegen eine unter dem Namen Gloria antretende Auswahl englischer College-Studenten, die ihrerseits sportlichen Verkehr mit einem schottischen geselligen Kreis von Amateurfußballern, mit einem englischen Fußballklub und mit dem F. C. Germania, dem Klub der riesigen Putilov-Munitionsfabriken, pflegte. Nachdem es 1895 die ersten Begegnungen zwischen Ausländern und Russen gegeben hatte, vermehrten sich die russischen Mannschaften rapide. Von den neun neuen Mannschaften dieses Jahres, die im allgemeinen auf dem Gelände um den Palast spielten, waren allein sieben rein russisch: die des Jekaterinenhofer geselligen Kreises der Amateurfußballer, die der Klubs von Lakhtinsky, Petrovski und Krestovski, die Mannschaften der Amateursportkreise aus den Petersburger Stadtbezirken Kolmjagi und Starederevo, und der Gesellige Fußballkreis Rossija. Die beiden neuen ausländischen Mannschaften waren die Prussija, die sich später dem Deutschen Fußballbund anschloß, und ein Team des britischen diplomatischen Korps mit dem beeindruckenden Namen »Der besondere gesellige Kreis von Sportsleuten aus der besseren Gesellschaft der englischen Kolonie zum Zweck des Fußballspiels und des Lawn-Tennis«.

Der Spielbetrieb nahm nun solche Ausmaße an, daß ein einheitliches Regelwerk notwendig wurde. Als es im Jahr 1900 gedruckt vorlag, wurde auch der Spielverkehr vereinheitlicht: Bereits 1901 eröffneten drei Ausländerklubs, nämlich Nevka, Nevski und Viktoria, in St. Petersburg eine Fußballiga – ein ganzes Jahrzehnt früher als in Moskau. Diese drei Klubs spielten auch die erste St. Petersburger Fußballmeisterschaft unter sich aus, für die der englische Unternehmer T. M. Aspden eine Trophäe, den Aspden-Pokal, gestiftet hatte; bis 1917 wurde um diesen Pokal gekämpft. Das Nevka-Team (1900–1904) rekrutierte sich hauptsächlich aus Schotten, die in der Sampson-Weberei arbeiteten, das Nevski-Team (1900–1912) aus Engländern aus der Neva-Spinnerei; der Neva-Sportklub bestand bereits seit 1860 und gilt als der älteste englische Sportklub in Rußland.

Eine russische Mannschaft namens Sport trat der Liga im Jahr 1902 bei. Nachdem sie zunächst alle ihre Spiele verloren hatte, wurde sie im darauffolgenden Jahr besser und belegte den dritten Platz, noch vor Nevka und Neva. Mit Sport und dem Geselligen Kreis Petrovski hatte der russische Fußball bald zwei Stützen, die seit 1903 sogar zweite Mannschaften bildeten. Mit zunehmender Leistungsstärke dieser russischen Mannschaften kam es zu Spannungen mit den vormals dominierenden Ausländer-Teams. Stein des Anstoßes war, daß die Verwaltung der Fußballiga fast ganz in ausländischer Hand lag und daß die Offiziellen die russischen Mannschaften angeblich benachteiligten. Bereits 1903 hagelte es Proteste, u. a. gegen den Ausschluß aller Sport-Spieler aus einer kombinierten St. Petersburger Mannschaft, die gegen den Meister, den Klub Viktoria, spielen sollte; außerdem sprach der englische Schiedsrichter V. S. Martin in einem Spiel Sport gegen Nevski einen umstrittenen Platzverweis gegen einen russischen Sport-Spieler namens Chirtsov aus; dieser Platzverweis zog eine einjährige Sperre nach sich. Die Empörung der Russen resultierte daraus, daß Chirtsovs Foul eine Vergeltung für eine Attacke des Engländers Sharples war, der ihn in den Schnee gestoßen und »beinahe erdrosselt« hatte. Der Kommentar des russischen Magazins ›Sport‹ zu dieser Entscheidung läßt bereits die nationalistischen Untertöne erkennen, die in den folgenden Jahren für den russischen Fußball kennzeichnend werden sollten:

»Es ist die Entscheidung des Ligakomitees, Chirtsov für ein Jahr zu sperren und Sharples mit einer Verwarnung davonkommen zu lassen. Dieses Jahr war es Sharples, der Würger! In Zukunft werden wir es ohne Zweifel mit Jim, dem Messerstecher, und mit ›Jack the Ripper‹ zu tun bekommen! Die Spielberichte werden bald Kriminalberichten gleichen. Wird das die Herzen russischer Sportler erfreuen? Ich glaube es nicht. Die Engländer in ihrer für sie typischen anmaßenden Art sperren dank ihrer Stimmenmehrheit einen Russen, der völlig unschuldig ist, und lassen einen Mann laufen, der offensichtlich gefährlich, jedoch einer der ihren ist! Laßt die russischen Vereine sich zusammenschließen und ihre eigene Liga gründen. Ich bin mir sicher, daß den Fußball eine große Zukunft in Rußland erwartet, aber diese können wir auch mit weniger Spielern von der Sorte Sharples erreichen!«[3]

Diese selbstbewußte Haltung gegenüber den englischen Funktionären und der Aufruf an die russischen Mannschaften, eine eigene Liga zu gründen, waren zugleich Anzeichen für die wachsende Popularität des Fußballs der Russen. Im folgenden Jahr, 1904, gehörten zum ersten Mal genauso viele russische wie ausländische Mannschaften zur St. Petersburger Liga, und 1908 konnte eine russische Mannschaft, nämlich Sport, den Meistertitel gewinnen. Dies setzte dem Führungsanspruch der ausländischen Klubs ein Ende. Im Jahr 1909 verließen die starken Ausländermannschaften Nevski, Neva und Viktoria die St. Petersburger Liga und gründeten eine eigene Liga, die Russische Gesellschaft der Amateurfußballer, die seit 1910 um den Pokal des britischen Botschafters Alan Nicholson spielte. Diese »Ausländerliga« wurde wiederum von den russischen Klubs boykottiert, auch von denen, die sich mittlerweile in Moskau gebildet hatten. Als sich die beiden St. Petersburger Ligen 1911 wieder aussöhnten, hatten die Ausländerteams den Anschluß an das Leistungsniveau verloren, und am Vorabend des Ersten Weltkriegs zogen sie sich ganz aus dem Wettbewerb zurück.

Als Folge der heftigen russisch-englischen Rivalität strömten viele Zuschauer zum Fußball, insbesondere, wenn Aussicht auf einen russischen Sieg bestand. Nachdem es Sport 1908 gelungen war, Viktoria zu schlagen, kam die bislang einmalige Rekord-Zuschauerzahl von 2000 Menschen zusammen, um sich den groß angekündigten englisch-russischen Kräftevergleich zwischen Nevski und Sport anzusehen, den Sport am Ende für sich entscheiden konnte. Wie erwartet, kochten während des Spiels die Emotionen hoch, und als der englische Spieler Monroe des Feldes verwiesen wurde, lief das Spiel völlig aus dem Ruder. Trotz der eklatanten Regelverletzung durch Monroe und gegen die sonst an den Tag gelegte Höflichkeit reagierten die englischen Zuschauer mit lautem Protest und verlangten wütend Monroes Rückkehr ins Spiel, während die Russen seinen Abgang mit einem Pfeifkonzert begleiteten.[4]

Auch nach Beendigung des englisch-russischen Spielverkehrs im Jahr 1908 blieb diese von nationalistischen Emotionen aufgeladene Atmosphäre kennzeichnend für den Fußball in Rußland. Denn nun gingen die russischen Mannschaften aus St. Petersburg im ganzen russischen Reich auf Tournee und spielten gegen ausländische Teams; ebenso besuchten ausländische Mannschaften die russische Hauptstadt. Die starke Mannschaft von Sport hatte schon 1907 gegen die finnische Mannschaft Unitas in Helsinki und gegen ein schwedisches Team in Stockholm gespielt. 1908 reiste Sport dann nach Riga in Lettland und trat dort gegen den Lokalmatadoren Union an, 1910 ging es abermals nach Helsinki, wo die Mannschaft eine Niederlage gegen Kampaterna bezog. Zu dieser Zeit gehörten sowohl Finnland als auch Lettland bereits zum russischen Reich, weshalb eine russische Zeitung, die diese Niederlage kommentierte, sowohl den »einseitig pfeifenden« Schiedsrichter angriff, dem zwei Fehler mit Torfolgen zugunsten der Finnen unterlaufen seien, als auch die russischen Spieler, die am Vorabend zu sehr dem Wodka zugesprochen hätten.[5]

Nationale Organisation und soziale Ausdifferenzierung

Fußball war nicht die einzige Sportart, die um die Jahrhundertwende in Rußland bekannt wurde, zumal die größeren Städte Sportschulen einrichteten und Kurse für Leibesübungen anboten. 1913 existierten insgesamt 1266 Sportklubs mit durchschnittlich 60 Mitgliedern.[6] Sie repräsentierten ein breites Disziplinenspektrum, u. a. Radfahren, Rudern, Leichtathletik, Lawn-Tennis und Skifahren, und waren zum Teil hervorragend ausgestattet. Der Fußballklub der Morosovski-Munitionsfabrik zum Beispiel besaß einen vorzüglichen Pavillon mit eigenen Umkleideräumen, Bädern, einem Speisesaal, einer großen Halle für gesellschaftliche Anlässe und einem Kino – Einrichtungen, die genauso gut, wenn nicht gar besser waren als die der meisten Amateurvereine in Großbritannien zu dieser Zeit.[7] Doch ohne Zweifel war Fußball die populärste Sportart, sowohl was die Zahl der Aktiven als auch die der Zuschauer betraf.[8] Dem britischen Diplomaten Robert Bruce Lockhart zufolge, der für Morozovski spielte, lag die durchschnittliche Zuschauerzahl eines Ligaspiels bei 12000, wobei der Frauenanteil etwa 30 Prozent ausgemacht habe.[9] Dementsprechend füllte die Fußballberichterstattung in der seit 1909 erscheinenden Wochenzeitung ›Russki Sport‹ mehr Seiten als Tennis, Gymnastik und Ringen zusammen.

Durch den Zuwachs an Mannschaften, die damit einhergehenden Unsicherheiten bei der Regelauslegung und die zum Teil unerfreulichen Begleiterscheinungen der Spiele zwischen russischen und ausländischen Mannschaften entstand das Bedürfnis nach Vereinheitlichung und Organisierung auf nationaler Ebene. Im Januar 1912 fand die erste Konferenz eines Gesamtrussischen Fußballverbandes statt, der sich zum Ziel gesetzt hatte, »alle fußballspielenden Organisationen in Rußland zu vereinigen, verbindliche Spielregeln auszuarbeiten und von der FIFA als Mitglied akzeptiert zu werden«; »gesamtrussisch« signalisierte die Absicht, alle Gebiete des russischen Reiches zu integrieren.[10] Dieser Kongreß fand 49 Jahre nach der Gründung der englischen Football Association, aber nur zwölf Jahre nach der des Deutschen Fußballbundes statt.

Bereits im Herbst des Gründungsjahres 1912 fand die erste Städtemeisterschaft des neuen Verbandes statt, die unter St. Petersburg und Moskau aus Rußland sowie Charkov, Kiew und Odessa aus der Ukraine ausgespielt wurde. Keine der am Turnier teilnehmenden Auswahlmannschaften durfte mehr als drei Engländer aufstellen. Als Odessa, der Meister von 1913, mit vier Engländern antrat, wurde ein strenger Verweis erteilt.

Zu Beginn des Ersten Weltkriegs spielten in der Fußballiga von Petrograd (so hieß St. Petersburg während des Krieges) bereits 23 Mannschaften. Insgesamt gab es zu diesem Zeitpunkt, der den Höhepunkt der vorrevolutionären Fußballentwicklung markiert, in der Hauptstadt 19 Fußballklubs mit 97 Mannschaften und in den Außenbezirken weitere 34 Klubs mit 93 Mannschaften. Die Moskauer Liga wurde 1913 von 25 Klubs gebildet, und weitere Ligen entstanden in den weiter südlich gelegenen Städten, insbesondere in den Bergbaugemeinden am Don. Der Spielbetrieb in Rußland war mittlerweile so umfangreich, daß eine spezialisierte Fußballzeitschrift als lohnendes Projekt betrachtet wurde. ›Vestnik Petrogradskoi Futbolnoi‹, der ›Petrograder Herold der Fußballiga‹, erschien erstmals am 16. August 1916, also mitten im Krieg.

In den Mannschaften aller dieser Vereine und Ligen spielten überwiegend Armeeoffiziere, Studenten und Angestellte. Da diese sich als »Gentlemen-Amateure« verstanden, hatten sie die Amateurbestimmungen der englischen Football Association wörtlich übernommen, und das bedeutete den Ausschluß derjenigen, die sich diesen Sport nur dann leisten konnten, wenn sie auch Einnahmen daraus bezogen, also im wesentlichen der Arbeiter. Auch diese »Geächteten« (»dikie«) hatten zahlreiche Teams und unterhielten ebenfalls einen regen Spielbetrieb. Im allgemeinen spielten sie auf offenen Feldern, ihre Zuschauer waren die Arbeitskollegen. Zu den besseren dieser »dikie«-Vereine gehörte der von Arbeitern der Obukhov-Fabrik in Petrograd gegründete Murzinka-Fußballklub, der es zu Sowjetzeiten als Lenins Klub (Klub Imeni Lenina) noch zu einiger Berühmtheit bringen sollte. Arbeiter der Putilov-Werke mieteten die Anlagen des ehemaligen Jekaterinenhofer Amateursportkreises an. Als die Behörden 1914 die Ausschlußklausel der »Gentlemen-Amateure« aufhoben, traten diese beiden Klubs sofort mit vier bzw. drei Mannschaften in die Liga ein. Im Jahr 1916 wurden noch zwei weitere Arbeiter-Fußballvereine in die Petrograder Liga aufgenommen: Volga, ein Verein der Alexandrov-, Semjannikov- und der Atlas-Fabriken, und PTCh (Abkürzung für »Pochtovo-Telegrafnie Chonovniki«), der Verein der Beschäftigten des Post- und Telegraphenamtes.

Hinter dieser »von oben« verfügten Öffnung der Liga stand angesichts des Krieges und der sich ankündigenden Revolution möglicherweise das Bemühen um sozialen Ausgleich. Ausschlaggebend war aber wohl der Wunsch nach russischen Erfolgen im internationalen Spielverkehr; daran hatte die Regierung jedenfalls besonderes Interesse bekundet, seitdem im Jahr 1910 erstmals eine ausländische Mannschaft, die Corinthians aus Prag, nach Rußland gekommen war und in St. Petersburg drei Spiele absolviert hatte. Diese internationalen Begegnungen waren in der Bevölkerung auf außerordentliches Interesse gestoßen, es kamen jeweils 4000–5000 Zuschauer, und zum ersten Mal wurde schon der zentrale Vorverkauf am Nevski-Prospekt alle Eintrittskarten los.[11] Hatten die Corinthians gegen eine Stadtauswahl zwei Spiele gewonnen und das dritte verloren, so war ein englischer Profiklub, die Wanderers, wenig später noch erfolgreicher. An drei aufeinanderfolgenden Tagen besiegte er eine englische und eine russische Auswahl aus St. Petersburg sowie eine gemischte Petersburger und Moskauer Mannschaft. Die Presse bedauerte die klaren Niederlagen, gab aber auch dem Stolz Ausdruck, daß man überhaupt »gegen die Erfinder des Spiels, gegen unsere Lehrmeister« angetreten sei.[12] So motiviert, schickte der neugegründete Gesamtrussische Fußballverband 1912 eine Mannschaft zu den Olympischen Spielen nach Stockholm. Mit dem zaristischen doppelköpfigen Adlerkopf auf der Brust verlor sie jedoch gegen Finnland und danach verheerend mit 0:16 gegen Deutschland – eine Niederlage, die den russischen Stolz tief verletzte. Das war in der Zarenzeit nicht nur der erste, sondern auch der letzte Auftritt einer Nationalmannschaft im Ausland.

Doch so sehr diese internationalen Vergleiche die relative Schwäche des russischen Fußballs gegenüber Ländern mit einer längeren Fußballgeschichte dokumentierten – im Ganzen wirkten sie sich stimulierend auf das Spiel aus. Sie lockten ein zahlendes Publikum an. Und – das war noch wichtiger – sie lenkten die Aufmerksamkeit der Regierung auf einen Sport, der sich als potentieller Träger patriotischer Ideen anzubieten schien. Noch im selben Jahr 1912 wurde daher der ehemalige Chef der Infanterie, General a. D. Vojeikov, zum »Obersten Inspektor für die physische Erziehung der Bevölkerung im Russischen Reich« ernannt. Seine Behörde war faktisch ein Sportministerium.

Als sie zwei Jahre später, mit Beginn des Ersten Weltkriegs, um ein provisorisches Komitee aus Beauftragten verschiedener Regierungsressorts wie auch der Sportvereinigung ergänzt wurde, übte General Vojeikov die politische Kontrolle aller Sport- und sportähnlichen Organisationen in Rußland inklusive des Gesamtrussischen Fußballbundes aus. Hinter dieser Initiative stand vor allem die Absicht, die Öffentlichkeit moralisch und körperlich auf den Krieg vorzubereiten. Sie war jedoch zu kurzfristig geplant und kam zu spät. Abgesehen von den Sokol* und einigen anderen Sportvereinigungen trat der gewünschte Effekt nicht ein, zumal strategisch wichtige Bereiche wie die Artillerie-Fertigungshallen der Putilov-Munitionswerke und ein Komitee für die Mobilisierung des Sports bereits in der Hand revolutionärer Gruppen waren. 1917 wurde die ganze Organisation des General Vojeikov von den Bolschewisten übernommen und bildete fortan die organisatorische Basis der paramilitärischen Ausbildungseinheit »Vsevobuch«. Die Sowjetbehörden waren daher in der Lage, eine bereits vorhandene staatliche Sportorganisation, wie defizitär sie im einzelnen auch sein mochte, zu übernehmen, und mußten nicht erst die gewachsene Struktur der autonomen Sportvereine und -verbände auflösen.

Fußball nach der Revolution und in den 20er Jahren

Durch die Bürgerkriegsverhältnisse nach der Oktoberrevolution 1917 wurden alle Vereine und Sportanlagen, so auch die für Fußball, »nationalisiert«, indem man sie dem Militär unterstellte. Abgesehen davon, daß die Autonomie auch schon zuvor eingeschränkt und daß die Situation generell chaotisch war, ergaben sich jedoch daraus keine besonderen Behinderungen, und so wurden die Stadtmeisterschaften auch nach 1917 ausgetragen. In mancher Hinsicht war die neue Zeit dem Fußballspiel sogar förderlich. Unter anderem organisierten die Behörden anläßlich des zweiten Kongresses der Dritten Internationalen (19. Juli–20. August 1920) ein nationales Sportfest im Roten Stadion von Moskau (zuvor eine Anlage des Yachtklubs,

* Die tschechische Turn- und Sportbewegung Sokol (»Falke«) wurde in ihren Grundstrukturen von den Russen übernommen. Während sich jedoch die tschechische Variante als eine Bewegung für kleinstaatlichen Nationalismus und Unabhängigkeitsbestrebungen verstand, folgte der russische Sokol offen der pan-slawistischen (und antisemitischen) Großmachtideologie. Seine Mitglieder waren von der »patriotischen« Idee durchdrungen, alle Slawen unter der »Schutzherrschaft« Rußlands zu vereinigen.

später das Fundament des Lenin-Stadions), als dessen Höhepunkt ein »internationales« Fußballspiel zwischen einer Auswahl von Kongreßdelegierten und einer regulären russischen Mannschaft stattfinden sollte. Ein junger Delegierter der schottischen Mäßigkeitsvereine, der spätere Vorsitzende der britischen Kommunistischen Partei William Gallagher, wurde zum Spielführer der Kongreßmannschaft gewählt, zu der neben zwei Holländern auch der Kanadier Dick Beech, der Ire Paddy Murphy, der Engländer Tom Quelch sowie die fünf Amerikaner Joe Chaplin, Joe Fineberg, Eddie McAlpine, Davide Ramsey und John Reed, der Schriftsteller und Ex-Harvard-Fußballspieler (›Zehn Tage, die die Welt erschütterten‹), gehörten. Die Auswahl der Internationalen verlor haushoch, und die russischen Gewinner erhielten einen damals wertvollen Preis: je einen Krug mit Früchten und eine Tüte Mehl.[13]

Eine weitere Initiative der Militärs in der Sportverwaltung bestand darin, Fußball und Sport von der Stadt aufs Land und insbesondere in die Gebiete außerhalb des alten russischen Reiches zu bringen; zu diesem Zweck wurden 1920 erstmals Zentralasiatische Spiele veranstaltet. Erst später sah man ein, daß die Funktionäre mit ihren Bemühungen, die Menschen im Sowjetreich mit Hilfe des Sports zu einer Gemeinschaft zusammenzuschweißen, zu naiv vorgegangen waren. Der Versuch, europäische Spiele nach Zentralasien zu exportieren, wo es dafür überhaupt keine volkstümlichen oder städtischen Traditionen gab, war jedenfalls zum Scheitern verurteilt. Die religiösen Führer, die Mullahs, nahmen Fußball angeblich sogar zum Anlaß für anti-russische Propaganda: »Seht, die Russen haben euch den Kopf des Teufels (›Sheitan‹) gebracht«, sollen sie das Spiel kommentiert haben, »seht, wie er springt und euch Unglück bringt«.[14]

Nicht in der Zeit unmittelbar nach der Oktoberrevolution, sondern erst im Verlauf der 20er Jahre wurden Vorbehalte gegen Sport und Fußball laut. Der sportliche Wettkampf, so meinten nun viele Kommunisten, desavouiere die »ewigen Ideale« der Leibesübungen. Statt den Körper umfassend zu bilden, führe er zur ungesunden Spezialisierung; er begünstige Krämergeist, Habgier und Sittenverfall, und statt die Massen zur aktiven Erholung zu führen, wie es ein sozialistisches Grundziel forderte, dränge er sie in die Rolle passiver Zuschauer. Diese Ablehnung des Sportgedankens ist vor dem Hintergrund der Neuen Ökonomischen Politik (NEP), der Kollektivierung der Landwirtschaft und der beginnenden »Revolution von oben« zu sehen, die nach Lenins Tod (1924) zur Niederwerfung der trotzkistischen Strömung führte und die Bürokratisierung des Landes vorantrieb. Am Ende der 20er Jahre war Stalins Herrschaft unangefochten, und das gesamte Land wurde in die Zwangsjacke der Industrialisierung gesteckt.

Die 30er und 40er Jahre

Die kritische, ja ablehnende Haltung der Partei zum Sport, die die 20er Jahre geprägt hatte, wurde im folgenden Jahrzehnt grundlegend revidiert. Durch die fortgesetzte Vertreibung der Bauern vom Land in die Fabriken, auf die Baustellen und in die Minen, die dadurch beschleunigte Urbanisierung und die Verschlechterung der Lebensbedingungen in den Städten, aber auch durch die soziale Mobilität vieler Arbeiter, die nun Managerpositionen einnahmen und Macht ausübten, rückten sportliche Wettkämpfe auf der Werteskala nach oben. Insbesondere Mannschaftssportarten wie Fußball, Basketball und Volleyball wurden nun gezielt gefördert. Es entstand ein gesellschaftliches Sub-System der Fußball-Ligen, Stadien, Pokale, Meisterschaften, der Paraden und Festzüge, der Beliebtheitswahlen und des Heldenkults. All dies sollte ein Gemeinschaftsgefühl der Sowjetmenschen erzeugen und dem Ausland demonstrieren, wie glücklich und sorgenfrei es sich »unter der Sonne der stalinistischen Verfassung« (so ein Slogan von 1936) leben ließ. Wichtige Fußballspiele wurden nun vorzugsweise auf politische Feiertage gelegt (1. Mai, Tag der Verfassung, Jahrestag der Oktoberrevolution am 7. November usw.). Auf diese Weise sollte die Öffentlichkeit mit der Regierung, der Partei und natürlich mit Stalin selbst versöhnt werden, mit dessen Porträt auch im Sport ein Kult getrieben wurde.

Als Fußball sich vor diesem Hintergrund zu einem Massenphänomen entwickelte, mußte auch der organisatorische Rahmen angepaßt werden. Anstelle der gelegentlichen Turniere und lokalen Meisterschaften der Amateure, die aufgrund der Wetterbedingungen traditionell auf wenige Sommermonate konzentriert und oftmals kurzfristig terminiert worden waren, wurden nun eine nationale Liga für die gesamte Sowjetunion und eine feste Spielsaison eingeführt. Dieser Schritt, der das Vorbild der westlichen Länder nachzuahmen versuchte, folgte dem Muster der allgemeinen sowjetischen Sportpolitik; die Sportführer wollten der wachsenden Nachfrage nach sportlicher Unterhaltung entgegenkommen, und sie betrachteten die Liga als Maßnahme, um den multinationalen Staat Sowjetunion zu integrieren. Der Schritt war aber auch eine Reaktion auf soziale Veränderungen im Fußball. Gegen Ende der 20er Jahre hatten nämlich viele »Gentlemen-Amateure« wie auch jene Ausländer (Briten, Franzosen, Deutsche usw.), die die Revolution überlebt und weiterhin Fußball gespielt hatten, ihre aktive Laufbahn beendet. Die neuen Spieler kamen fast durchweg aus der Industriearbeiterschaft. Entgegen der offiziellen Sportideologie, die den Amateurismus zum antikapitalistischen Prinzip erklärte, waren sie formell Angestellte der großen Betriebe, des Militärs und der Behörden, faktisch jedoch Berufsspieler.

Die Liga funktionierte wie im Westen. Um die Meisterschaft spielten Vereinsmannschaften, die von den verschiedenen Sportverbänden in den größeren Städten gefördert wurden. Es gab eine feste Spielsaison in den Sommermonaten (April bis September), und die Mannschaften – zunächst waren es sieben – trafen nach einem geregelten Spielplan aufeinander. Diese Änderungen sollten stimulierend auf die Spieler wirken und einen größeren Unterhaltungswert für die Öffentlichkeit bringen. Gleichzeitig mit der Eröffnung der Liga im Jahre 1936 wurde ein Pokalwettbewerb eingeführt.

Der Fußball der späten 30er Jahre wurde durch die Rivalität der beiden großen Moskauer Mannschaften Dynamo und Spartak geprägt. Dynamo wurde vom Innenministerium gefördert und finanziert. Kennzeichnend für die Mannschaft war das präzise und technisch hochstehende Spiel, das sich durch die ständige Bewegung der Spieler und durch lange Pässe auszeichnete. Spartak wurde von den wohlhabenden industriellen Kooperativen gefördert und zeichnete sich mehr durch einen improvisierten Stil aus, der eine gute Ballkontrolle und ein genaues Zuspiel erforderte. Diese Images – Dynamo, rational und diszipliniert, Spartak hingegen romantisch und verspielt – waren das Fundament der Rivalität und erhöhten den Unterhaltungswert. Ob sie nun zutrafen oder nicht – die sowjetischen Fans hielten daran fest.

Unter den anderen Moskauer Mannschaften war nur das Zentrale Haus der Roten Armee, das später in Zentraler Sportklub der Armee (ZSKA) umbenannt wurde, in der Lage, die »Großen Zwei« herauszufordern. Die Lokomotiv-Vereinigung der Transportarbeiter, die Torpedo-Vereinigung der ZIS-Motorenwerke und die von der Flugzeugindustrie unterstützte Krjlyaj Sovetov (Flügel der Sowjets) besaßen ebenfalls beachtliche Mannschaften und kleinere, aber loyale Fangemeinden in Moskau. Außerhalb Moskaus etablierte sich Dynamo Tiflis in der Hauptstadt Georgiens als eine Fußballmacht, genauso wie Dynamo Kiew in der Hauptstadt der Ukraine. Sowohl die Liga als auch der Pokalwettbewerb wurden Zuschauermagneten, und die Anhängerschaft dieses Sports wuchs. 1938 verbuchte die Liga eine durchschnittliche Zuschauerzahl von 19000; im folgenden Jahr sahen insgesamt 10 Millionen Menschen Fußball auf allen Ebenen des Wettbewerbs. Die Pokalfinale und die Kämpfe zwischen Spartak und Dynamo sprengten das Fassungsvermögen selbst des großen Moskauer Dynamo-Stadions für 60000 Zuschauer. Auch Odessa, Leningrad, Kiew und Tiflis, die alle über ein Stadion für 20–40000 Zuschauer verfügten, waren Fußballhochburgen.[15]

Noch größere Attraktionen als diese Wettbewerbe waren jedoch die internationalen Begegnungen. Auf dem Höhepunkt des Spanischen Bürgerkriegs ging ein baskisches All-Star-Team mit Spielern der führenden spanischen Vereine auf Europatournee, um Gelder für die Republik zu mobilisieren. Es kam am 16. Juni 1937 in Moskau an und wurde mit riesigem Beifall begrüßt. Die Basken gewannen zunächst alle ihre Spiele und erzielten vor 90000 Zuschauern sogar einen 2:1-Erfolg über Dynamo Moskau. Schließlich gelang Spartak ein vieldiskutierter 6:2-Sieg gegen die bereits abgekämpfte baskische Mannschaft, die innerhalb weniger Tage ein Dutzend Spiele absolviert hatte. Dies war der erste Sieg einer sowjetischen Mannschaft über ein erstklassiges Profiteam.

Daß diese Ehre Spartak und nicht Dynamo gebührte, mißfiel dem neuen Dynamo-Präsidenten Lavrenty Berija, zugleich Chef der Geheimpolizei, aufs äußerste, und das sollte Konsequenzen haben. Als Spartak im Halbfinale des Pokalwettbewerbs im folgenden Jahr Berijas Lieblingsmannschaft Dynamo Tiflis mit einem umstrittenen Tor aus dem Wettbewerb warf und zwei Wochen später auch noch mit 3:1 das Finale gegen die Stalinets aus Leningrad gewann, ordnete das Zentralkomitee der KPdSU (Kommunistische Partei der Sowjetunion) die Wiederholung des Halbfinalspiels an. Auf diese Weise fand zum ersten Mal in der Geschichte des Fußballs ein Halbfinale nach dem bereits entschiedenen Finale statt. Trotz dieser Machenschaften gelang es Spartak, mit 3:3 zu gewinnen und den Pokal zu behalten.

Jeder, der mit Spartak in Verbindung stand, hatte teuer für diesen neuerlichen Affront gegen Berija zu zahlen, der übrigens in seiner Jugend selber ein aktiver Spieler gewesen war (allerdings wohl eher ein mittelmäßiger).[16] Während der Säuberungen der späten 30er Jahre wurde Kazimir Vasilevski, der Chef der industriellen Kooperativen, also von Spartaks Sponsor, verhaftet, ebenso Alexander Kosarev, der Leiter der Komsomol (Kommunistische Jugendliga), der den Spartak-Klub mitaufgebaut hatte; Kosarev, damals Mitglied des Politbüros, wurde hingerichtet. Danach erfolgte die Verhaftung der besten Spieler von Spartak, darunter auch der vier Starostin-Brüder, von denen Nikolai nicht nur Spielführer der Vereins-, sondern auch der Nationalmannschaft war; sie wurden erst nach Stalins Tod wieder aus den Arbeitslagern entlassen.[17]

Politische Interventionen waren im sowjetischen Fußball nichts Neues. Jedes Stadion hatte seine »Regierungsloge«, und die Vereine wußten, daß sie den Privilegierten und Mächtigen zu schmeicheln hatten. Für einige Mitglieder der Elite waren gute Sitzplätze nicht genug. Sie ernannten und entließen die Trainer und versuchten sogar, die Mannschaftsaufstellung zu diktieren, was die Spieler jedes Mal aufbrachte.

Doch waren es nicht zuletzt die ausgeprägten Eigeninteressen ehrgeiziger Klubfunktionäre, die dazu führten, daß im sowjetischen Fußball die Professionalisierung voranschritt. Nach außen wurden zwar alle möglichen Feigenblätter, zum Beispiel Teilzeit-Arbeitsverhältnisse der Stars, vorgezeigt, um den Eindruck zumindest des Halb-Amateurismus aufrechtzuerhalten, doch war die Entwicklung der 30er Jahre im Grunde weiter fortgeschritten als nach 1945. Die Mannschaften begannen zum Beispiel damit, zur Saisonvorbereitung bis zu zwei Monate in den Süden zu fahren, so daß es für die Spieler ganz unmöglich war, einer geregelten Arbeit nachzugehen. Auch reisten nun »Sport-Manager« durchs Land, um Talente zu sichten, und die Vereine eröffneten Sportinternate für den Nachwuchs. Spitzenspieler, die sich zu verbessern suchten und dies auch problemlos konnten, weil es keine schriftlichen Verträge gab, wechselten von Verein zu Verein, so daß ein innersowjetischer Spielermarkt entstand.

So wies der sowjetische Fußball gegen Ende der 30er Jahre viele Eigenschaften des westlichen Professionalismus auf. Danach verlangte die Öffentlichkeit, und die Behörden gaben diesem Verlangen aus den genannten Gründen nach. Man darf daher in der Begeisterung der Zuschauer nicht unbedingt eine Bestätigung der Motive der Funktionäre sehen. Die Modernisierung des sowjetischen Fußballs war stets auch Ausdruck der großen Begeisterung der Bevölkerung für das Spiel, und nicht selten waren die Funktionäre eher Getriebene als Anreger.

Diese allgemeine Fußballbegeisterung zeigte sich ganz besonders im Zweiten Weltkrieg, als Fußball für viele einen Rest Menschlichkeit zu verkörpern schien und in manchen Situationen auch Ausdruck des Widerstands gegen die Deutschen wurde. So fanden im belagerten Leningrad Spiele statt, über die im ganzen Land und an der Front berichtet wurde, und zu Beginn der Schlacht um Stalingrad spielte eine hastig zusammengestellte Mannschaft von Spartak Moskau gegen eine Lokalauswahl vor 10000 Zuschauern in einem Behelfsstadion. Ein legendäres Spiel, dem ein Spielfilm später ein Denkmal setzte, wurde am 23. Juni 1944 zwischen Dynamo Kiew und einer Auswahl der deutschen Luftwaffe ausgetragen. Dynamo gewann mit 5:3 Toren, obwohl die Spieler wußten, daß ein Sieg den sicheren Tod bedeutete.[18]

Die Zeit nach dem Zweiten Weltkrieg

Am Ende der Saison 1945, als der Krieg zu Ende ging, wurde Fußball in der Sowjetunion so beliebt wie nie zuvor. Wenn Dynamo Tiflis oder Kiew nach Moskau kamen, platzte das Dynamo-Stadion mit 70–90000 Zuschauern aus allen Nähten, und auch in der Provinz wurden die Ligaspiele dieser unmittelbaren Nachkriegszeit von durchschnittlich 45000 Menschen gesehen.

Durch internationale Erfolge wurde die Beliebtheit des Spiels noch gesteigert. Eine wichtige Vorreiterrolle übernahm hier die Mannschaft von Dynamo Moskau, die eine Einladung zu einer Tournee durch Skandinavien und das Vereinigte Königreich angenommen hatte. Für die sowjetischen Fußballfans war Großbritannien immer noch das Mekka der Fußballwelt, und Spiele gegen englische Mannschaften waren so etwas wie ein absoluter Prüfstein. Es gelang den Dynamo-Spielern die erstaunliche Leistung, zweimal unentschieden zu spielen (gegen Glasgow Rangers und Chelsea) und zwei weitere Spiele zu gewinnen (gegen Cardiff 10:1 und gegen Arsenal 4:3). Wie kein Sportereignis zuvor führte Dynamos Tournee der Parteiführung das außenpolitische Potential des Sports vor

Augen. Sowjetische Athleten sollten fortan als Botschafter von »Frieden und Freundschaft« auftreten, ihre Erfolge sollten die Überlegenheit des sowjetischen Gesellschaftssystems belegen. Dieser Aspekt gewann zusätzlich an Bedeutung, als die Partei im Jahr 1949 die politische Linie vorgab, »in nächster Zukunft die Oberhoheit auf der Welt in allen wesentlichen Sportarten zu gewinnen«.[19]

Da die Verbesserung der Trainingsmethoden voraussetzte, daß sowjetische Mannschaften an internationalen Wettbewerben teilnahmen, war die UdSSR bereits 1946 der FIFA beigetreten. Die sowjetischen Fußballfunktionäre konnten jetzt selbständig Termine mit ausländischen Mannschaften absprechen. Allerdings gab es nach wie vor Vorbehalte gegen bestimmte Gegner, und mit Beginn des Kalten Kriegs beschränkte sich der internationale Spielverkehr im wesentlichen auf die Ostblockstaaten.

Die Fußballeuphorie ließ auch deshalb wieder nach, weil in den Jahrzehnten nach dem Zweiten Weltkrieg kaum etwas so wenig geplant werden konnte wie internationale Erfolge des sowjetischen Fußballs. Die sowjetischen Mannschaften inklusive der Nationalmannschaft sahen sich nämlich drei großen Handicaps ausgesetzt: Das erste war der strenge Winter, der eine Terminabsprache mit den westeuropäischen Mannschaften sehr erschwerte: Wenn die Saison in Westeuropa anfing, war sie in der Sowjetunion schon vorbei. Ein zweites Handicap ergab sich aus der Fixierung der staatlichen Sportführung auf die Olympischen Spiele. Aus deren Perspektive war Fußball stets nur eine von mehreren Sportarten, die über den Rang im Medaillenspiegel entschieden, und so war es schwierig, die Ausnahmeathleten gerade für diesen Mannschaftssport zu gewinnen. Dies um so mehr, als die Verdienstmöglichkeiten im Fußball bis in die 80er Jahre hinein eher unterdurchschnittlich waren. Das dritte Handicap bestand darin, daß die sowjetische Nationalmannschaft außerhalb des olympischen Turniers im allgemeinen gegen Profikollegen antreten mußte, und so entfiel für sie der allgemeine Konkurrenzvorteil, dessen sich die sowjetischen Staatsamateure in den Amateurdisziplinen lange Zeit erfreuen konnten.

In den 70er Jahren trat der sowjetische Fußball international wieder stärker in Erscheinung, denn die außerordentlich starke Mannschaft von Dynamo Kiew hatte Erfolge im Europapokal der Pokalsieger und gewann 1975 sogar den Supercup (Europäischer Pokalsieger gegen den Sieger im Europacup der Landesmeister). Da sie auch als Nationalmannschaft eingesetzt wurde, kam es auch auf dieser

Ebene zu manchen Achtungssiegen. Die Mannschaft wurde jedoch durch ihre zahlreichen Einsätze in der sowjetischen Liga, in den europäischen Pokalspielen und in den Ausscheidungsspielen für die Europa- und Weltmeisterschaft überstrapaziert und ließ dann wieder nach. In diesen großen internationalen Turnieren konnten sowjetische Mannschaften keine spektakulären Erfolge erringen.

Für die meisten Spieler, insbesondere diejenigen, die nicht international eingesetzt wurden, war der Halbprofessionalismus auch aus anderen Gründen nicht nur mit Vor-, sondern auch mit Nachteilen verbunden. Neben den üblichen Fouls auf dem Spielfeld wurden sie nämlich mit denen der sogenannten Mäzene (»metsenaty«) konfrontiert. Bei diesen Herren handelte es sich in der Regel um lokale Parteigrößen, Fabrikleiter, Gewerkschaftsfunktionäre, KGB- und Armeegeneräle, die an der Leitung der unterschiedlichen Organisationen beteiligt waren, von denen die einzelnen Mannschaften gefördert wurden. So wie manche Eigentümer von Profimannschaften im Westen nahmen es sich auch diese »Mäzene« heraus, je nach Laune die Trainer zu entlassen, die Mannschaftsaufstellung und die Taktik zu bestimmen, Spieler einzukaufen, die Schiedsrichter zu bestechen und Ergebnisse abzusprechen.

Die Phase der Perestroika 1985–1991

Als Michail Gorbatschow die Sowjetunion zum Westen hin öffnete und die freie Marktwirtschaft zu etablieren versuchte, hatte das auch Folgen für den Fußball. In besonderem Maße wurden diejenigen Klubs in Mitleidenschaft gezogen, die bis dahin großzügig vom Staat unterstützt worden waren, also die der Armee, die nach dem Sieg über das nationalsozialistische Deutschland große Popularität genossen hatten, und die Dynamo-Klubs. Nicht nur, daß ihre Spieler nun nicht mehr länger den Status von Soldaten und Polizisten genossen, sondern zu Zivilisten degradiert wurden, die Klubmanager konnten sich auch ausrechnen, daß die zu erwartende kommerzielle Konkurrenz längerfristig den Erfolg auf dem Spielfeld in Frage stellen würde. Andrerseits war nicht zu erwarten, daß die Zeit noch einmal zurückgedreht werden würde.

Die Diskussion über die Neuorganisation des Massensports Fußball drehte sich vor diesem Hintergrund weniger um die Professionalisierung, die es ja faktisch längst gab und die nur noch der Bestätigung durch die formelle Aufgabe des Amateurstatus bedurfte (was 1988 geschah). Es ging vielmehr um das Ausmaß der Kommerzialisierung. Würden die Sportklubs fortan zu kapitalistischen Unternehmen werden? Und wenn ja: Wer sollte dann die Inszenierung Fußball kontrollieren, wer würde die Gewinne verteilen? Sprach nicht auch vieles dafür, dem Staat Kompetenzen zu belassen?

Die Diskussion war lebhaft, doch sie wurde von der Realität überholt, als der sowjetische Spitzenfußball in der zweiten Hälfte der 80er Jahre in eine tiefe Krise stürzte. Nachdem zu Beginn des Jahrzehnts durchschnittlich 20000 Menschen, also nicht weniger als anderswo in Europa auch, zu Ligaspielen gekommen waren, nachdem die Zuschauerzahlen bis 1987 mit durchschnittlich 27000 noch einmal einen neuen Höchststand erreicht hatten, ging das Publikumsinteresse in der »Nach-Perestroika-Krise« rapide zurück. 1988 sank die durchschnittliche Zuschauerzahl auf 23000, 1989 auf 20000, 1990 auf 16000 und 1991 auf 12000.[20] Viele Klubs gerieten nun in ernste finanzielle Schwierigkeiten.

Eine naheliegende Maßnahme war der Abschluß von Sponsorenverträgen mit ausländischen Firmen. Die 1987 gegründete Agentur Sovintersport, die solche Verträge vermittelte, hatte bald sogar Sponsoren für die Nationalmannschaft gefunden, die nun kommerzielle Werbung auf ihrer Ausrüstung trug. Eine zweite Maßnahme, um der Finanzkrise zu begegnen, war der Verkauf von Spitzenspielern an ausländische Vereine, insbesondere in Europa. Wenn die Stars attraktive Angebote bekamen, konnten die sowjetischen Klubs ohnehin nicht mithalten, und wenn sie gingen, brachte das wenigstens harte Devisen ein. Allerdings wurde durch solche Transfers auch das Problem der zurückgehenden Zuschauerzahlen weiter verschärft – ein klassischer circulus vitiosus.

Nach dem Ende der Sowjetunion steht daher auch der russische Fußball vor einer ungewissen Zukunft. Daß die Nationalmannschaft mit ihren aus Süd- und Westeuropa zurückgeholten Spielern die Qualifikation für die Weltmeisterschaft in den USA 1994 und die Europameisterschaft in England 1996 geschafft hat, kann nicht darüber hinwegtäuschen, daß in Rußland selbst die Zukunft des Fußballs sehr in Frage steht, nicht zuletzt weil mittlerweile die Mafia in diesem Sport Fuß gefaßt hat. Ein Ende der derzeitigen Übergangsperiode – wenn sie sich denn einmal als eine solche erweisen sollte – ist nicht in Sicht.

[1] N. G. Pomyalovsky, Ocherki Bursy, St. Petersburg 1801, S. 102. Es ist interessant festzustellen, daß der abfällige Ruf »na mylo!« (»seift ihn ein«) heutzutage noch manchmal auf einem russischen Fußballplatz zu hören ist: ein Echo der volkstümlichen Wurzeln des Sports.

[2] Der St. Petersburger Kreis der Amateursportler verbreitete eine große Anzahl organisierter Sportarten, darunter Leichtathletik, Eishockey (Bandy) und Skifahren; er war der erste russische Verein, der in die St. Petersburger Fußballiga eintrat (unter dem Namen Sport).

[3] Sport, 6. Oktober 1903, S. 1.

[4] Novoye vremya, 30. September 1908, S. 3.

[5] Novoye vremya, 21. Mai 1910, S. 4.

[6] I. G. Chudinov, Fizicheskaya kultura v gody grazhdanskoi voiny, in: Ocherki po istorii fizicheskoi kultury, Bd. 3, Moskau 1948, S. 73.

[7] R. B. Lockhart, Giants Cast Long Shadows, London 1958, S. 175.

[8] Vgl. V. I. Zholdak, Stranitsy moskovskovo sporta, Moskau 1969, S. 100.

[9] Vgl. Lockhart, Giants, S. 175.

[10] Vgl. N. Y. Kiselev (Hg.), 70 futbolnykh let, Leningrad 1970.

[11] Novoye vremya, 4. Oktober 1910, S. 4.

[12] Novoye vremya, 22. August 1911, S. 4.

[13] Persönliche Mitteilung von Joe Fineberg, mit dem der Autor in den frühen 60er Jahren in Moskau als Übersetzer arbeitete.

[14] Zit. nach A. Yeshchin, Natsionalny vopros v fiskulturnom dvizhenii, Moskau, Leningrad 1938, S. 76.

[15] Dies war die Ära, in der riesige Stadien in der Form von ausgedehnten Amphitheatern konstruiert wurden, u. a. das Kirov-Stadion in Leningrad mit Sitzplätzen für 150000 Zuschauer, das Bagirov-Stadion in Baku mit 80000 Sitzplätzen und das geplante, niemals fertiggestellte Stalin-Izmailovsky-Stadion in Moskau mit 250000 Sitzplätzen.

[16] Vgl. N. Starostin, Futbol skvoz gody, Moskau 1989, S. 128. Nikolai Starostin war erst in der Lage, seine Memoiren zu schreiben und sie veröffentlichen zu lassen, als er beinahe 90 Jahre alt war. Sein jüngerer Bruder Andrei brachte seine Autobiographie (Povest o futbole. Fizkultura i sport, Moskau 1973) 16 Jahre früher heraus, aber es wurde ihm nicht erlaubt, die verlorenen Jahre darin zu erwähnen.

[17] Vgl. Starostin, Futbol, S. 128.

[18] Vgl. R. Edelman, Serious Fun: A History of Spectator Sports in the USSR, Berkeley 1994, S. 294.

[19] S. den Leitartikel in Kultura i zhizn, 11. Januar 1949, S. 1.

[20] Vgl. R. Edelman/J. Riordan, USSR / Russia and the World Cup: Come on you Reds!, in: J. Sugden/A. Tomlinson (Hgg.), Hosts and Champions. Soccer Cultures, National Identities and the USA World Cup, Aldershot 1994, S. 274.

Argentinien

Eduardo P. Archetti

Fußball ist *der* Nationalsport Argentiniens. Die meisten anderen Sportarten, die sich einiger Beliebtheit erfreuen, haben entweder eine eingeschränkte soziale Basis, so zum Beispiel Rugby, oder sind auf Einzelpersonen zugeschnitten, so zum Beispiel Tennis und Autorennen. Fußball hingegen ist eine kollektive Leidenschaft, die die Argentinier unabhängig von sozialer Lage und ethnischer Herkunft erfaßt hat; auch deshalb wurde das Land zu einem wichtigen Faktor im internationalen Fußball. Überdies war und ist das Fußballspiel in Argentinien, mehr noch als anderswo, ein typischer Männersport. Als solcher eröffnete er, ähnlich wie die Grab- und Ehrenmale des Unbekannten Soldaten, einen Schauplatz, wo Männer nationalen Stolz und Enttäuschung gleichermaßen zum Ausdruck bringen können. Die nationalistischen Diskurse im argentinischen Fußball, die sich wesentlich um die Herausbildung einer »nationalen Spielweise« ranken, lassen sich aus dieser Perspektive als Mechanismus interpretieren, durch die Männer ihre kulturelle Macht etablieren.

Im Zentrum dieses Beitrags steht die Frage, wie diese Traditionen, konkret: wie die spezifisch argentinische Spielweise und das damit verbundene Sportverständnis entstanden sind. Diese »Stil«-Fragen haben eine individuelle und eine kollektive Dimension. So sind es im allgemeinen einzelne Spieler, die die Spielweise einer Mannschaft verändern; dennoch sind für die Herausbildung ihrer Individualität auch die Erfolge und Mißerfolge der Mannschaft von Bedeutung. Es gilt daher, das komplizierte Wechselspiel zwischen den individuellen Charaktereigenschaften einzelner Spieler und der Erfolgsgeschichte einzelner Mannschaften zu beschreiben.

Die folgenden Ausführungen gliedern sich chronologisch. In einem ersten Teil werden die Entstehungsjahre des argentinischen Fußballs bis zur Einführung des Professionalismus im Jahr 1931 behandelt; der zweite umfaßt die nachfolgenden Krisenjahre bis zum Debakel der Nationalmannschaft bei der Weltmeisterschaft 1958; und im dritten Teil wird die Konsolidierung Argentiniens als Fußball-Weltmacht dargestellt.

In den letzten Jahrzehnten des 19. und den ersten des 20. Jahrhunderts trat Argentinien auf den Weltmarkt. Das zog gewaltige Immigrantenströme an, und so wurde es zu einem der großen Einwanderungsländer. Zwischen 1890 und 1914 kamen über 4 Millionen Ausländer, und am Ende dieser Periode waren 30 Prozent der Bevölkerung im Ausland geboren. Die Einwohnerzahl der Hauptstadt Buenos Aires, wo sich die Urbanisierung und die damit einhergehenden Veränderungen der Konsumgewohnheiten zuerst abzeichneten und wo sich auch der Fußball zuerst verbreitete, wuchs dramatisch von 286000 im Jahr 1880 auf 1576000 im Jahr 1914; hier waren 1914 sogar knapp die Hälfte aller Einwohner Ausländer. Spanier und Italiener bildeten mit 35 Prozent bzw. 39,5 Prozent die größte Gruppe unter ihnen, während die Briten mit 50000 Immigranten weniger als 5 Prozent ausmachten. 1930, als die Stadt knapp 3 Millionen Einwohner zählte, waren noch immer ein Drittel von ihnen europäische Ausländer.[1]

Die britischen Immigranten brachten Kapital und neue Technologien nach Argentinien. Sie errichteten auch Internate, deren Schüler die modernen Sportdisziplinen ausübten, und Sportklubs, in denen die Berufstätigen ihre Freizeit verbrachten. Bereits 1867, also nur vier Jahre nach der Gründung der englischen Football Association in London, wurde als eine Unterabteilung des Buenos Aires Cricket Club der Buenos Aires Football Club gegründet. Das erste offizielle Fußballspiel fand noch im selben Jahr statt. 1883 wurde Alexander Watson Hutton, der Gründer der Buenos Aires English School, zum ersten Präsidenten einer Argentine Association Football League gewählt, und in Buenos Aires wurde eine erste »nationale« Amateurliga eröffnet. Der Ausschuß des Verbandes setzte sich, wie die Namen belegen, ausschließlich aus Briten zusammen: Gay, Webb, Lamont, Reynolds, Bridges, Morgan, Rudd, Syers und Singleton. Der Verband behielt Englisch als offizielle Verkehrssprache bis 1906 bei, und erst im Jahr 1934 wurde »football« durch das spanische »fútbol« ersetzt. Der Anlaß war die Gründung eines neuen argentinischen Verbandes: Asociación del Fútbol Argentino.[2]

Etwa seit 1895 breitete sich das Fußballspiel im ganzen Land aus. 1910 gab es bereits Vereine und Provinzligen bis hoch nach Santiago del Estero im nördlichen Teil dieses ausgedehnten Staates; Buenos

Aires, Rosario und La Plata blieben jedoch die Hochburgen des neuen Spiels. Darüber hinaus gab es starke Vereine in kleinen Industriestädten in der Umgebung der Hauptstadt, so zum Beispiel in Avellaneda (mit den großen Mannschaften des Racing Club und von Independiente), Lomas de Zamora, Banfield und Lanus. Bereits in dieser frühen Phase des argentinischen Fußballs kam es in der Region des Rio de la Plata-Beckens zu einem regen Austausch zwischen Buenos Aires und Montevideo, der Hauptstadt des Nachbarlandes Uruguay. Dazu hatte der englische Teebaron Sir Thomas Lipton durch die Stiftung eines Pokals beigetragen.

In der nationalen Amateurliga von Buenos Aires dominierten »britische« Vereine. Von 1893–1898 gewann der Lomas Athletic Club sämtliche Titel; seine Spieler waren allesamt Ehemalige der Lomas de Zamora School, einem der renommierten britischen Internate. Im Zeitraum zwischen 1900 und 1911 gewann die Mannschaft der Buenos Aires English School, die sich 1901 in Alumni umbenannte, stets die nationale Meisterschaft. Die großen Spieler in dieser Periode waren die fünf Gebrüder Brown, die bei den glorreichen Alumni spielten, sowie Weiss, Lett, Retcliff, Buchanan, Moore, Mack, Leonard und Watson Hutton. Alle Genannten waren Söhne britischer Familien, aber repräsentierten in Länderspielen gegen Uruguay, Chile und Brasilien die Farben Argentiniens.

Nicht nur das Spiel an sich war ein britischer Export, sondern auch seine Normen und seine Qualität. Bis zum Ersten Weltkrieg gedieh der argentinische Fußball unter dem Einfluß hervorragender englischer Mannschaften, die zu Fußballturnieren nach Buenos Aires reisten. Die Profiteams von Southampton (erster Besuch im Jahr 1904), Nottingham Forest, Everton, Tottenham und Chelsea besuchten Buenos Aires und gelegentlich Rosario, wobei sie sehr erfolgreich waren und alle ihre Spiele gewannen. Die dortigen Vereine, die ihre Wurzeln in den britischen Internaten hatten und deren Spieler britischer Abstammung waren, beherrschten die nationale Liga. Daß sie, die argentinischen Nationalhelden, von den britischen Besuchern geschlagen wurden, trug dazu bei, daß ein Mythos britischer Unbesiegbarkeit entstand. Dennoch bildete sich allmählich eine neue Spielweise heraus, die sich von dem abhob, was als »typisch britischer Stil« galt.[3]

Aufgrund der wachsenden Popularität, die das Fußballspiel in Buenos Aires und anderswo genoß, wurden etwa seit 1900 eine Reihe neuer Fußballklubs gegründet: River Plate im Jahr 1901, Racing 1903, Independiente, Estudiantes de la Plata und Boca Juniors 1905, Huracán und San Lorenzo 1908, Vélez Sarsfield 1910. Die meisten dieser neuen Klubs integrierten sehr schnell Immigranten und deren Söhne, teilweise wurden sie auch von vornherein von Einwanderern gegründet. Die daraus erwachsene Konkurrenz der neuen Teams mit den alten britischen sollte sich als außerordentlich fruchtbar erweisen.

Die Briten waren die »Gründerväter«; sie hatten die Regeln kodifiziert und hingen an der Fair-Play-Idee. Die Mitglieder und Anhänger der neuen Vereine betrachteten »fútbol« hingegen als eine in der Freizeit zu erwerbende Körpertechnik und als wiederkehrende Gelegenheit zur Pflege emotionaler Beziehungen und zur Demonstration von Loyalität und Engagement. Ähnlich wie die Schule und das Militär ermöglichte das Spiel darüber hinaus, die »männliche« Identität zu kultivieren. Es wurde so gewissermaßen zu einem nach innen gerichteten Spiegel, vor dem sich Argentinier als Argentinier darstellten. Unabhängig von sozialer und ethnischer Herkunft erschienen die Fußballer als Repräsentanten nationaler Tugenden – ein Prozeß, der sich ganz ähnlich auch in anderen zunächst von den Briten dominierten Ballspielen beobachten ließ, so im Rugby, Crikket und Polo.

Vor diesem Hintergrund markiert das Jahr 1913, als mit Racing erstmals eine dieser jungen, gemischten Mannschaften die nationale Meisterschaft errang, einen Wendepunkt der argentinischen Fußballgeschichte. Dieser Erfolg wurde als »kreolischer Sieg« empfunden und das siegreiche Team als die »erste große kreolische Mannschaft« bezeichnet (»el primer gran equipo criollo«). »Kreolisch« bezog sich dabei auf das besondere Merkmal dieser Mannschaft, daß sie nämlich nur aus Spielern mit spanischen (kastilischen, galizischen oder baskischen) und italienischen Namen bestand. Doch es fehlten nicht nur die britischen Namen; es gab unter den Spielern auch nicht einen einzigen Studenten oder Absolventen der renommierten britischen Internate. Diese doppelte Emanzipation von den Pionieren führte dazu, daß die »große britische Mannschaft« von Alumni, die sich im Vorjahr aufgelöst hatte, fortan als Symbol einer untergegangenen »britischen Periode« des argentinischen Fußballs galt. Der zeitgenössische Begriff von »Kreolisierung«, der auch im weiteren Verlauf dieses Beitrags zugrundegelegt wird, meint daher die erfolgreiche Aneignung bestimmter Handlungsweisen, die ursprünglich mit einer anders definierten sozialen Gruppe assoziiert worden waren. Daß die Briten und die aus ihren Reihen rekrutierten Mannschaften bis dahin in der argentinischen Liga stets den Meistertitel errungen und in der Nationalmannschaft den Ton angegeben hatten, wurde hingegen nicht als »kreolisch« empfunden. Die Briten waren »rein«, genau wie ihre Spielweise, eben »britisch«.

Die Immigranten und ihre Söhne, die für Racing den Meistertitel gewannen, galten im Kontext der Zeit nicht nur als erfolgreiche Athleten, sondern, so will es die populäre Überlieferung, auch als Schöpfer argentinischer »Ursprünglichkeit«. Das war durchaus zutreffend, da sie als Fußballspieler weder der britischen noch einer einheimischen Tradition zuzurechnen waren: Sie waren keine Briten, und die Briten ihrerseits fanden den Prozeß der »Kreolisierung« befremdlich und hielten sich abseits. Ebensowenig agierten die Spieler als Spanier, Italiener oder Angehörige sonstiger Nationalitäten. Und mit den Gauchos, die mit ihren Pferden durch die Pampa ritten, hatten sie schon gar nichts gemein. Sie waren Städter, lebten in Buenos Aires und repräsentierten etwas Neues, das als »national« empfunden werden konnte.

Welche konkreten Ausprägungen entwickelte nun diese »nationale« Komponente des »fútbol«?

Erstens wurde eine charakteristische Spielweise, ein neuer »Stil« entwickelt, der sich vom britischen Vorbild deutlich unterschied. Der britische Stil zeichnete sich aus durch eine solide Mannschaftsleistung, eine ausgeprägte Moral, lange Pässe, Schnelligkeit, physische Stärke und Verzicht auf individuelles Dribbling; er war, wie die populäre Überlieferung betont, ein »Luft-Stil«. Den »kreolischen Stil«, der euphemistisch auch als »kreolische Gründung« bezeichnet wurde, nennt die populäre Überlieferung hingegen einen »Erd-Stil«. Seine Merkmale waren kurze, präzise Pässe und das Bestreben, den Ball am Boden zu halten; die »kreolische« Spielweise war langsamer als die britische, und sie betonte das kreative Dribbling.[4]

Zweitens war der »kreolische« Fußball deshalb »national«, weil er bestimmte Merkmale seiner in mancher Hinsicht ebenfalls »kreolischen« Umgebung reproduzierte: die Unterschiedlichkeit der Landschaften, den Austausch mit den Ureinwohnern, die bunte Küche. All das war weder italienisch noch spanisch, sondern eine Mischung. »Stilreinheit« war hier nicht nur nicht möglich, sondern auch nicht erwünscht. Bezeichnenderweise galt der spanische Stil im Fußball als »ziemlich primitiv«, der italienische hingegen als »zu technizistisch« und daher »nicht kreativ genug«.

Der Sieg des Racing Club im Jahr 1913 fiel in die Zeit der demokratischen Öffnung Argentiniens, als das Wahlrecht erteilt und den Einwanderern politische Rechte gegeben wurden; die treibende Kraft war die Radikale Partei, die bei den Nationalwahlen des Jahres 1916 den Sieg davontrug und sich bis 1930 an der Macht halten sollte. Der »kreolische« Fußball wurde in diesem politischen Klima als eine genuin argentinische Tradition überhöht, und die Sportjournalisten betonten den unverzichtbaren Beitrag der Immigranten zur Herausbildung eines nationalen Stils und einer nationalen Identität. In den 1920er Jahren wurde diese Identifizierung, die zunächst auf lokaler Ebene erfolgt war, durch die internationalen Erfolge argentinischer Vereine und der Nationalmannschaft noch einmal bekräftigt.

Von Europa aus betrachtet, begann diese internationale Erfolgsserie mit der Finalteilnahme der argentinischen Nationalmannschaft bei den Olympischen Spielen 1928 in Amsterdam. Die argentinische Überlieferung datiert den Beginn hingegen bereits auf das Jahr 1925, als Boca Juniors eine Europatournee unternahm. Die Art, wie Boca spielte, die eleganten und leichtfüßigen Bewegungen der Spieler, die absolute Ballbeherrschung, die Geschicklichkeit beim Dribbeln, dieser spektakuläre und artistische Stil, der schon beinahe als zirkusreif empfunden wurde, ließ die Europäer staunen. Überdies demonstrierten die Argentinier, daß es möglich war, mit geringer körperlicher Anstrengung und Kraft zu spielen und damit auch noch zu gewinnen. Im Gegensatz zum europäischen »Kick-and-Rush«-Fußball zeichnete sich ihr Stil durch zwei Merkmale aus: den permanenten Tempowechsel und die Fähigkeit, den Ball auch dann noch unter Kontrolle zu halten, wenn es erforderlich wurde zurückzuspielen. Was das Spiel an Intensität und Flüssigkeit verlor, gewann es an Präzision.[5]

Am olympischen Fußballturnier 1924 in Paris, das mit einem Sieg Uruguays endete, hatte die argentinische Nationalmannschaft noch nicht teilgenommen. Nach dem Erfolg des südamerikanischen Nachbarlandes entschied sich der Amateur-Fußballverband jedoch, eine Mannschaft zu den nächsten Spielen in Amsterdam 1928 zu schicken. Uruguay und Argentinien erwiesen sich in den Vorrundenspielen als die überlegenen Mannschaften und erreichten unangefochten das Finale. Es endete 1:1 unentschieden, so daß ein

Wiederholungsspiel erforderlich wurde; dies konnte Uruguay mit 2:1 für sich entscheiden. Die erste Weltmeisterschaft, die 1930 in Uruguay ausgetragen wurde, führte zu einem ähnlichen Ergebnis: Uruguay und Argentinien erreichten unangefochten das Finale, und am Ende war Uruguay siegreich (diesmal mit 4:2 Toren).

Die Wahrnehmung dieser Erfolge in Argentinien war ambivalent. Einerseits wurde der Mythos des großzügigen »kreolischen« Stils abermals bestärkt. Andrerseits wurde die Vorstellung einer einheitlichen Fußballregion im Rio de la Plata-Becken aufgegeben. Die Uruguayer wurden nun als rohe, beinahe bösartige Spieler betrachtet. Der (uruguayisch-indianischen) »Charruan-Umklammerung« wurde die (nicht-indianische) »aristokratische Eleganz« der Argentinier gegenübergestellt. Diese im Weltmeisterschaftsfinale 1930 entstandene Rollenverteilung hat der italienische Historiker Brera folgendermaßen beschrieben:

»Argentinien spielt Fußball voller Phantasie und Eleganz, aber die technische Überlegenheit kann die Defizite der Taktik nicht ausgleichen. Wenn wir die beiden Nationalmannschaften des Rio de la Plata miteinander vergleichen, dann sind die uruguayischen Spieler die Ameisen und die argentinischen Spieler die Grillen.«[6]

Die Metapher von den Ameisen und den Grillen entsprach dem allgemeinen Tenor in der zeitgenössischen Publizistik. So wollten die Argentinier die Niederlagen verstanden wissen, und so sahen sie sie auch selber. Die beiden Siege Uruguays gingen daher zwar in die Fußballstatistik ein; in der populären Überlieferung behauptete sich jedoch der Mythos argentinischer Überlegenheit.[7]

Die Grenzen zwischen Mythos und realer Geschichte verwischten vollends, als die gewandteste »Grille«, der Linksaußen Raimundo »Comet« Orsi, nach dem Weltmeisterschaftsfinale von den Italienern »eingekauft« wurde. Juventus Turin offerierte ihm das, was zu jener Zeit als lukrativer Vertrag galt: 8000 Lire im Monat, ein schönes Haus und einen Wagen mit Chauffeur. Die Argentinier empfanden diesen Handel einerseits als Anerkennung ihrer spielerischen Qualität, andererseits als einen die nationale Würde verletzenden Frevel: Helden waren nicht verkäuflich. Es sollte sich denn auch noch ein ganzes Jahr hinziehen, bis Orsi Argentinien verlassen konnte.

Seine Emigration stand am Beginn eines permanenten Exodus von Spielern des Rio de la Plata (und von brasilianischen Spielern) in die italienischen Fußballigen.[8] Durch diese Internationalisierung des Spielermarktes wurde die südamerikanische »Peripherie« in die europäische Fußballwelt einbezogen – mit nachhaltigen Folgen für den argentinischen Fußball: Nicht zuletzt um die Abwanderung der großen Stars aufzuhalten, wurde im Jahr 1931 in den Ligen um Buenos Aires der Berufsfußball eingeführt.

1931–1958: Professionalisierung und Isolation

Dieser Schritt war zugleich ein Versuch, eine von vielen Vereinen als unglücklich empfundene verbandspolitische Entscheidung rückgängig zu machen, die 1926 auf Initiative des demokratisch gewählten Staatspräsidenten Marcelo T. de Alvear zustandegekommen war. Damals hatten sich die Offiziellen der beiden Fußballverbände Asociaciòn Amateur Argentina de Football und Liga Argentina de Football, deren Mitgliedsvereine hinsichtlich ihrer Sozialstruktur und Finanzkraft große Unterschiede aufwiesen, überreden lassen, gemeinsame Spielrunden auszutragen. Da Fußball »die Leidenschaft der Eliten und der Massen gleichermaßen« sei, sollten sich ihre Klubs gegenseitig befruchten, so die Überlegung, auch im Hinblick auf die angestrebten internationalen Erfolge. Die Zulassung des Berufsfußballs führte nun zu einer erneuten Ausdifferenzierung. Im Jahr 1934 bildeten die »großen Fünf« (Boca Juniors, River Plate, Independiente, Racing und San Lorenzo de Almagro) einen Professionalverband, die noch heute bestehende Asociaciòn de Fútbol Argentino, die nur finanzstarke Mitglieder akzeptierte.

Die Verselbständigung war erfolgreich: Die Mitgliedschaft der fünf großen Klubs wuchs explosionsartig an – von 51 482 im Jahr 1931 auf 105 601 im Jahr 1936; sie konnten daher auch ihr Kapital vermehren, ihre Freizeit- und Trainingsangebote erweitern und große Stadien bauen. Zwischen 1931 und 1966 gewannen diese Fünf alle Meistertitel.[9] Zusammen mit den anderen Klubs, die sie in die Liga aufnahmen, bilden sie seitdem eine gesellschaftliche und gesellschaftspolitische Institution. Denn ihre Mitglieder, die unterschiedliche soziale und ethnische Gruppen sowie beide Geschlechter umfaßt, repräsentieren ganze Stadtviertel der Hauptstadt Buenos Aires, die 1930 bereits 5 Millionen Einwohner zählte. Die Konsolidierung dieser fünf großen Fußballklubs, deren »Boards of Directors« alle zwei Jahre neu gewählt wurden, eröffnete daher einen wichtigen Raum demokratischer Mitbestimmung und bürgerlicher

Öffentlichkeit in Argentinien. Auch in jenen Phasen der argentinischen Geschichte, in denen ein Militärregime herrschte (1930–45, 1955–58, 1966–74, 1976–82), wurde diese Praxis nicht unterbrochen.

Zu Hause war der argentinische Fußball also in jeder Hinsicht etabliert. Seine Fremdwahrnehmung war jedoch nicht minder respektvoll, und das lag an der Spielweise. Die argentinischen Mannschaften der 30er Jahre ließen stets viel Raum zwischen Verteidigern und Angriffsspielern. Die Stürmer hatten nicht nur ausreichend Bewegungsfreiheit, sondern auch Zeit zu überlegen, wohin sie den Ball abgeben wollten. Das begünstigte das Angriffsspiel, zumal die Verteidiger im allgemeinen weder kooperierten, mithin den Strafraum nicht »zumachten«, noch Mann gegen Mann spielten. Aufgrund dieser Sturmstärke kauften die Italiener, die sich auch in den 1930er Jahren für argentinische Spieler interessierten, vorzugsweise Halbstürmer, Flügelstürmer und Mittelstürmer. Die einzige Ausnahme von dieser Regel war der Starspieler Luis Monti, Stopper der besiegten Nationalelf von 1930, der 1931 zu Juventus Turin wechselte. Diese Wechsel leiteten auf dem internationalen Spielermarkt eine Konjunktur für offensive Angreifer und Ballkünstler aus Lateinamerika ein, und das Bild des kunstvollen und technisch versierten argentinischen Fußballs wurde neu gefestigt.

Doch nicht nur die Europäer, auch die Argentinier selber ließen um diese Ausnahmespieler Mythen ranken. Das entscheidende Ereignis war der Gewinn des Weltmeistertitels durch die Italiener im Jahr 1934. An diesem Sieg waren vier ehemalige Nationalspieler Argentiniens beteiligt, die aufgrund ihrer Abstammung auch für Italien spielen konnten: Luis Monti sowie die brillanten Stürmer Demaria, Guaita und Orsi. In Argentinien galt es als ausgemachte Tatsache, daß die athletische Kraft der Italiener durch das Talent der argentinischen Spieler genährt worden sei, und so wurde der italienische Sieg auch als ein argentinischer betrachtet. Dies auch zur Kompensation dessen, daß Argentinien selber an dieser Weltmeisterschaft nur mit einer drittklassigen Amateurauswahl teilgenommen hatte. Die Fußballfunktionäre wollten damit gegen die reichen italienischen Vereine und die FIFA protestieren, die es zuließen, daß argentinische »Fahnenflüchtige« für ein anderes Land spielen konnten. Da ihr Protest nichts bewirkte, beschlossen sie nach dem Turnier in Italien, überhaupt nicht mehr an Weltmeisterschaften teilzunehmen.

Diese freiwillige Isolation wurde durch den Spanischen Bürgerkrieg und den Zweiten Weltkrieg, die einen weiteren Exodus argentinischer Spieler verhinderten, noch verstärkt. Bis Mitte der 50er Jahre spielten die argentinische Nationalelf und auch die meisten Vereinsmannschaften nur in Südamerika. Das tat der Fußballbegeisterung zu Hause jedoch keinen Abbruch, zumal Argentinien in den Jahren 1945–47 die Südamerikanische Meisterschaft gewinnen konnte. Der alte Mythos argentinischer Unbesiegbarkeit nahm daher nach einem weiteren Erfolg, einer legendär gewordenen Europatournee von San Lorenzo de Almagro im Jahr 1946, erneut Gestalt an.

Diese große Mannschaft besaß ein »kleines Kammerorchester« im Angriff, das sich aus einer »Violine« (Ferro), einer »Bratsche« (Pontoni) und einem »Cello« (Martino) zusammensetzte.[10] Am 15. Januar 1947 besiegte sie die spanische Nationalmannschaft in Madrid mit 6 :1 Toren. An diese Tournee, die auch einige Spiele im Baskenland und in Portugal einschloß, erinnert man sich in Spanien noch heute. Das Team von San Lorenzo de Almagro wurde als revolutionär empfunden, da es, anstatt auf Tempo zu spielen, den leeren Raum suchte, wobei der Ball von der Mannschaft so lange gehalten wurde, bis sich eine Gelegenheit zum Angriff ergab.[11]

Da es bis dahin so gut wie keinen neuen Kontakt mit europäischen Mannschaften gegeben hatte, entwickelten die Argentinier in ihrer Isolation die Vorstellung, den besten Fußball der Welt zu spielen. Dieser Glaube wurde durch die Erfolge in den südamerikanischen Wettbewerben noch bestärkt. Zudem wurde die nationale Liga zwischen 1941 und 1947 von der berühmten Mannschaft La maquina (die Maschine) von River Plate beherrscht, die ungeschlagen blieb und daher die Erinnerung an das »goldene Zeitalter« des schönen, eleganten und dennoch überlegenen Spiels wachhielt. Jeder argentinische Fußballfan wird sich an die Namen der fünf Spieler im Angriff erinnern: Munoz, Moreno, Pedernera, Labruna und Loustau.

River Plate verlor die meisten dieser Spieler nach einem Streik im Jahr 1948, als sie auf der Suche nach besseren Gehältern Argentinien verließen und nach Kolumbien gingen. Unter den Auswanderern war auch ein Spieler, der bis dahin noch keinen Stammplatz in der ersten Mannschaft gehabt hatte: Alfredo Di Stéfano, »der blonde Pfeil«.

Daß dieser Spieler in den 50er Jahren zum Star von Real Madrid avancierte, war ein Grund, warum der Mythos argentinischer Überlegenheit abermals Nahrung bekam. Ein zweiter ergab sich daraus, daß Di Stéfano, solange er für River Plate gespielt hatte, niemals besonders hervorgetreten und von den anderen Stars klar in den Schatten gestellt worden war. Als er in Europa schließlich zum besten Spieler der Welt erklärt wurde, lag für die Argentinier die hypothetische Frage nahe: Wenn ein solcher zweitklassiger Fußballer sich so profilieren konnte, wie hätten erst ein Moreno, ein Pedernera oder ein Labruna aufspielen können?

Die Argentinier glaubten also weiterhin an die Überlegenheit ihres Fußballs, und bei der Südamerikanischen Meisterschaft von 1957 fanden sie Bestätigung. Ihre Mannschaft gewann gegen Peru mit Leichtigkeit und schlug Brasilien im Finale mit 3:1. Die argentinische Nationalmannschaft schien nun ebenso gut wie seinerzeit das »kleine Kammerorchester«, und die neuen Stars Maschio (20 Jahre), Angelillo (17) und Sivori (19) wurden ebenso liebevoll benannt wie die alten: »los ángeles con las caias sucias« (die Engel mit den schmutzigen Gesichtern). Nach ihrem großen Erfolg wurden sie alle von italienischen Vereinen aufgekauft: Maschio von Bologna, Angelillo von Inter Mailand und Sivori von Juventus Turin. Alle wurden große Spieler (Sivori auch ein Spielermythos), und aufgrund ihrer italienischen Vorfahren konnten sie auch in den verschiedenen italienischen Nationalmannschaften der 60er Jahre spielen. So wie schon einmal in den 30er Jahren empfanden die argentinischen Fans Stolz und Demütigung zugleich. Stolz auf den Erfolg ihrer Spieler, Demütigung, weil junge Leute in den besten Jahren ein besseres Leben in Europa vorzogen. Nach der Wiederherstellung des internationalen Spielermarktes nach dem Zweiten Weltkrieg fand sich der argentinische Fußball in der alten undankbaren Rolle wieder, die reichen europäischen Mannschaften mit seinen Talenten zu beliefern.

Um es der Welt endlich zu zeigen, entschloß sich der argentinische Fußballverband schließlich im Jahr 1958 zur Beendigung seiner selbstgewählten Isolation und entsandte eine Mannschaft nach Stockholm zur Weltmeisterschaft. Dieses als »Begegnung mit der Geschichte« hochgespielte Turnier wurde jedoch zu einer tragischen und traumatischen Erfahrung, die in ihren Auswirkungen allenfalls mit der nationalen Frustration Brasiliens nach der Niederlage im Weltmeisterschaftsfinale 1950 im Maracana-Stadion von Rio vergleichbar ist. Die Demütigung durch eine 6:1-Niederlage gegen die Tschechoslowakei versetzte dem ganzen Land einen Schock und machte aus den heldenhaften Stars der Nationalelf umgehend einen Haufen von »Verrätern«. Man hatte an die Geschichte anknüpfen wollen und dazu auf den typischen argentinischen Stil – langsames Tempo, ausgefeilte Technik – gesetzt. Als Garant der Kontinuität war sogar ein »Überlebender« der großen »maquina« von River Plate, der mittlerweile fast vierzigjährige Spieler Labruna, aufgestellt worden. Doch auch er konnte die Geschichte nicht zurückdrehen.

Entschuldigungen waren schnell bei der Hand. Trainer Guillermo Stábile, der argentinische Torschützenkönig bei der ruhmreichen Weltmeisterschaft von 1930 und später Profi in Italien und Frankreich, sprach das aus, was viele dachten: Den Argentiniern hätten die »Engel mit den schmutzigen Gesichtern« gefehlt, die »von unseren bösen Brüdern in Italien geraubt« worden seien: »Der beste Mittelstürmer der Welt spielt für Mailand, und sein Name ist Angelillo.«[12] Das war, wie der italienische Fußballhistoriker Brera zu Recht schreibt, eine »masochistische Art der Überheblichkeit«; die Argentinier hätten es ganz offensichtlich versäumt, »ein System einzustudieren, das ihrem Können angemessen gewesen wäre«.[13] Auch ein Teil der argentinischen Presse sah die Niederlage nicht so wie die Trainer. Die Journalisten zogen vielmehr Parallelen zwischen dem Niedergang des argentinischen Fußballs und dem der nationalen Wirtschaft seit etwa 1955. Ein Wachstumsmodell, das auf Autarkie gesetzt und daher den Weltmarkt außer acht gelassen habe, sei in die Krise gestürzt und gescheitert; man müsse die Vorstellung vom unbesiegbaren »kreolischen Stil« aufgeben und dem argentinischen Fußball neue Impulse aus Europa und Brasilien, dem Land des Weltmeisters, vermitteln. Von den europäischen Mannschaften seien die physische Stärke, von der brasilianischen das berühmte 4-2-4-System zu übernehmen.

Die argentinischen Klubs als die großen Spielerexporteure kauften nun erstmals Verteidiger ein. Zu Beginn der 60er Jahre kamen die großen brasilianischen Stars Orlando und Dini und lehrten ihre argentinischen Kollegen, mit vier Verteidigern und auf Raumdekkung zu spielen.

Die folgenden zwanzig Jahre bis zum Triumph bei der Weltmeisterschaft 1978 wurden für den argentinischen Fußball zu einer Durststrecke. Die Nationalhelden, die Erfolge verbuchten, spielten in Spanien (Di Stéfano) und in Italien (Sivori), so daß Real Madrid und Juventus Turin von vielen als argentinische Nationalmannschaften betrachtet wurden. Im Fall von Real Madrid war das besonders naheliegend, weil neben Di Stéfano auch noch zwei weitere Argentinier in der Mannschaft spielten: Dominguez und Rial. Als beredter Ausdruck der Krise des nationalen Selbstbewußtseins, die sich hinter dieser Sympathie für europäische Mannschaften verbarg, wurde Di Stéfano zum »typischen« argentinischen Spieler erhoben. Der spätere Nationaltrainer César Luis Menotti schreibt dazu in seinen Memoiren:

»Ich unterstütze die These, wonach Argentinien auf internationaler Ebene einen Stil besaß, der immer von großen talentierten Spielern abhängig war. Es gab vielerlei Gründe, warum wir das auf Vereinsebene nie geschafft haben … Aber es ist ein phantastisches Gefühl, zu sehen, daß es Di Stéfano war, der Europa zeigte, daß es noch einen anderen Stil gab, eine andere Art, Fußball zu spielen. Als er auswanderte, hatte Di Stéfano ein großes Vermächtnis in seinem Koffer, das Vermächtnis der maquina von River Plate … Er fügte sein Temperament und seine Dynamik hinzu, aber man sollte wissen, daß er nicht nur aufgrund dieser Eigenschaften gewann … Er besaß das große Vermögen, seinen Stil auf andere zu übertragen.«[14]

Für viele Argentinier, noch mehr aber für viele Europäer repräsentierte Di Stéfano in der Tat die Synthese zweier Stile, des argentinischen und des europäischen, und damit einen neuen Spielertypus. Nicht zuletzt deshalb wurde er 1990 zum »besten europäischen Spieler aller Zeiten« erklärt. Die Zeitung ›El Pais‹ schrieb dazu:

»(In Paris) … wählten Journalisten aus allen Ländern und Spieler unterschiedlicher Nationalität Di Stéfano zum besten europäischen Spieler aller Zeiten … Der so Geehrte, ein Mann mit einem drohenden Blick, Abkömmling von Immigranten dreier Stämme und aufgewachsen in den Sumpfgebieten des Rio de la Plata, lieferte den Beweis, daß Fußball eine Emotion ist, die über die Nationen hinweggeht, und eine mehrschichtige Kraft, in der Können und Persönlichkeit koexistieren können. Im Geist dieses alten blonden Gaucho … sind die Musen und die Dämonen machtvoll vereint. Aus dieser

Verbindung erwuchs ein gemischter Stil. Einer kalten nordischen Eingebung fügte er eine verfeinerte südliche Arglist hinzu.«[15]

Nach dem Debakel von Stockholm erschien es erforderlich, dem argentinischen Fußball physische Stärke und taktische Disziplin einzuimpfen. Für diese »Europäische Revolution« stand in den 60er Jahren der Nationaltrainer Juan Carlos Lorenzo.

Er hatte eine aktive Laufbahn als Spieler in Italien (Sampdoria Genua), Frankreich (Nancy) und Spanien (Atletico Madrid und Rayo Vallecano) hinter sich, erfolgreich als Trainer in Spanien und Italien gearbeitet und wurde nun im Hinblick auf die Weltmeisterschaften 1962 und 1966 für die argentinische Nationalmannschaft verantwortlich. Er sprach sich vehement gegen den »typisch argentinischen Stil« aus, den er als zu langsam empfand, bei dem er Abwehrdisziplin vermißte und für dessen Verspieltheit er nichts übrig hatte. Dieser Stil sei ein »anachronistischer Traditionalismus, der zur Stagnation führt«. Eine solche Spielauffassung bringe zwar exzellente Balljongleure hervor, aber keine reifen Fußballer.[16] Um Abhilfe zu schaffen, versuchte er, den Spielern eine Kombination von Schnelligkeit und taktischer Disziplin zu vermitteln. Sein Vorbild war die deutsche Weltmeister-Mannschaft von 1954. Sie hatte in der Vorrunde gegen Ungarn verloren und im Finale dann Ungarn geschlagen. Lorenzo behauptete, es sei den Deutschen klar gewesen, daß »Kunst« mit physischer Kraft zerstört werden könne, und dies hätten sie beherzigt. »Deutschland gewann aufgrund seines physischen Vermögens, seines Opfermutes ... und einer strengen taktischen Disziplin.«[17] Auch der brasilianische Weltmeistertitel von 1958 sei nur aufgrund taktischer Disziplin in der Abwehr gewonnen worden. Seine Philosophie brachte Lorenzo auf die Formel: »Bislang haben wir Fußball gespielt, jetzt rennen wir Fußball.«[18]

Heute ist es nachvollziehbar, warum Lorenzo im argentinischen Fußball der 60er Jahre als Revolutionär angesehen wurde. Er war eine charismatische Persönlichkeit von nationalem Rang und konnte sich lange Zeit der Unterstützung des argentinischen Fußballverbandes sicher sein. Allerdings hatte er als Trainer nur mäßigen Erfolg – Argentinien schnitt bei den Weltmeisterschaften 1962 und 1966 relativ schlecht ab. Seine Leistung war die Infragestellung des traditionellen Stils. Die Mannschaften, die er trainierte, repräsentierten den krisenhaften Übergang vom Alten zum Neuen. Zwar wurde das langsame Tempo des »kreolischen Stils« aufgegeben, aber die empfohlene »taktische Disziplin« ließ zu wünschen übrig, und seine Aufforderung, schneller zu laufen, wurde oftmals dahingehend interpretiert, den Gegner härter und rücksichtsloser anzugreifen. Noch heute erinnert man sich an das Bild des argentinischen Mannschaftskapitäns Rattin, der, nachdem er bei der Weltmeisterschaft 1966 im Viertelfinale gegen England vom Platz gestellt worden war, langsam auf dem königlichen roten Teppich dahinschritt und die englischen Fans provozierte. Nach dem Spiel bezeichnete der englische Trainer Sir Alf Ramsey die argentinischen Spieler als »Tiere, einfach nur Tiere«.

Die argentinische Nationalmannschaft hatte 1966 ein demokratisches Land verlassen und kam in eine Militärdiktatur zurück. Während ihres Aufenthalts in Europa hatte General Juan Carlos Onganía den demokratisch gewählten Präsidenten Humberto Illía gestürzt. Er mischte sich überraschend auch in die Belange des Fußballverbandes ein, denn seine Regierung betrachtete Sport als Arena symbolischer Politik. In diesem Rahmen definierte Onganía das Verhalten der FIFA, Sir Alf Ramseys und des englischen Publikums in Wembley als »anti-argentinisch« und bereitete den »heroischen« Spielern einen herzlichen Empfang. Die Kontrolle über den Fußballverband erschien ihm als geeignetes Mittel, um Einfluß auf die Klubs zu bekommen und so das Vertrauen der Öffentlichkeit zu gewinnen.

Dieses Ziel wurde nicht erreicht. Sobald die Sprecher der Fußballstadien die Anwesenheit von Onganía (und später von General Videla) mitteilten, reagierten die Zuschauer mit Pfeifkonzerten oder sangen politische Lieder. Die Generäle unterließen daher bald jeden Versuch, die Klubs zu beeinflussen, obwohl einige von ihnen in diesen Jahren ihre Steuern nicht bezahlten und riesige Schuldenberge anhäuften. 1974 konnte der Fußballverband schließlich zu seinen demokratischen Strukturen zurückkehren; die neue Führungsriege wurde von den Delegierten der Profiklubs gewählt.

Ebenso wie bei den Final- bzw. Halbfinalspielen der Nationalmannschaft gegen England, Schottland und Italien bei den Weltmeisterschaften 1962 und 1966 zeichnete sich in dieser Zeit auch der argentinische Vereinsfußball durch ein hohes Maß an Gewalt aus. Fußball wurde Krieg. Für diese Tendenz stand nicht zuletzt die aufstrebende und erfolgreiche Mannschaft von Estudiantes de la Plata, zu der Carlos Bilardo gehörte. Sie galt als eine der »härtesten« in der argentinischen Fußballgeschichte und ihr Trainer Zubeldía als Personifizierung skrupellosen Erfolgsstrebens und taktischer Spekulation. Die Anhänger des »kreolischen Stils« erkannten in Estudiantes de la Plata wie auch im Nationaltrainer Lorenzo daher die Zerstörer eines klassischen Stils, der Raum für Großmut, Spielvermögen, künstlerische Intuition, Schönheit und Individualismus gelassen hatte. Wenn sie in diesem Zusammenhang die Erfolge der großen europäischen Mannschaften auf eben diese Eigenschaften zurückführten, richtete sich das jedoch gleichermaßen gegen die Entwicklung in Europa. Die 60er Jahre waren dort die Zeit des »Catenaccio«, einer defensiven Mauertechnik, für die Inter Mailand mit seinem Trainer Helenio Herrera stand. Die von Lorenzo, Zubeldía und Herrera repräsentierte Schule, mit der in Argentinien viele Geiz, Kraft, Arbeit, Langeweile und kollektive Disziplin assoziierten, war die eigentliche Stoßrichtung hinter der neuerlichen Glorifizierung des traditionellen Stils.

In dieser Kontroverse über die Modernisierung des argentinischen Fußballs fand eine reale Krise ihren Ausdruck. Weder mit der traditionellen noch mit der modernen Spielweise war es gelungen, den Weltmeistertitel zu erringen, und das wurde angesichts dessen, daß das Land angeblich die besten Spieler der Welt hervorbrachte, eine Quelle nationaler Frustration. Indem Lorenzo und Zubeldía vor diesem Hintergrund die »europäische Spielweise« verfochten, spalteten sie die argentinischen Fußballfans in zwei Lager, die Anhänger des »kreolischen« und des »modernen« Stils. Eine Gelegenheit, diese Entwicklung zu korrigieren, bot die Weltmeisterschaft 1978 im eigenen Land, als es endlich gelang, den alten Mythos von den Argentiniern als den besten Fußballern überhaupt auf eine reale Grundlage zu stellen.

Vater des Sieges war César Luis Menotti. Er war nach dem abermaligen Fehlschlag bei der vorangehenden Weltmeisterschaft in Deutschland 1974 zum Trainer der Nationalmannschaft ernannt worden. Als Spieler war Menotti ein talentierter linker Halbstürmer gewesen: langsam, hoch gewachsen, technisch versiert, mit viel Übersicht, ein großer Torschütze. Man kannte ihn jedoch auch als einen eloquenten Sympathisanten linksradikaler Ideen, der seit seiner kurzen Studentenzeit Kontakte zum entsprechenden Milieu an den Universitäten pflegte. Zwischen Menotti und den Vorstellungen der Generäle lagen Welten.

Diese politische Haltung war nicht unwichtig bei der Verarbeitung des Triumphes. Während der Weltmeistertitel für viele argentinische Fußballanhänger die Erfüllung eines alten Traums bedeutete, mit dem ganz konkrete Inhalte verbunden wurden, erkannte die Junta darin nämlich einen Beleg für die vorzügliche »Rasse« der Bevölkerung und die Existenz eines nationalen Zusammengehörigkeitsgefühls, das auch gegen Feinde mobilisiert werden könne. Menotti bemühte sich daraufhin, den Erfolg unter Ausklammerung der aktuellen politischen Situation zu erklären, indem er Kategorien und Begriffe aus der Fußballgeschichte heranzog. Seine Philosophie war einfach: In Gesellschaft und Politik herrschten Scheinheiligkeit und Ränkespiele vor; Fußball hingegen verkörpere Großmut, Kreativität und Anstand als ein Gegengewicht; hier könnten sich bleibende sittliche Werte entfalten. 1986 schrieb er rückblikkend:

»Viele Menschen kreideten es mir an, daß ich während der Diktatur [National-]Mannschaften trainiert habe, also in einer Zeit, als Argentinien Regierungen besaß, mit denen ich nichts gemein hatte; sie stellten darüber hinaus sogar meine Art zu leben in Frage ... Es war uns jedoch klar, und wir erfuhren es auch immer wieder, daß wir für das Volk spielten. Ein Volk, daß zu dieser Zeit in Argentinien einen gemeinsamen Ausgangspunkt brauchte, um etwas Neues zu unternehmen ... Wir versuchten, so gut wie möglich zu spielen, weil wir uns der Wichtigkeit unserer Aufgabe, das Spektakel des Fußballs dem Volk zurückzugeben, vollauf bewußt waren. Dies sollte möglichst durch einen Sieg, in jedem Fall aber durch ehrlichen Fußball gelingen, an dem man sich erfreuen konnte.«[19]

Menotti betrieb einen unverhüllten Kult des »kreolischen Spiels«, das nun »la nuestra« genannt wurde, und mit Hilfe seiner Ausnahmespieler gelang es ihm in der Tat, diese Art Fußball zu rehabilitieren. In dem von ihm geprägten Diskurs waren Argentinier wie Lorenzo, Zubeldía und später Bilardo die »wirklichen Feinde«, die diese Tradition »verunreinigt« hatten. Jedoch sollte der ideale Stil nicht nur »rein«, sondern auch einzigartig sein: durch seine Traditionen, großen Mannschaften und großen Spielerfiguren, durch die auch die Wertschätzung anderer hervorgerufen werde. In diesem Sinn appellierte auch Menotti an das nationale Zusammengehörigkeitsgefühl. Immer wieder sprach er davon, daß seine beiden Weltmeisterteams, die Nationalmannschaft von 1978 und die Junioren-Nationalmannschaft von 1979, aus einer Vielzahl guter Einzelspieler wie Kempes, Ardiles, Bertoni, Passarella, Díaz, Tarantini, Maradona, Barbas und Fillol zusammengesetzt gewesen seien, die aufgrund dieser individuellen Qualitäten auch im europäischen Fußball große Erfolge erringen könnten. Bei der Weltmeisterschaft in Spanien 1982 schied Menottis Team allerdings nach Niederlagen gegen Italien und Brasilien schon in der zweiten Runde aus.

Das Jahr 1983 stellte mit der Ernennung von Bilardo, dem Schüler von Zubeldía, zum Trainer der Nationalmannschaft den Beginn einer weiteren Epoche dar. Es wurde nun deutlich, daß in Argentinien zwei Traditionen existierten, denn Bilardo verkörperte zu jener Zeit einen Fußballstil, der auf physische Kraft und extreme Disziplin baute. Seit 1979 wurde der argentinische Fußball jedoch zugleich von der Kreativität und Genialität des Diego Armando Maradona geprägt. Bilardos Mannschaft gewann die Weltmeisterschaft 1986 in einem heldenhaften Finale gegen Deutschland. Welche dieser Traditionen setzte sich nun in der mythischen Welt des Fußballs durch?

Die Medien idealisierten Maradona, den Mann, der in Mexiko »alleine gewann«. Er sei »ein Held«, »der Schöpfer des Glücks«, »der furchtlose Räuber«, »der Allgegenwärtige«, »stark wie ein Bulle«, »schnell wie eine Rakete«, »der Star des Jahrhunderts«, »in seinem Blut werden die Mediziner kein Blut finden, sondern Raketentreibstoff«, »er passiert die engen Räume, als sei er Luft« – durch solche Glorifizierungen zerstörten die Medien das Image der Mannschaft mit dem neuen Stil.[20] Wie schon in der Vergangenheit war der Stil allein Sache eines Mannes, einer einsamen Persönlichkeit wie Orsi, Di Stéfano, Sivori oder eben Maradona. Diese großen Helden, die Fußball »zur höchsten Vollendung« brachten und damit das Spiel gewissermaßen »zu einer musikalischen Komposition erhöhten«, konnten nur als Individuen vereinnahmt werden und erwiesen sich als ungeeignet, große nationale Gefühle unter den Zuschauern zu erwecken.[21] Dies zum einen, weil sie im Kontext der Weltmeisterschaft zum Allgemeinbesitz einer globalen Weltkultur wurden; zum anderen weil sie als historische Zufälle, als Schöpfungen einer willkürlichen Natur galten. So gesehen, stand Maradona in keiner Tradition und war keinem nationalen Stil verbunden. Er war vielmehr er selbst, und für einen solchen Einzigartigen ist die Nationalität Nebensache. Nach Mexiko wurde behauptet, daß jede Mannschaft mit Maradona in ihren Reihen gewonnen hätte.

Auch Maradona selbst empfand sich nicht als Repräsentant einer nationalen Tradition, sondern betrachtete sein Talent, wie er es ausdrückte, als »göttliche Gabe«: »Mein Glaube hilft mir in jedem Moment meines Lebens. Gott ist mit mir und mit meiner Familie, mit meinen Eltern, meinen Schwestern, meinen Brüdern, mit allen. Ich behaupte immer, daß Gott mit mir zusammen spielt. Dies wird mir klar, wenn ich auf dem Fußballplatz stehe, und auch außerhalb davon, auf der Straße oder in meinem Haus.«[22]

Seine Erklärung für den ersten »illegalen« Treffer gegen England in Mexiko (»Ich erzielte das Tor mit der Hand Gottes und mit dem Kopf Maradonas«) erscheint daher nur logisch. Er sah sich vom Zauber Gottes inspiriert und nicht von der Macht seiner Vorfahren im Fußball. Er war er selbst: Maradona unmittelbar vor Gott. Er ließ sich nicht mit anderen menschlichen Wesen vergleichen, konnte also auch nicht das Produkt eines kulturellen Erbes sein.

Die argentinische Mannschaft erreichte in der Ära Bilardo noch einmal ein Finale bei der Weltmeisterschaft 1990 in Italien. Wiederum wurde die Mannschaft um Maradona aufgebaut, der jetzt jedoch müde und verletzt, ein fahler Schatten des Ausnahmespielers von 1986 war. Die Argentinier von 1990 spielten sogar noch disziplinierter und mit größerer physischer Kraft als 1986, und es gelang ihnen auf ihrem Weg ins Finale, bessere Mannschaften wie Brasilien oder Italien zu schlagen. In einigen Spielen lähmte der »Zauber« Maradonas die Verteidiger, aber seine schwache Gesamtvorstellung ließ bereits den gebrochenen Mann von 1991 vorausahnen, der wegen Drogenkonsums für ein Jahr von der italienischen Liga ausgeschlossen werden sollte. Die glückliche Vermählung, besser vielleicht: das zeitliche Zusammentreffen der Karrieren von Bilardo und Maradona war vorbei, und ein wichtiger Zeitabschnitt in der Geschichte des argentinischen Fußballs endete in einem operettenhaften Finale: Maradonas Tränen der Ohnmacht während der Schlußzeremonie.

Im Februar 1993 feierte der argentinische Fußballverband sein hundertjähriges Jublijäum mit zwei Ritualen. Das erste war naheliegend: ein Länderspiel zwischen Argentinien und Brasilien mit dem Comeback Maradonas in die Nationalmannschaft. Das zweite war ebenfalls naheliegend, blieb aber umstritten: Maradona wurde der Titel des »besten argentinischen Spielers aller Zeiten« verliehen. Der andere Spieler, der hierfür in Frage gekommen wäre, war Alfredo Di Stéfano. Di Stéfano hatte das Land jedoch während des Spielerstreiks von 1948 verlassen, war nie mehr zurückgekommen, hatte nie wieder für die Nationalmannschaft gespielt und seine Karriere in Spanien beendet. Seine Herrlichkeit und sein Erfolg wurden mit Real Madrid in Verbindung gesetzt. Maradona war zweimal

Weltmeister geworden: 1979 mit den Junioren und 1986 mit der Nationalmannschaft; das mochte für Nationalisten ein wichtiger Grund gewesen sein, ihn zum »besten argentinischen Spieler aller Zeiten« zu küren. In der Metaphorik der argentinischen Fußballkultur war jedoch mindestens genauso wichtig, daß Maradona ein genuin »kreolischer« Spieler war, während Di Stéfano teils als Argentinier, teils als Europäer betrachtet werden konnte. Dieser Konflikt verdeutlicht die Schwierigkeiten bei der Herausbildung »reiner« Traditionen.

Zusammenfassung

In diesem Beitrag habe ich zwei Grundgedanken entwickelt. Der erste stand im Zusammenhang mit der Frage, auf welche Weise sich in der typisch »kreolischen Spielweise« bestimmte nationale Qualitäten Argentiniens widerspiegelten. Dazu wurde der Fußball als eine Arena betrachtet, in der symbolische Diskurse über das vermeintliche Besitztum der Nation geführt werden. Ich wollte zeigen, warum die Argentinier über lange Zeit glaubten, den kreativsten und schönsten Fußball der Welt zu spielen. Ich wollte darüber hinaus die scheinbare Paradoxie auflösen, daß dieser Glaube durch die Erfolge internationaler Stars, die überdies noch meist in Europa spielten, bekräftigt wurde. Darin tritt hervor, wie sehr nationale Traditionen von einzelnen Persönlichkeiten geprägt werden können. Die Traditionen des argentinischen Fußballs sind, so gesehen, Funktionen der Existenz individueller Helden und ihrer Erfolge. Der nationale Stil läßt sich daher als Mythos begreifen; denn nur diese Persönlichkeiten und die Erfolge der Mannschaften, in denen sie spielen, sind Realität.

Die so entstandene Tradition des argentinischen Fußballs war weithin unabhängig von der konkreten staatlichen Politik. Die großen Vereine waren sehr früh in der Lage, sich als autonome bürgerliche Öffentlichkeit zu konsolidieren, und diesen Status konnten sie im Verlauf der turbulenten politischen Geschichte Argentiniens aufrechterhalten. Da die Journalisten bei den Zeitungen, beim Radio und später auch beim Fernsehen die Leidenschaft der Argentinier für den Fußball teilten und auch ihrerseits diesen Stil feierten, war der Versuch einiger Diktatoren, durch direkte Einflußnahme auf den Fußballverband populär zu werden, von vornherein zum

Scheitern verurteilt. Nicht einmal der Gewinn der Weltmeisterschaft wurde der Militärjunta als Verdienst zugerechnet. Die Öffentlichkeit würdigte vielmehr die Ausnahmespieler, die großen Vereinsmannschaften und die internationalen Erfolge der Nationalmannschaft.

Der zweite Grundgedanke dieses Beitrags ist sehr einfach: Fußball kann als Arena betrachtet werden, in der unterschiedliche Interpretationen des Geschehens miteinander konkurrieren. In diesem Sinn eröffnet das Spiel eine Bühne, ein Welttheater und lädt uns dazu ein, über die jeweilige nationale Ausprägung als ein Produkt von Fertigkeiten und Taktiken unterschiedlicher Herkunft nachzudenken. Dies wurde hier für die argentinische Fußballgeschichte versucht, in deren Verlauf es immer wieder zu Auseinandersetzungen zwischen der später zur nationalen Tradition erklärten »kreolischen Spielweise« mit einer anderen Spielweise kam, die sich in Europa herausbildete.

[1] Vgl. C. Solberg, Immigration and Nationalism, Austin/Tx. 1970, S. 144–154.

[2] A. Scher / H. Palomino, Fútbol: pásion de multitudes y de elites, Buenos Aires 1988, S. 25.

[3] Vgl. E. P. Archetti, Argentina and the World Cup: In Search of National Identity, in: J. Sugden / A. Tomlinson (Hgg.), Hosts and Champions. Soccer Cultures, National Identities and The USA World Cup, Aldershot 1994, S. 37–63, und ders., Estilos y virtudes masculinas en El Gráfico: la creación del imaginario del fútbol argentino, in: Desarrollo Económico 35, 1995, S. 419–442.

[4] Vgl. ebd.

[5] El Gráfico, das führende Sportmagazin in Argentinien, schrieb: »Wir brachten eine neue Schule des Fußballs nach Europa. Wir wurden als richtige Lehrmeister gefeiert und nicht als einfache Spieler, die versuchen ein Spiel zu gewinnen« (Nr. 315, 18. 8. 1925, S. 18).

[6] G. Brera, Storia critica del calcio italiano, Mailand 1978, S. 98.

[7] Siehe Archetti, Estilos.

[8] A. Papa / G. Panico, Storia sociale del calcio in Italia, Bologna 1993, S. 153–163.

[9] Vgl. El Gráfico, Nr. 613, 11. 4. 1931, S. 6; Nr. 871, 21. 3. 1936, S. 40.

[10] Siehe D. Lucero, Siento ruido de pelota. Crónicas de medio siglo, Buenos Aires 1975, S. 140. El Gráfico nahm hierzu einen Artikel auf, der bereits in einer spanischen Zeitung veröffentlicht worden war und aussagte, daß der Stil weder britisch noch schottisch sei, sondern schlicht und einfach das Wesen des Fußballs darstelle (Nr. 1436, 17. 1. 1947, S. 28).

[11] Vgl. Archetti, Argentina, S. 45–46. Vanzini, ein Spieler der siegreichen Mann-

schaft von San Lorenzo, erklärte, daß dieser Erfolg der Tradition den mächtigen Fußballvereinen in Buenos Aires zu verdanken sei (El Gráfico Nr. 1441, 21. 2. 1947, S. 69).

[12] Vgl. Brera, Storia, S. 280–286.

[13] Ebd., S. 286.

[14] C. L. Menotti, Fútbol sin trampas, Barcelona 1986, S. 63.

[15] El País, 8. 1. 1990, S. 24.

[16] J. C. Lorenzo / J. Castelli, El fútbol en un mundo de cambios, Buenos Aires 1977, S. 49.

[17] Ebd., S. 49.

[18] Ebd., S. 49.

[19] Menotti, Fútbol, S. 27.

[20] M. Darwish, Maradona, Plegarias al héroe nuestro de cada día, in: El País Semanal, 14. 12. 1986, S. 15–18.

[21] Darwish, Maradona, S. 15.

[22] Corriere della sera, 11. 11. 1985, S. 1.

Brasilien

Waldenyr Caldas

Wenn in Europa vom brasilianischen Fußball die Rede ist, geht es zumeist um Samba und Pelé. Für die politische und soziale Seite dieses Sports interessiert man sich hingegen weniger. Ich möchte sie in meinem Beitrag in den Vordergrund stellen, indem ich anhand einiger Beispiele die Bedeutung des Fußballs für Demokratie und soziale Gerechtigkeit in der brasilianischen Gesellschaft herausarbeite. Damit greife ich ein Thema auf, das die sport- und allgemeinpolitische Diskussion in Brasilien immer wieder beschäftigt: Die Frage, ob und inwieweit die Organisation des Sports eine Privatangelegenheit ist, die man kapitalkräftigen Einzelpersonen überlassen kann, oder ob sie das öffentliche Interesse so sehr berührt, daß man sie an demokratisch gewählte Staatsorgane rückbinden sollte. Die Brisanz dieser Frage kann man nur verstehen, wenn man weiß, daß die brasilianischen Fußballklubs sehr viel effektiver von den alten Eliten kontrolliert werden als die anderer südamerikanischer Staaten, etwa die argentinischen. Um diesen Aspekt zu konkretisieren, beginne ich mit einem geschichtlichen Rückblick.[1]

Der brasilianische Fußball in seiner Entstehungszeit

Schon im Jahr 1882 wies Ruy Barboas, Präsident der staatlichen Unterrichtskommission, auf die Notwendigkeit einer Verankerung des Faches körperliche Erziehung im Lehrplan der Grundschulen hin; er fand jedoch keine Resonanz. Derartige Aktivitäten kannte überhaupt nur jene kleine Zahl von Brasilianern, die in Europa studiert und sich dort Sport und Leibesübungen zur Gewohnheit gemacht hat. Auch unter italienischen, portugiesischen und spanischen Immigranten bestand ein gewisses Interesse an entsprechenden Angeboten, aber es reichte nicht aus, um die Anregung Barboas zu verwirklichen.

Außerhalb der Schule waren Spiel und Sport ebensowenig verbreitet. Als erster Sportverein Brasiliens wurde 1888 ein Regatta-Club in Rio Grande do Sul gegründet, und 1895 wurden in Rio de

Janeiro die ersten Wettkämpfe im Schwimmen und Radrennfahren ausgetragen. Fußball wurde erstmals 1894 bekannt gemacht, als Charles W. Miller, ein in Brasilien geborener Sohn des britischen Konsuls in São Paulo, seine Studienjahre in England beendete und mit einem Ball im Gepäck nach Hause kam. Mit großem Engagement versuchte er, das Spiel den in São Paulo lebenden Engländern nahezubringen, die sich bis dahin nur für Cricket interessiert hatten. In der Tat gewann er nach und nach Beamte und Manager der staatlichen Gasgesellschaft, der Bank of London und der São Paulo Railway für seine Sache, und 1897 veranstaltete der São Paulo Athletic Club, der als Cricketverein gegründet worden war, auf seinem Vereinsgelände zwei Fußballspiele – vor 60 Zuschauern. Das erste Match bestritt ein Team von Angestellten der Firma Nobiling gegen ein anderes der Gaswerke, das zweite Angestellte der São Paulo Railway und der Bank of England.

Anders als vielfach angenommen, wurde Fußball also auch in Brasilien zuerst eine Angelegenheit der Oberschicht. Dementsprechend befanden sich unter den frühen Anhängern des Spiels Schüler der Militärakademie und sonstiger elitärer Bildungsstätten in Rio de Janeiro und São Paulo; für sie wurde Fußball zu einem Element ihrer Freizeitgeselligkeit. Da das Mitspielen mit der Zeit als Statussymbol betrachtet wurde, nahmen manche Colleges das Spiel auf Druck der Eltern in den Lehrplan auf. Aus den so vorgebildeten Schülern und Studenten rekrutierten sich die Mannschaften der ältesten brasilianischen Fußballklubs, die um 1900 von den alteingesessenen Familien des Landes gegründet wurden: der Klub Athlético Payssandu in Rio de Janeiro, der Klub Germânia in Pinheiros, São Paulo Athletic und ähnliche Vereinigungen; nach den Akten der Confederação Brasileira de Futebol (CBF) wurde das erste Nationalteam Brasiliens im Jahr 1903 aus Angehörigen der Kaffeeplantagen-Aristokratie gebildet. Zwischen 1900 und 1910 entstanden dann weitere namhafte Klubs, u. a. Carioca, Andarai, Mangueira, Fluminense, Botafogo, Vila Isabel, der Sport Club Corinthians Paulisa und der Bangu Athletic Club.

Diese jüngeren Klubs wurden im allgemeinen ebenfalls von Angehörigen der Oberschicht gegründet, entwickelten aber bald unterschiedliche Profile, die sich teils durch die enge Verbindung mit bestimmten ethnischen Gruppen (insbesondere mit Italienern und Portugiesen), teils durch ihre charakteristische Sozialstruktur (alte Eliten, neue Mittelschichten, weiße oder schwarze Unterschichten) ergaben. Die soziale Spannbreite, die diese Klubs abdeckten, dokumentieren am besten Fluminense und Bangu. Während Fluminense, ein Reservat der alten Familien, im eleganten Stadtviertel Retiro von Guanabara beheimatet war und damit die elitäre Tradition aus den Anfängen des brasilianischen Fußballs fortsetzte, war der Bangu Athletic Klub das genaue Gegenteil – trotz des »vornehmen« englischen Namens: Er war vom englischen Management einer an der Peripherie von Rio de Janeiro gelegenen Textilfirma, Progresso Industrial do Brasil, gegründet worden, um den englischen Angestellten eine Freizeitbetätigung zu eröffnen. Als sich herausstellte, daß diese allein keine zwei Mannschaften zusammenbrachten, wurden einheimische Arbeiter hinzugenommen. Auswahlkriterien waren die gute Arbeitsleistung, die Dauer der Beschäftigung im Betrieb und Wohlverhalten. So kam erstmals ein sozial gemischtes Fußballteam zustande, und aus diesen Anfängen entwickelte sich später das berühmte Arbeiterteam Bangu. Es war bald bekannter als die Firma selbst und wurde zu deren Werbeträger. Die proletarischen Spieler vermittelten der Firma Progresso ein »soziales« Image und verschafften ihr Sympathien beim Publikum.

Die Spieler des Bangu-Teams bildeten insofern eine Elite unter den Arbeitern, als sie leichtere Arbeitsbedingungen als ihre Kollegen hatten und auch sonst einige Vergünstigungen bekamen, die es ihnen gestatteten, ihre Kraft und Energie auf Fußball zu konzentrieren. Wenn ein Training angesetzt war, durften sie den Arbeitsplatz vor Feierabend verlassen; sie wurden eher als andere befördert und von der Direktion diskret protegiert; darüber hinaus hatten sie vielfältige Vorteile durch ihre informellen Kontakte zu den englischen Angestellten.

Dennoch sollte man diesen Aspekt der Elitenbildung nicht überbewerten. Denn die soziale Funktion des Spiels bestand weniger darin, daß hier die Konkurrenz unter den Arbeitern geschürt und einige exponiert worden wären. Vielmehr ging es für alle Beteiligten zunächst einmal darum, den Status eines Industriearbeiters zu definieren und dauerhaft aufrechtzuerhalten. Die brasilianische Wirtschaft war zur Zeit der Jahrhundertwende noch sehr unterentwikkelt, und der Übergang von der Landarbeit zur Fabrikarbeit vollzog sich nur zögernd. Obwohl mit der Sklavenbefreiung eines der wichtigsten Hemmnisse des Kapitalismus in Brasilien beseitigt worden war, kann für die ganze Zeit der Alten Republik (1889–1930) von Industrie noch kaum die Rede sein. Es kam hinzu, daß die einheimischen Arbeitskräfte die Leistungsfähigkeit der Einwanderer nicht erreichten; letztere waren, wie der Brasilien-Forscher Warren Dean hervorgehoben hat, »gebildeter als die brasilianischen Unterschichten, und sie brachten manuelle und technische Fertigkeiten mit, die diesen fehlten«.[2] Die entstehenden Industrieunternehmen konnten daher das Arbeitskräftepotential des Landes, das traditionell auf die wenig entwickelte Agrarwirtschaft und die Kaffee-Monokultur konzentriert war, kaum ausschöpfen. Die Firma Progresso hatte vor diesem Hintergrund einen doppelten Pioniercharakter: Zu einer Zeit, als noch kaum jemand an Industriepolitik dachte, errichtete sie eine moderne Fabrik in Brasilien. Und dank des Bangu-Teams gelang es ihr, sich selbst und dem »Progresso« ein positives Image zu erwerben.

Gab das Bangu-Team nun den Anstoß für eine Öffnung des Fußballs im Interesse der breiten Bevölkerung? Nein, denn es handelte sich um einen kaum nachzuahmenden Einzelfall: Eine erste Besonderheit war die geographische Lage. Wäre der Klub nicht in einem abgelegenen Außenbezirk Rios, sondern näher an der Stadt oder im Einzugsbereich eines anderen Klubs angesiedelt gewesen, hätten englische Angestellte und brasilianische Arbeiter wohl kaum jemals dasselbe Trikot angezogen. Eine zweite Besonderheit war die Branche; denn die Textilindustrie hatte mit dem Fußball bereits gute Erfahrungen gemacht. Nach Anatol Rosenfeld kann man davon ausgehen, daß die Progresso-Manager sich ein englisches Textilunternehmen in Rußland zum Vorbild nahmen, das bei seinen Schichtarbeitern auf ähnliche Weise einen »esprit de corps« und eine positive Einstellung zur Arbeit erzeugt hatte.[3] Drittens schließlich hatte das Bangu-Team seit 1908 die Möglichkeit, auf einem firmeneigenen Sportplatz zu trainieren und so seine Spielstärke zu verbessern. Bezeichnenderweise begann das Management genau zu diesem Zeitpunkt, dem Fußball besondere Aufmerksamkeit zu widmen, und die englischen Angestellten traten ihren Platz im Team an die Arbeiter ab.

Nur in einem Punkt sollte sich Bangu als wegweisend erweisen: Es handelte sich um den ersten Klub, der Schwarze aufnahm, was etwa bei Botafogo und Fluminense ganz undenkbar gewesen wäre. Weil dies aus den genannten Gründen vom Management gefördert wurde, blieb ein gewisser demokratisierender Effekt nicht aus. Der Publizist Mário Filho hat dies in seinem Buch ›O Negro no Futebol Brasileiro‹ (1964) hervorgehoben:

»Nicht von Schullehrern konnte der schwarze Spieler lernen, sondern nur, wenn er für Bangu spielte, wenn er Arbeiter der Firma Progresso Industrial do Brasil war. Und so lernte einer vom anderen. Da Bangu Schwarze ins Team aufnahm, ohne Rasse und Hautfarbe zu thematisieren, wurde auch kein Thema daraus.«[4]

Der Kampf für den Professionalismus

Mit dem Durchbruch der Industrialisierung in den 20er Jahren setzte sich die von Bangu angestoßene Entwicklung rapide fort. Es entstanden nun viele Klubs, die von vornherein von Schwarzen gegründet worden waren. »Futebol« wurde populär. Aber es entwickelten sich auch Widersprüche und Konflikte, die gegen Ende des Jahrhunderts immer schärfer wurden und nach einer Lösung verlangten:

Einerseits lehnten einige Klubs von Rio und São Paulo es noch immer ab, Schwarze aufzunehmen, und ließen sich davon auch nicht durch Behördeninterventionen abbringen. In diesen Klubs gehörten sowohl die Spieler als auch die Zuschauer zu den Wohlhabenden, so daß niemand Interesse an der Professionalisierung des Spiels entwickelte. Den Beteiligten kam es weder auf die Qualität der Spieler noch auf die Quantität des Publikums an; man wollte vielmehr unter sich sein, was sich durch hinreichend teure Eintrittspreise erreichen ließ.

Andrerseits hatten die sozial offenen Vorstadtklubs mittlerweile ein Massenpublikum. Sie zogen die Sympathien auf sich, weil sie das Prinzip der Bangu-Demokratie befolgten und auf Rassensegregation verzichteten, aber auch, weil sie versuchten, die besten Spieler für sich zu gewinnen. Die überragende Mannschaft von Vasco da Gama zum Beispiel, dem von portugiesischen Einwanderern und ihren Nachkommen getragenen Erfolgsklub der 20er Jahre, war mehr oder weniger offen ein Profiteam.

Die am meisten und außerordentlich kontrovers diskutierte Frage im brasilianischen Fußball war vor diesem Hintergrund, ob und wann der Professionalismus offiziell eingeführt werden würde. Das zuständige Gremium, die 1916 gegründete Confederação Brasileira de Desportos (CBD), wurde traditionell von den Präsidenten der großen Klubs Fluminense, Botafogo und Flamengo in Rio sowie C. A. Paulistano, S. C. Corinthians und S. C. Germânia in São

Paulo beherrscht, die mehrheitlich zu den strikten Gegnern des Professionalismus gehörten. Die meisten waren Berufspolitiker und hatten widersprüchliche Interessen abzuwägen. Wenn sie dem Berufsfußball das Wort redeten, konnten sie zwar die Sympathien der »trocedores«, der Fans, und damit auch der Wähler auf sich ziehen, riskierten jedoch, die Unterstützung der alten Eliten in ihrem Klub zu verlieren. Eine Entscheidung war von den Klubpräsidenten daher nicht zu erwarten, und sie blieb denn auch aus.

Zu den Befürwortern des Berufsfußballs gehörten hingegen jene mittlerweile zahlreichen Unternehmen, die Werksportvereine unterhielten. Wenn diese Seite von Professionalismus sprach, war jedoch zumeist nur der »professionalismo marron«, der »braune Professionalismus« (Anspielung auf die Mulatten, Anm. d. Ü.), gemeint. Diese abschätzige Bezeichnung, die von Journalisten eingeführt worden war, bezog sich auf die Usancen des Halb- bzw. Scheinprofessionalismus, der auf verbotenen Zahlungen an die Spieler basierte und letztlich nur den Interessen der Klubs diente. Während die Einnahmen der Stadien immer größer und die Klubs immer reicher wurden, blieben die Spieler in einer denkbar schlechten Lage. Wenn es auch nur in einigen wenigen Fällen vorkam, daß »futebol« ihre einzige Tätigkeit darstellte, so waren sie faktisch doch als Berufsspieler und nicht als Arbeiter eingestellt worden. In dieser Funktion waren sie jedoch rechtlich nicht abgesichert, und wenn sie sich verletzten, hing ihr Schicksal von der »Gnade« der wechselnden Klubpräsidenten ab. Diese wiederum nutzten mit wenigen Ausnahmen die Unwissenheit der Spieler und ihren Mangel an Alternativen aus, boten ihnen lächerlich geringe Gehälter und unsichere Arbeitsplätze. Solange der Status des Berufsspielers nicht rechtlich definiert war, konnte dies auch nicht unterbunden werden, denn vor Gericht galt Fußball als Freizeitvergnügen für Amateure.

Dieser rechtsfreie Zustand blieb während der gesamten 20er Jahre die Grundlage des brasilianischen Fußballs. Anfang der 1930er Jahre, als mehrere europäische Länder, u. a. das faschistische Italien und die südamerikanischen Nachbarn Argentinien und Uruguay, den Berufsfußball einführten, eröffnete sich jedoch allmählich eine Alternative – zumindest für die Spitzenspieler. Nun begann der Exodus brasilianischer Fußballstars, darunter so prominenter Spieler wie Fausto und Jaguaré von Vasco da Gama. Die Gründe waren immer dieselben: das verlogene Amateurdasein und die konsequente Ausbeutung der Arbeitsleistung. In einem sehr offenen Interview brachte der Spieler Amilcar Barbury 1933 zum Ausdruck, was wohl auch die Mehrheit seiner Kollegen gern gesagt hätte:

»Ich gehe nach Italien. Ich habe es satt, Amateurfußballer in einem Land zu sein, wo dieser Status seit langem nicht mehr existiert und verhöhnt wird durch die scheinheilige Entlohnung in Form eines Almosens der Klubs, die den Großteil der Einnahmen für sich selbst einbehalten. Die Klubs werden reicher, und ich habe nichts. Ich gehe in ein Land, wo man die Fähigkeiten eines Spielers zu würdigen weiß.«[5]

Die Gegenposition der Klubfunktionäre hatte ein Jahr zuvor Rivadávia Meyer, Präsident des Flamengo und des hauptstädtischen Sportverbandes Assoçião Metropolitana des Esportes Athléticos (AMEA) auf den Punkt gebracht. In einem Interview mit der Zeitung ›Diário Carioca‹ gestand er den Spielern weder das Recht noch den Wunsch zu, Berufsfußballer zu werden:

»Für mich ist der Spieler, der Profi werden will, ein Zuhälter, der eine Prostituierte ausbeutet. Der Club gibt ihm alles Nötige, was er braucht, um zu spielen und sich mit dem Ball zu vergnügen, und da will er noch Geld? Das würde ich im Flamengo nicht erlauben. Der Professionalismus entwürdigt den Menschen.«[6]

Eine Entscheidung dieses Konflikts wurde durch das Ende der Alten Republik herbeigeführt. Am 24. Oktober 1930 nahm das Militär den Palast von Catete ein und zwang Präsident Washington Luís zum Rücktritt. Erster Präsident, später Diktator der Zweiten Republik wurde Getúlio Vargas, der eine Modernisierung der Wirtschaft und des Staates einleiten wollte. Schon bei seinem Amtsantritt präsentierte er ein »Programm zur Nationalen Wiederherstellung«, in dem in 17 Punkten besonders dringliche Maßnahmen genannt wurden. Für den Fußball war Punkt 15 wichtig: die Ankündigung eines Arbeitsministeriums zur Garantie des Schutzes und der Sicherheit städtischer und ländlicher Arbeiter. Dieser Passus betraf auch die Fußballer und andere Sportler und wurde die Grundlage für die spätere gesetzliche Regulierung des Professionalismus. Es war also der Staat, der mit seiner Sozialpolitik die Position jener Funktionäre, die strikt am Amateurgedanken festhielten, unterminierte.

Auch im Rahmen der »Sozialen Gesetzgebung für die Arbeiter«, die Vargas zwischen 1930 und 1936 durchsetzte und die ihm große Popularität verschaffte, wurde der Fußball nicht explizit angesprochen, doch wurden durch dieses Gesetzeswerk Verhandlungen dringend nahegelegt. Am 23. Januar 1933 begann offiziell die Ära des Berufsfußballs in Brasilien. Die Klubs mußten regelmäßige Gehälter zahlen, und die Verträge waren bindend. Dabei standen sich die Spieler jedoch zum Teil ähnlich ungünstig wie zuvor, da auch sie an die Verträge gebunden waren und ihre Marktchancen nun nicht mehr so nutzen konnten wie zuvor. An Pensions- und Unfallversicherungen hatte niemand gedacht. Zudem wurde der Berufsfußball nach wie vor von den alten Klubfunktionären verwaltet, die dem Amateurideal anhingen und ein amateurhaftes Management an den Tag legten. Auch deshalb darf man die Verbesserungen für die Spieler nicht überschätzen. Aufs Ganze gesehen, beschränkte sich der Effekt des Professionalismus auf eine gewisse Vereinheitlichung der Arbeitsbedingungen und – vor dem Hintergrund der seit 1930 durchgeführten Fußballweltmeisterschaft – auf eine stärkere Betonung der nationalen Dimension des Fußballs. Dieser zweite Aspekt wurde noch unterstrichen, als die Regierung im Jahr 1941 beschloß, die Klubs einem im Erziehungsministerium angesiedelten Nationalen Sportrat zu unterstellen, der ihnen »Orientierung geben, sie finanzieren und den aktiven Sport in Brasilien fördern« sollte. Dieser staatlichen Organisation mußte sich neben dem Olympischen Komitee und den Organisationen des Armee- und Universitätssports auch der bereits erwähnte nationale Sportbund CBD unterordnen.

Fußball und Politik heute

Vor diesem Hintergrund ist »futebol« in Brasilien ein ständiges Thema in den brasilianischen Medien und bei den Intellektuellen geworden und auch nach dem Ende der Militärherrschaft 1979 und dem Beginn der Demokratie 1985 geblieben. Dabei wird neben politischen und sozialökonomischen Aspekten auch die ideologische Dimension des Spiels thematisiert. Einige seiner Kritiker schreiben ihm die Funktion zu, die Gesellschaft von vordringlichen Problemen wie der Arbeitslosigkeit, der sozialen Ungleichheit und den miserablen Lebensbedingungen, der unzureichenden Verfassung und neuerdings auch von der Korruption in der Politik abzulenken. Ein prominenter Verfechter dieses Arguments ist der Brasilien-Forscher Robert M. Levine. Ihm zufolge ist Fußball nicht nur ein »Opium für das brasilianische Volk«, sondern auch ein Manipulationsinstrument der Oberschicht, die über die Klubs ihren Einfluß geltend mache. Indem sie durch ihr sportliches Engagement flüchtige Erfolge, etwa den Gewinn einer nationalen oder internationalen Meisterschaft, befördere, bewirke sie bei den Armen eine Ablenkung von Elend und schlechten Lebensbedingungen; auch könne sie auf diese Weise ihre spezifischen Werte und Normen vermitteln und die »sozialen Energien« der breiten Bevölkerung in ihnen genehme Bahnen lenken.[7]

Es ist nicht zu bestreiten, daß Massenphänomene vom Kaliber des Fußballs (oder des Karnevals) auch eine politische und ideologische Funktion erfüllen. Doch wäre es naiv, diesen Bereich für so eindimensional zu halten, wie es jene Kritiker tun, die ohne weitere Prüfung unterstellen, daß die angestrebte soziale Kontrolle auch funktioniert. Denn das hieße, dem Fußball die negativen Effekte der Machtpolitik konservativer Eliten zuzurechnen, die mit allen Mitteln, auch mit Zensur und Unterbindung politischer Betätigungen, operieren; dies war jedenfalls seit Beginn der 70er Jahre der Fall, als mit dem Sieg beim dritten Weltmeisterschaftsturnier in Mexiko die Militärdiktatur des Emílio Médici Gestalt annahm. Die eigentliche Frage lautet daher: Welche politischen Effekte hat »futebol« unter den spezifisch brasilianischen Bedingungen bewirkt?

Ich möchte sie im folgenden mit einigen Ausführungen über die »Corinthianische Demokratie« der Jahre 1982–84 beantworten, einer Initiative im Rahmen der Bewegung für Wiedereinführung freier Wahlen, die von dem wohl populärsten Fußballklub São Paulos, den Corinthians, organisiert wurde. Dieser Klub, 1910 von einem Anstreicher und einigen Eisenbahnarbeitern gegründet und unbefangen mit dem Namen einer exklusiven Vereinigung englischer Gentlemen-Amateure versehen, die kurz zuvor durch Brasilien getourt war, ist nach seiner sozialen Basis in den bürgerlichen Mittelschichten und in der Unterschicht verankert und gilt wegen seiner brillanten Mannschaft geradezu als Symbol des brasilianischen Fußballs. Die Corinthians haben darüber hinaus die treuesten Fans. Deren Organisationen bestehen, wie in Brasilien üblich, unabhängig von den Fußballklubs der Corinthians und sind selbstverwaltet. Sie umfassen ein breites soziales Spektrum und beide Geschlechter; angeblich gehören ihnen 60 Prozent der Bevölkerung von São Paulo an. Im Jahr 1977 fuhren einmal 5000 Fan-Klubs mit Bussen zu einem Viertelfinalspiel der

Brasilianischen Meisterschaft nach Rio, und 85000 Fans blieben drei Tage lang dort, um den Sieg zu feiern.

Die Bewegung für die »Corinthianische Demokratie« wurde angeführt von Adílson Monteiro Alves, einem Soziologen und Ex-Präsidenten des Klubs, sowie von den Starspielern Sócrates, Walter Casagrande, Wladimir und Juninho. Zunächst einmal gaben sie dem Klub eine demokratische Struktur und den Spielern größtmögliche Autonomie. Da sie sich dabei der Unterstützung fast der ganzen Mannschaft versichert hatten (nur Biro-Biro und Leão stimmten dagegen), da sie zudem die Sympathie vieler Kollegen in anderen Klubs hatten, trat die »Corinthianische Demokratie« bald aus den Mauern des São Jorge-Stadions heraus und zog weitere Kreise.[8]

So ist es vor dem Hintergrund der »Corinthianischen Demokratie« zu sehen, wenn der Klub Regatas Flamengo während des Wahlkampfes 1984 die Kandidatur von Tancredo Neves, des späteren ersten Präsidenten der Demokratie, unterstützte. Auf dem Rasen des 220000 Zuschauer fassenden Maracanã-Stadions trugen die Spieler Schärpen für ihren favorisierten Kandidaten, und die rot-schwarzen Fans auf den Rängen unterstützten das Team mit Transparenten, auf denen zu lesen war: »Der Flamengo läßt sich nicht malufieren« – eine Anspielung auf Paul Maluf, den politischen Gegner von Tancredo Neves, den die Funktionäre von Flamengo unterstützten.

Nachdem Neves gewählt worden war und die Demokratie gesiegt hatte, setzte die Bewegung ihre Tätigkeit fort, zumal die Corinthians die Meisterschaft von São Paulo gewannen und die ungeteilte Unterstützung der Fanorganisationen hatten. Die Aktivisten versuchten nun, den Gesetzgeber zur Reform der überkommenen Strukturen aus der Vargas-Zeit zu bewegen und die Organisation des ganzen brasilianischen Fußballs auf eine demokratischere Basis zu stellen. Dabei dachten sie zunächst an die Belange der Berufsspieler und der beitragszahlenden Klubmitglieder; letztere zählen in den meisten Fällen zwar mehrere zehntausend, manchmal über 100000 Personen, jedoch hat nur eine kleine Minderheit von Anteilseignern Einfluß auf die Entscheidungsfindung. Vor allem ging es den Aktivisten der »Corinthianischen Demokratie« aber um die Fans, die überwiegend so arm waren, daß sie nicht einmal den Klubbeitrag aufbringen konnten, und daher darauf angewiesen waren, über das politische System beteiligt zu werden. Gemeinsam mit Juca Kfouri, einem Journalisten der Zeitschrift ›Playcar‹, verfaßten Adílson Monteiro Alves, Sócrates und ihre Mitstreiter daher ein

Manifest mit dem Titel ›Professionalismus im Fußball und die aktuelle Struktur‹ und legten es der »Parlamentarischen Kommission für Sport und Tourismus« vor, die in diesen Jahren von dem Abgeordneten Márcio Braga, dem Koordinator einer Sport-Studienkommission der Bundeskammer in Brasilia, geleitet wurde; Braga hatte das Papier angeregt. Da das Manifest nicht zur Veröffentlichung gelangte, sei hier ein zentraler Absatz zitiert:

»Der Weg, der zur Öffnung des Fußballs für die Gesellschaft führt, ist nicht schwierig, aber aufwendig. Wir schlagen für die Zukunft ein in jedem freiheitlichen System anerkanntes Prinzip vor: eine Legislative, bestehend aus den beschlußfähigen Gremien der Klubs und des CND [des Nationalen Sportrates im Erziehungsministerium, Anm. d. Hg.], eine Exekutive, bestehend aus Klubdirektoren sowie der CBF [des brasilianischen Fußballverbandes, Anm. d. Hg.], und schließlich eine Judikative, bestehend aus der Sportgesetzgebung (als Zweig der allgemeinen Gesetzgebung) und einem Sportgericht. Die Mitglieder der Legislative sollten demokratisch von den Klubmitgliedern bzw. – was die CND betrifft – von deren Bevollmächtigten gewählt werden, ebenso die der Exekutive, die direkt von den Klubmitgliedern und – was die CBF betrifft – von den Klubpräsidenten als deren Bevollmächtigten zu wählen sind. Auf diese Weise wäre auf allen Ebenen eine echte Repräsentanz eines jeden Klubs und des Verbandes garantiert.«[9]

Trotz der eindringlichen Appelle des Abgeordneten Braga äußerte sich der Nationalkongreß weder zu diesem Papier noch zur Arbeit der Sport-Studienkommission überhaupt. Auch die einige Zeit später begonnene Diskussion über eine neue brasilianische Verfassung führte nicht dazu, daß der Vorschlag aufgegriffen wurde.

Die »Corinthianische Demokratie« war damit politisch gescheitert und wurde auf die Funktion einer Gewerkschaftsbewegung reduziert, die sie noch heute erfolgreich wahrnimmt. Die mit der Arbeiterpartei sympathisierende Gewerkschaft der Berufsfußballer in São Paulo und Rio de Janeiro, die 1986 erst 920 von 4200 Profis im Bundesstaat São Paulo organisiert hatte[10], zählt heute beträchtlich mehr Mitglieder und hat die Spielerinteressen so erfolgreich vertreten, daß die Gehälter in den vergangenen Jahren erheblich erhöht werden mußten.

Es gibt jedoch keinen Grund, diesen Erfolg so aufzubauschen, wie es die Medien verschiedentlich tun. Denn Brasilien ist ein großes Land, und die Entwicklung im Bundesstaat São Paulo läßt sich nicht verallgemeinern. Sobald man auf die anderen Bundesstaaten blickt, wird klar, auf welch schwachem Posten die gewerkschaftlich organisierten Berufsfußballer immer noch stehen und wie häufig ihre Bestrebungen von unorganisierten Kollegen durchkreuzt werden. Dies brachte der ehemalige Fußballstar und Gewerkschafter Sócrates schon vor Jahren in einem Interview mit dem Journalisten Oswaldo Mendes für die ›Folha de São Paulo‹ zum Ausdruck, in dem er die Lebensbedingungen dieser Spieler und, damit zusammenhängend, ihr Sportverständnis charakterisierte:

»Man darf nicht vergessen, daß in Brasilien 60 Prozent der Fußballer weniger als den Mindestlohn verdienen. Diese Spieler haben kein Interesse am Fußball als Kunst und Schauspiel; sie wollen um jeden Preis gewinnen.«[11]

Sócrates sprach damit eine besonders heikle Frage des brasilianischen Profifußballs an: Da die Spieler ihren Platz in der Mannschaft nur behalten, solange sie Erfolg haben, wird zunehmend rücksichtslos gespielt, auf Kosten der Spielqualität und der Gesundheit. Besonders junge Spieler aus der Provinz, die oftmals für einen Hungerlohn antreten, versuchen sich auf diese Weise zu profilieren, um als Talent entdeckt zu werden und in einen der »großen« Klubs in São Paulo und Rio de Janeiro zu wechseln, die als »Schaufenster« des brasilianischen Fußballs fungieren und besser bezahlen. Ihre Vorbilder sind jene Publikumslieblinge, denen es gelungen ist, den Spieß umzudrehen und die Klubs von sich abhängig zu machen. Diese Stars haben keine Probleme, ihre Verträge zu erneuern, und ihre Millionenforderungen werden erfüllt.[12] Was diese jungen Leute jedoch nicht sehen, ist das Elend, in das selbst solche Spitzenspieler zurückfallen können, wenn sie ungünstige Klauseln akzeptieren (etwa die Verpflichtung, auch verletzt zu spielen) oder wenn sie mit ihrem Geld nicht zu wirtschaften verstehen. Das bekannteste Beispiel ist der Spieler Garrincha von Botafogo, der Star zweier Weltmeisterschaften, der einige Male gedopt antrat, weil er eine Knieverletzung nicht auskurieren konnte, und seine Laufbahn vor der Zeit beenden mußte. Heruntergekommen und verarmt, starb er 1983 im Alter von 49 Jahren.

Aufs Ganze gesehen, stimmt die sich abzeichnende Entwicklungstendenz des »futebol« eher bedenklich, und außerhalb des Bundesstaates von São Paulo gibt es sogar Anzeichen von Verfall. Mit dem Sieg bei der Weltmeisterschaft in den USA – dem vierten

Weltmeistertitel insgesamt – bewahrte sich der brasilianische Fußball zwar sein internationales Ansehen, aber in Brasilien selbst leidet er zunehmend unter der fehlenden Professionalität der reformunwilligen Klubpräsidenten und ihrer Manager und unter den Interventionen politischer Parteien und der allgemeinen Desorganisation des Landes. Infolgedessen gehen allmählich die Zuschauerzahlen zurück, die Klubs geraten in eine Finanzkrise, die besten Spieler wandern ins Ausland ab, und das öffentliche Interesse wendet sich anderen populären Sportarten wie z. B. Volleyball und Basketball zu. Ohne den neuerlichen Weltmeistertitel würde sich die Abwärtsspirale heute vermutlich noch schneller drehen. Diese Entwicklung ist um so bedauerlicher, als damit auch eine Stütze der Demokratie in der brasilianischen Gesellschaft geschwächt wird.

[1] Dieser Aufsatz basiert im wesentlichen auf meiner Arbeit O Pontapé Inicial. Memoria do futebol Brasileiro, Rio de Janeiro 1990.

[2] W. Dean, A industrializaçao durante a República Velha, in: Bóris Fausto (Hg.), História General da Civilizaçao Brasileiro, Bd. III/B, São Paulo 1985, S. 252.

[3] Vgl. A. Rosenfeld, O futebol no Brasil, in: Revista Argumento Nr. 4, Rio de Janeiro 1973.

[4] M. Filho, O negro no Futebol Brasileiro, Rio de Janeiro 1964, S. 60.

[5] Zit. nach F. Peixato Corrês, Jogador de futebol dessa época, in: Ders. (Hg.), Grandezas e Misérias de Nosso Futebol, Rio de Janeiro 1933. Der Verfasser schildert konkret die Schwierigkeiten, die einem Spieler aus den Außenbezirken gemacht wurden, wenn er Mitglied eines feineren Klubs werden wollte.

[6] Diário Carioca, 26. Januar 1932.

[7] Vgl. R. M. Levine, Esporte e Sociedade, in: J. S. Witter / C. S. B. Meihy (Hgg.), Futebol e Cultura, São Paulo 1982, S. 23.

[8] Diese Parteinahme für Freiheit und Demokratie ist, nebenbei bemerkt, kein Einzelbeispiel aus dem südamerikanischen Fußball. Auch die argentinischen Spieler rebellierten immer wieder gegen die Militärdiktatur und die Tyrannei der Fußballpräsidenten. U. a. unterstützte die argentinische Spielergewerkschaft öffentlichkeitswirksam die Mütter der Plaza de Mayo, die von der Diktatur die Freilassung ihrer zu Opfern des Terrors gewordenen Söhne forderten.

[9] Das von Adílson Monteiro Alves, Sócrates und Juca Kfouri verfaßte Dokument befindet sich im Besitz des Autors.

[10] Mitteilung von Sócrates an den Verfasser aus dem Jahr 1986.

[11] Folha de São Paulo, 16. April 1987.

[12] Der Spieler Alfonsinho, ein Medizinstudent, strengte 1974 einen Prozeß gegen Botafogo an, um das Recht zu erlangen, seinen Transfer selbst auszuhandeln. Er

gewann und »verlieh« den Transfer daraufhin an die großen Klubs. In Fortsetzung einer couragierten Haltung, die er schon früher unter Beweis gestellt hatte (er war der erste Spieler, der offen die Regierung Médici kritisiert hatte), forderte er seine Spielerkollegen auf, dasselbe zu tun. Im selben Jahr 1974 wurde er beauftragt, die brasilianische Nationalmannschaft zusammenzustellen, doch bald aus politischen Gründen wieder abgesetzt. Für die »Corinthianische Demokratie« wurde Alfonsinho ein großes Vorbild.

USA

Andrei S. Markovits / Steven L. Hellerman

Die Geschichte von Soccer in den USA ist eine Geschichte der Fehlschläge. Niemand Geringeres als der Präsident der Vereinigten Staaten, Bill Clinton, hat das in Erinnerung gerufen, als er die Folgen des Baseball-Spielerstreiks von 1994/95, des längsten Arbeitskampfes in der Geschichte des amerikanischen Profisports, ausmalte:

»Ich glaube, daß die Leute sich wieder mehr auf ihre eigene Spielfähigkeit besinnen und sich für die Mannschaften in den unteren Ligen ihrer Gemeinden, weniger für den Erstliga-Baseball interessieren werden. Wenn der Streit nicht beigelegt wird, könnte Baseball wieder ein Lokalsport werden, so wie zum Beispiel Soccer.«[1]

In der Tat: Trotz des phänomenalen Erfolgs der Fußball-Weltmeisterschaft 1994 ist Soccer in den USA wieder auf jenen Außenseiterstatus zurückgefallen, den er dort während des gesamten 20. Jahrhunderts eingenommen hat. Unser Beitrag untersucht aus der Perspektive der politischen Soziologie die vergeblichen Anstrengungen, das Spiel erfolgreich zu etablieren. Dabei stellen wir die Geschichte des amerikanischen Soccer vor dem Hintergrund der amerikanischen Kultur und Gesellschaft dar. Unsere Ausführungen gliedern sich folgendermaßen:

Im ersten Teil werden wir die Unterentwicklung des Soccer in den USA auf dieselben strukturellen und historischen Zusammenhänge zurückzuführen versuchen, die auch für die Unterentwicklung des amerikanischen »Sozialismus«, d. h. einer sozialistischen Arbeiterbewegung nach europäischem Vorbild, angeführt worden sind. Wir setzen unsere Betrachtung dann fort mit einem kurzen Exkurs über weitere »American sports«, nämlich Baseball und American Football, die der Verbreitung des Soccer-Fußballs vorausgingen und sein Feld besetzten, und über Cricket, einen gänzlich gescheiterten Vorläufer. Im Anschluß daran illustrieren wir unser Argument mit Detailschilderungen. Und schließlich unterstreichen wir es noch einmal aus der Perspektive der letzten Fußballweltmeisterschaft in den USA 1994, von der trotz der überraschend guten Besucherzahlen der neueröffneten Major Soccer League (MSL) keine nachhaltigen Impulse für das Spiel ausgegangen sind: Während sich der Freizeitfußball zu einem beliebten Vergnügen für 19 Millionen Amerikaner (zumeist Jugendliche und Angehörige der gehobenen Mittelschicht) entwickelt hat, rangiert der »Big Sport« Soccer noch immer unter »ferner liefen«.

Unsere Untersuchung bestätigt damit letztendlich die Bedeutung des Faktors Kontinuität in der Geschichte. Trotz grundlegender Veränderungen in den Freizeit- und Unterhaltungsgewohnheiten auf der ganzen Welt scheint es, daß jene Muster des Sports als Massenkultur, die sich im späten 19. Jahrhundert herausgebildet haben, im großen und ganzen bis heute intakt geblieben sind. Das 20. Jahrhundert begann mit Soccer als einer Randerscheinung der amerikanischen Sportwelt, und es endet auch so.

Sombart und der amerikanische »Sonderweg«: Einige vergleichende Überlegungen über »Sozialismus« und Soccer

Wie die meisten anderen europäischen Beobachter war auch der Soziologe Werner Sombart von der »Neuen Welt« gleichermaßen fasziniert wie befremdet, ja abgestoßen. In dieser Zwiespältigkeit spiegelte sich die Möglichkeit negativer und positiver Verallgemeinerungen des »Sonderwegs« der USA wider, die als Nation ihre europäischen Wurzeln stets betont, auf der anderen Seite jedoch auch gewisse Eigenarten ausgebildet haben. Der für Sombart rätselhafteste »Amerikanismus« war das Fehlen einer gut organisierten, massenhaften und von einer Partei angeführten Arbeiterbewegung nach europäischem Vorbild, die er mißverständlicherweise als »Sozialismus« bezeichnete.[2]

Parallel zu der von Sombart bemerkten Unterentwicklung des »Sozialismus« (in diesem Sinn) können wir für die USA die Unterentwicklung von Soccer als einem populären Mannschaftssport feststellen. Das heißt nicht, daß Amerika mit dem »Sozialismus« und mit Soccer überhaupt keine Erfahrungen gemacht hätte. Beide verbreiteten sich in den USA zur selben Zeit wie in Europa und beide gedeihen weiterhin in den verschiedensten Erscheinungsformen.

Sozialistische Parteien und Bewegungen haben in Amerika auch im 20. Jahrhundert immer existiert, genauso wie Soccer seit seiner Einführung im 19. Jahrhundert ohne Unterbrechung gespielt wurde. In der amerikanischen Politik und in der intellektuellen Öffentlichkeit gab es durchaus gute Konjunkturen für den »Sozialismus«, ohne daß er jedoch jemals eine so prominente, ja hegemoniale Rolle eingenommen hätte wie zeitweise in den europäischen Ländern. Ebenso wurde auch Soccer niemals eine ernsthafte Herausforderung für die anderen populären Publikumssportarten, insbesondere die »großen Dreieinhalb« Football, Basketball, Baseball und Eishockey (der Halbe).[3] Angesichts des Pluralismus im intellektuellen Leben, in der Politik wie auch im Sport, wird wohl keine der beiden »unamerikanischen« Erscheinungen jemals ganz verschwinden. Auf der anderen Seite dürfte es in den USA aber auch keine von beiden in absehbarer Zeit zu nationaler Bedeutung bringen, obwohl Soccer weiterhin ein populäres Freizeitvergnügen sein und die Weltmeisterschaft alle vier Jahre das Interesse der amerikanischen Öffentlichkeit auf sich ziehen wird – vorausgesetzt, das US-Team kann sich qualifizieren.

Wir behaupten nicht, daß es einen direkten Zusammenhang zwischen der vergleichsweise ausgeprägten Unterentwicklung des Soccer-Fußballs und des »Sozialismus« in den USA gibt. Wir möchten vielmehr zeigen, daß dieselben Komponenten des »American exceptionalism«, die den »Sozialismus« zu einer Randerscheinung gemacht haben, auch für die untergeordnete Bedeutung von Soccer innerhalb des amerikanischen Sports verantwortlich sind. Wie vergleichsweise unwichtig dieser Sport für die Amerikaner ist, wird schon darin deutlich, daß das, was der Rest der Welt als »Fußball« kennt, von ihnen respektlos als »Soccer«, eine Verballhornung des englischen Worts »Association Football«, bezeichnet wird. Wir können daher bereits aus der Nomenklatur die relative Isolation und Marginalisierung dieses Spiels in Amerika erkennen.[4]

Amerika: Die »First New Nation«

Der gemeinsame Nenner dieser beiden amerikanischen Besonderheiten und zugleich die wohl wichtigste Voraussetzung für jedes Verständnis der amerikanischen Politik und Gesellschaft ist der genuin bürgerliche Charakter der USA; dies gilt in der Fremd- wie auch in der Selbstwahrnehmung. Die »natürliche« und daher umfassende Herausbildung einer bürgerlichen Gesellschaft erzeugte bestimmte Strukturen und eine Atmosphäre, durch die sich die

USA von allen anderen Ländern der »Alten Welt« wie auch von deren überseeischen Kolonien (auf die der Begriff der »Neuen Welt« denn auch selten angewandt wird) grundlegend unterschieden. Konstitutiv für den aufblühenden Amerikanismus war das freie Individuum, das sich – im Ideal ein unabhängig und vernünftig handelndes Subjekt – auf dem freien Markt entfalten konnte, ohne von Interventionen des Staates, der Stände, der Kirchen und des Militärs behindert zu werden. Kurz: Das bürgerliche Amerika schuf eine neue Identität, die ihren Stolz daraus bezog, anders zu sein als alle anderen im »aristokratischen Europa«. Durch die rigorose Trennung von Staat und Kirche konnte diese neue Gesellschaft die Säkularisierung politisch unangefochten vorantreiben und zugleich eine der religiösesten unter den fortgeschrittenen Industriegesellschaften werden. Und durch die Errichtung eines unprofessionellen Militärs unter strenger ziviler Kontrolle – neben der »Frontier«, der Grenze zum »Wilden Westen«, ein weiteres Merkmal des »American exceptionalism« – wurden die USA eine der schwerstbewaffneten Gesellschaften. Die Durchsetzung eines weitreichenden Begriffs von Gleichheit, der stets auch die Freiheit der einzelnen mitdachte und Zugang zu einer Fülle von Lebenschancen eröffnete, erzeugte ein differenziertes System der Mitwirkung am öffentlichen Leben, das von der Bevölkerung sofort und umfassend akzeptiert wurde. Vor allem aber bildete dieser Gleichheitsgedanke den Rahmen für die Entstehung des großen Mythos unbegrenzter Freiheit und grenzenloser Möglichkeiten, der zu den wohl attraktivsten Ideologien der modernen Welt gehört. Es war in der Tat so, wie Leon Samson, ein jüdischer Intellektueller und Sympathisant der europäischen Arbeiterbewegung der 1930er Jahre, argumentiert hat, daß nämlich der »Amerikanismus« in den USA ganz ähnliche Konnotationen weckte wie anderswo der Sozialismus und die anderen Ideen der Linken. Folglich wurde der Sozialismus aus dem Bewußtsein und der Lebenswelt des bürgerlichen Amerika verdrängt; der Amerikanismus ist, so gesehen, gewissermaßen der Sozialismus der Amerikaner.[5] Die Komponenten dieses »American exceptionalism« sind: die Beharrlichkeit von zwei pragmatischen und »nichtideologischen« bürgerlichen Parteien, denen es mit Hilfe des Wahlsystems erfolgreich gelang, alle neuhinzukommenden Konkurrenten zu majorisieren und auszugrenzen, sowie ein an der Denkfigur des »melting pot« veranschaulichter Nationalismus als Integrationsideologie.

Auch die Ausnahmestellung der USA im Weltfußball hat ihre Wurzeln in dieser bürgerlichen Ordnung, denn der moderne Sport ist unlösbar mit den Massendemokratien verbunden. Die Herausbildung und – vielleicht noch wichtiger – die Ausbreitung der modernen Disziplinen war eine Begleiterscheinung der bürgerlichen Lebensweise. Die meisten wurden aus aristokratischen bzw. halbaristokratischen Ambitionen heraus von den sogenannten höheren Ständen »erfunden«; sofern sie größere Bedeutung als Polo oder Cricket zu erlangen vermochten, gerieten sie jedoch in der Regel bald in den Wirkungskreis des Bürgertums und der breiteren Bevölkerung. Folglich waren es die beiden »bürgerlichsten« Gesellschaften des späten 19. Jahrhunderts, Großbritannien und die Vereinigten Staaten, die jene organisierten, professionellen Mannschaftssportarten begründeten, die in ihren eigenen Ländern und – im Fall des britischen Soccer-Fußballs – anderswo auf der Welt gespielt wurden.

Die Ausbreitung der Sportbewegung war eine Begleiterscheinung der globalen Bedeutung, die diesen beiden Ländern zu unterschiedlichen Zeitpunkten zukam. Großbritannien war im späten 19. Jahrhundert immer noch die führende Industriemacht und als solche ein Meinungsbildner und maßgebendes kulturelles Vorbild. Die »Neue Welt« faszinierte zwar die europäische Öffentlichkeit, blieb aber im großen und ganzen noch isoliert, auch weil die USA auf der Bühne der Weltpolitik zunächst noch keine Hauptrolle spielten. Sie kultivierten vielmehr ihre relative Isolation, die durch das amerikanische Selbstverständnis, entschieden nicht-, wenn nicht gar anti-europäisch zu sein, teilweise selbst auferlegt war. Während Großbritannien seine Legitimität nach innen daraus bezog, Zentrum eines riesigen Weltreiches zu sein, erwarben die USA ihre Legitimität durch die doppelte Eigenschaft, eigene Grenzen zu haben und unabhängig vom britischen »Mutterland« wie auch von den australischen und kanadischen Vettern zu sein. Das ambivalente Verhältnis zu Großbritannien manifestierte sich in der geistigen Verwandtschaft, die durch die gemeinsame Sprache betont wurde, bei gleichzeitiger Geringschätzung der ehemaligen Kolonialmacht, die – das war im späten 19. Jahrhundert stets Gegenstand des öffentlichen Diskurses – allein schon durch ihre Existenz eine Bedrohung für die Identität der »Neuen Welt« zu sein schien.

Diese gleichermaßen von Bewunderung und Ablehnung bestimmte »special relationship« prägte auch den Sport. Denn vor dem Hintergrund dieses ambivalenten und zumeist einseitigen Dialogs mit Großbritannien entwickelten sich sowohl Football als auch Baseball zu amerikanischen Sportarten schlechthin. Beide Sportarten gingen aus britischen Mannschaftsspielen der vorindustriellen Zeit hervor. Durch die vollständige Verbürgerlichung wurden sie jedoch in die neue industrialisierte und hochgradig kommerzialisierte Ordnung der »Neuen Welt« eingefügt. Zu der Zeit, als Großbritannien den modernen Soccer-Fußball zu exportieren begann, war der amerikanische Raum bereits von früheren britischen Importen »besetzt«, die in der Zwischenzeit in »echte« amerikanische Spiele umgewandelt worden waren.

Daraus beantwortet sich auch die Frage, warum Soccer in den USA an den Rand gedrängt wurde. Erstens hatte das amerikanische Bürgertum zuvor sein eigenes Nationalspiel Baseball erfolgreich etabliert, und einen Sport wie Cricket, der eng mit der Kultur Großbritanniens und der aristokratischen Ethik verbunden schien, hatte es abgelehnt. Der Sickereffekt, der die Popularisierung des Baseballs in der breiten Bevölkerung inklusive der Immigranten und ihrer Kinder bewirkte, fiel dann zeitlich mit der Verbreitung des Fußballs als Massensport in Großbritannien zusammen. Zweitens war die junge Elite an den amerikanischen Spitzenuniversitäten darauf versessen, jenes Spiel zu spielen – und es später weiterzuentwickeln –, das sich in Großbritannien nachhaltig als Elitesport hielt, nämlich Rugby; ihre Anglophilie durch den Import von Soccer zu bekunden, vermieden sie, weil dieses Spiel dort zu jener Zeit bereits ähnlich demokratisiert, ja »vulgarisiert« war wie Baseball in den USA.

So blieb Soccer in Amerika eng mit der Kultur der Immigranten verbunden und wurde zumeist auch von Immigranten kontrolliert. Das war ein Stigma und ein Handicap für seine weitere Popularisierung in der »Neuen Welt«. Denn die Vorläufer des Spiels waren in den englischen Kolonien des 17. und 18. Jahrhunderts gespielt worden (ein früher Beleg bezieht sich auf Virginia im Jahr 1609),[6] wo sie, auf Straßen und offenen Plätzen veranstaltet, oftmals zu Unruhen führten und Interventionen der Behörden provozierten. Wie auch andere Mannschaftsspiele hatte Fußball in diesem Rahmen keine soziale Anerkennung erlangen können.

Dies änderte sich erst, als einige Spitzen-Colleges, angeführt von Harvard, Yale, Princeton und Columbia, damit begannen, unterschiedliche Versionen des Spiels in der akademischen Geselligkeit zu verankern. Da das Fußballspiel von den Universitätsverwaltungen immer wieder angegriffen wurde (es führe zur Vernachlässigung der Studien, schädige die Gesundheit und störe die Ruhe), konnte es erst in den frühen 60er Jahren des 19. Jahrhunderts organisiert werden, als Studenten und Ehemalige mehrerer Bostoner Elite-Oberschulen den Oneida Football Club gründeten. Dieser Klub verlor zwischen 1862 und 1865 kein einziges Spiel und kassierte auch kein Gegentor, wodurch dem »Boston Spiel« eine außergewöhnliche Berühmtheit innerhalb Amerikas noch kleiner, aber feiner Football-Welt zuteil wurde. Mit der Erlaubnis, sowohl die Hände als auch die Füße benutzen zu dürfen, wurde das »Boston-Spiel« bald darauf der populärste Sport jenseits des Charles River in Cambridge, der Heimat der Harvard Universität.[7]

Gegen Ende des Jahrzehnts waren die Regeln der Colleges soweit vereinheitlicht, daß am 6. November 1869 das erste College-Football-Spiel in der amerikanischen Geschichte zwischen der Rutgers Universität und Princeton stattfinden konnte. Dieses Ereignis kann als erstes Football- wie auch als erstes Soccer-Spiel in der Geschichte der USA deklariert werden, da man Regeln zugrundelegte, die irgendwo zwischen denen des Association-Football und denen des Rugby-Football lagen. Bis 1872 hatten sich Columbia, Yale und Stevens hinzugesellt; man spielte nun ein Kick-Spiel, dessen Regeln denen des Association-Football entsprachen. Obwohl es regionale Unterschiede bei der Regelauslegung gab, einigte man sich darauf, daß der Ball nicht mit den Händen aufgenommen, nicht gefangen, geworfen oder getragen werden dürfe.

Es schien, als hätte Soccer nun in einer rudimentären Form Einzug in die führenden amerikanischen Colleges gehalten. Dies gelang jedoch nicht an der ältesten und prestigeträchtigsten Institution höherer Bildung: Harvard widersetzte sich unbeirrt dem Kickspiel und hielt hartnäckig an seinem »Boston-Spiel« fest, das in der Zwischenzeit etwas verfeinert worden war. Als die anderen Universitäten im Jahr 1873 einheitliche Regeln verabredeten, verzichteten sie wegen des Fernbleibens der renommierten Harvard-Universität auf die Gründung einer Liga. Es ist eine Ironie der Fußballgeschichte, daß sie, wie sich später herausstellte, damit die Weichen der künftigen Fußballentwicklung an den amerikanischen Colleges zugunsten des Laufspiels gestellt hatten, das schon wenige Jahre später seinen endgültigen Triumph über das Kickspiel feiern sollte:

Auf der Suche nach einem Gegner wandte sich Harvard nämlich über die nördliche Grenze hinaus an die McGill University in Montreal, wo zu dieser Zeit Rugby gespielt wurde. Im Jahr 1874 trafen sich die beiden Universitäten zu zwei Partien: eine nach den Regeln des »Boston-Spiels«, die, wie vorauszusehen, von Harvard gewonnen wurde, und eine zweite nach Rugbyregeln, die überraschenderweise mit einem torlosen Unentschieden endete. Das Wichtigste war jedoch die einmütige Begeisterung der Harvard-Mannschaft für Rugby-Football. Das bis dahin bevorzugte »Boston-Spiel«, das eine Mischung aus Rugby und Soccer gewesen war, wurde nun als langweilig und einschläfernd empfunden und bald darauf aufgegeben. An seiner Stelle entwickelte sich das Laufspiel in seiner reinsten Form zu Harvards unangefochtenem Mannschaftssport. Kaum ein Jahr später, im Jahr 1875, gewann Harvard erstmals gegen Yale in einer Sportart, die Yale nie zuvor gespielt hatte.[8] Im Jahr 1876 gab Yale den Soccer auf und ersetzte ihn durch Rugby; danach folgten die anderen Universitäten, wobei Princeton 1877 das Schlußlicht bildete.[9] Der Triumph von Rugby über Soccer an amerikanischen Colleges war derart vollständig, daß Soccer auf interuniversitärer Ebene bis zum Jahr 1902 auf einem amerikanischen Campus nicht mehr in Erscheinung trat. In dieser Zeit hatte American Football, der Nachfolger des Rugby in der »Neuen Welt«, bereits eine unerschütterliche Stellung im amerikanischen Collegeleben eingenommen. Wegen der geringen Trefferzahl, die im Vergleich mit jeder der »Großen Drei«, das heißt der genuin amerikanischen Sportarten, erzielt wurden, galt Soccer als langsam, langweilig und ohne »action«, worauf diese Variante als Universitätssport im gewaltigen Schatten, den Football und später auch Basketball warfen, dahinwelkte. An amerikanischen Universitäten und in der amerikanischen Gesellschaft blieb Soccer daher, was die Spieler wie auch die Zuschauer betrifft, eine Domäne von Ausländern und Immigranten.

Verdrängung von oben: Die Konkurrenz des American Football

Nachdem der Rugby-Fußball sich als Sport an den amerikanischen Colleges etabliert hatte, begann er sich sofort von einem halb-aristokratischen englischen Spiel zu einer amerikanischen Aktivität fortzuentwickeln. Über die nächsten viereinhalb Jahrzehnte hinweg wurde American Football immer wieder verändert, angeglichen und reformiert, bis sich am Vorabend des Ersten Weltkrieges die Grundformen der heutigen Spielweise herausgebildet hatten.

Das Spiel war allerdings so gewaltsam, daß schwerste Verletzungen und sogar Todesfälle vorkamen. Als daraufhin der Ruf nach einem Verbot laut wurde und eine entsprechende Kampagne von Präsident Theodore Roosevelt angeführt wurde, setzte man Regeländerungen durch, die die Verletzungsträchtigkeit verringern sollten, ohne die für unverzichtbar gehaltene Rauheit und damit den Unterhaltungswert des Spiels zu beeinträchtigen. Roosevelts Intervention führte im Jahr 1905 zur Gründung der Intercollegiate Athletic Association, die sich 1910 in National Collegiate Athletic Association (NCAA) umbenannte. Damit war der Rahmen für die Herausbildung des wohl hervorstechendsten Merkmals der amerikanischen Sportkultur bzw. Sportökonomie hergestellt: der vielfältige – im Fall von Football und Basketball auch außerordentlich populäre und daher lukrative – Leistungssport auf inter-universitärer Basis.

Um die Jahrhundertwende, lange nach der Professionalisierung des Baseballs, sonnte sich Football immer noch im Glanz des Amateurdaseins seiner Studenten-Athleten. College-Football entwikkelte sich zum beliebtesten Sport der amerikanischen Mittelklasse, wenn er auch aufgrund seiner herbstlichen Spielsaison mit dem Baseball nicht direkt konkurrierte. Zur selben Zeit, als dem Soccer seine triumphale Eroberung des europäischen Kontinents und Lateinamerikas gelang, breitete sich Football in den USA von den Elite-Institutionen an der Ostküste ausgehend im ganzen Land aus und etablierte sich an den Colleges und Universitäten.

Daß Football ein Sport des akademischen Amerika geblieben war, verdeutlicht seinen Mittelschichtencharakter. Die Spiele am Samstagnachmittag bis in die hereinbrechende Nacht wurden zu einem festen Bestandteil der bürgerlichen Kultur. Der College-Football der Amateure erreichte schließlich eine so dominante Position, daß es ihm noch nach der Gründung der National Football League im Jahr 1920 gelang, das professionelle Spiel zu verdrängen, ebenso wie vorher Soccer. Die professionelle Variante hatte ihre Ursprünge in Amerikas Stahl- und Kohleregionen, u. a. in Pittsburgh, und hat sich von dort aus in die Industriegebiete von Ohio und die Fleischkonserven-Städte um Chicago ausgebreitet. Erst in den späten 40er Jahren begannen College-Absolventen (oder zumindest Spieler mit College-Erfahrung), den größten Anteil der Profispieler zu stellen.

Und erst in den späten Fünfzigern konnte der professionelle Football eine ähnliche Popularität erzielen wie der College-Football der Amateure, um dann schließlich an ihm vorbeizuziehen.[10]

Seit den 60er Jahren ist der professionelle Football der bei weitem populärste amerikanische Zuschauersport. Da die sonntagnachmittäglichen Rundenspiele und auch das wöchentliche Sonderspiel am Montagabend im Fernsehen übertragen werden (und dabei stets die addierten Einschaltquoten aller anderen amerikanischen Sportsendungen übertreffen), da die Übertragungen zudem um Vor- und Nachanalysen ergänzt werden und durch die eingespielten Werbespots zu einer kommerziellen Veranstaltung geworden sind, hat sich der professionelle Football mittlerweile auch den attraktivsten Sportplatz Amerikas, das Fernsehen, erobert. Daß die meisten Amerikaner das Spiel in dieser organisierten Form niemals selbst gespielt haben (wenn man einmal von Jugendspielen ohne Trainer und Ausrüstung absieht), ja in der Regel noch selten auch nur ein Stadion von innen gesehen haben, ist dabei ganz unerheblich und hebt die Bedeutung der modernen Massenmedien nur noch stärker hervor. Dieser außerordentliche Erfolg des Football als Fernseh-Unterhaltung, die kein persönliches Engagement verlangt, ist ohne Zweifel eine wichtige Ursache für den nachhaltigen Mißerfolg des Soccer als »Big-Time«-Zuschauersport.

Verdrängung von unten: Die Konkurrenz des Baseball

Seit seiner Herausbildung als Erholungssport und Unterhaltungsvergnügen für Erwachsene verdankt Baseball seine Beliebtheit seinem Charakter als »amerikanisches« Spiel. Daher unternahmen die Organisatoren große Bemühungen, um jegliche Verbindung mit seinen Vorfahren in der »Alten Welt«, insbesondere mit dem Schlagballspiel Rounders, zu leugnen. Eine Verwandtschaft mit diesem Spiel wurde stets abgestritten, und Baseball wurde systematisch durch die Unterschiede zum Cricket definiert, das für viele Jahre sein einziger Rivale bleiben sollte: Baseball war schneller, aktionsreicher, härter, erforderte mehr Geschicklichkeit und Eigeninitiative und erschien daher geeigneter für den Wettkampf als sein englisches Pendant. Kurz: Baseball war einfach besser an das Leben in der »Neuen Welt« angepaßt und spiegelte es zutreffender wider.

In einer interessanten und andauernden Parallele zu Soccer gründete sich der Erfolg des Baseball zum Teil darauf, daß die Teilnahme praktisch keine Ausrüstung und auch keine besonderen körperlichen Fähigkeiten voraussetzte. Ebenso wie Soccer, aber auch wie die verwandten Spiele Townball, Goalball und Roundball, die bereits in den post-kolonialen Städten gespielt worden waren,[11] eröffnete Baseball damit einen demokratischen Zugang. Der erste Baseball-Klub, die New York Knickerbockers, setzte sich hauptsächlich aus Angehörigen der bürgerlichen Mittelschicht zusammen, die nach dem Status eines Gentleman strebten; ihnen gebührt das Verdienst, im Jahr 1845 die ersten schriftlichen Regeln formuliert zu haben. Das erste schriftlich belegte Baseballspiel fand am 19. Juni 1846 (demselben Jahr, in dem J. C. Thring die erste Footballmannschaft in Cambridge zusammenstellte) zwischen den Knickerbokkers und dem New Yorker Baseball-Klub statt.

Innerhalb von zehn Jahren bildeten sich mehrere Mannschaften in der Umgebung von New York, und seit 1855 räumte die Sportpresse Baseball regelmäßig redaktionellen Raum ein, obwohl weiterhin mehr über Cricket geschrieben wurde. Aber Baseball lockte Zuschauer an. Zeitgleich mit dem Anwachsen der Anhängerschaft und der Ausbildung des Wettkampfbewußtseins erfolgte im Verlauf der 50er Jahre des 19. Jahrhunderts eine rapide Ausbreitung des Spieles »nach unten«, da Arbeiter zu den geschicktesten Spielern und hingebungsvollsten Fans gehörten.[12]

Baseball sollte sich daraufhin in die amerikanische Kultur integrieren, Cricket hingegen sollte sich isolieren und – darin das Schicksal des Soccer schon einmal vorwegnehmend – ein marginaler Sport bleiben.

Gegen Ende des Bürgerkriegs gelang es Baseball dann definitiv, die Konkurrenz für sich zu entscheiden, worauf das amerikanische Cricket in relativer Vergessenheit vor sich hindämmerte, bis es schließlich um 1920 sogar vom Aussterben bedroht war.[13] Ob es möglich gewesen wäre, daß sich Baseball und Cricket den Kuchen geteilt hätten, war bereits gegen Ende des Bürgerkriegs nur noch eine akademische Frage.

Auf vielerlei Art und Weise ist die Geschichte des Baseball ein Spiegelbild des amerikanischen »Goldenen Zeitalters«. Das Spiel übernahm eine wichtige Rolle bei der Assimilierung von Immigranten oder zumindest von deren Kindern in die amerikanische Gesellschaft. Als im Jahre 1876 die National League of Professional Baseball Teams, die älteste professionelle Sportliga der Welt, gegründet wurde, war Baseball *der* nationale Zeitvertreib schlechthin. Zehn Jahre später, als sich der amerikanische Verband durch Bierverkäufe vor Ort, 25-Cent-Eintritt und Sonntagsspiele erfolgreich auf ein vielschichtiges Publikum eingestellt hatte, war Baseball der bei weitem vorherrschende Freizeit- und Zuschauersport in den USA. Um die Jahrhundertwende, nach einem Jahrzehnt voller Unruhen sowohl in den Baseballstadien als auch in den Sitzungssälen der Liga, wurde die Mittelschicht durch die Reformen der eben flügge gewordenen American League für den Sport zurückgewonnen (oder umgekehrt).[14] Bis in die Nachkriegszeit hinein sollte Baseball in Amerika zumindest für die Monate von April bis Oktober eine unangefochtene Spitzenposition als Freizeit- und Zuschauersport genießen.

Heute, im Fernsehzeitalter, hinkt Baseball jedoch bei den Einschaltquoten und Werbeeinnahmen hinter professionellem Football und Basketball hinterher. Das Spiel hat seine Position als Amerikas beliebtester Freizeit-Mannschaftssport sowohl an Basketball wie auch an das langsamere Softball-Spiel, in manchen Gegenden sogar – dies betrifft hauptsächlich Kinder – an Soccer verloren. Doch ist Baseball trotz dieser Konkurrenten und trotz des bereits Jahre währenden und bislang ungelösten Streits zwischen Eigentümern und Managern der Erstliga-Klubs, der zum ersten Mal seit 90 Jahren zur Absage einer »World Series« führte, immer noch *der* amerikanische Sport schlechthin. In Anbetracht seiner historischen und jahreszeitlichen Bedeutung für die amerikanische Freizeitkultur und seiner geringen körperlichen Anforderungen an die Spieler wird sich jeder künftige Fortschritt des Soccer-Fußballs – wenn überhaupt – nur auf Kosten des Baseball verwirklichen lassen.

Zwischenergebnis

Für den Mißerfolg des Soccer-Fußballs in der amerikanischen Kultur lassen sich vier Gründe anführen, von denen einige bereits genannt wurden: Erstens hatte das Spiel im Frühjahr und Sommer wie auch im Winter attraktivere Konkurrenten. Als Freizeit- und Zuschauersport wurde es »von unten« durch die Ausbreitung und den Erfolg des Baseball verdrängt, dessen Anhänger danach trachteten, die bürgerlichen Werte Amerikas zu verallgemeinern. Durch den American Football, einen Sport für das Bürgertum und die obere

Mittelschicht, erfolgte gleichzeitig eine Verdrängung »von oben«. Zweitens wurde Soccer genau wie Cricket von den im Land geborenen Amerikanern wie auch von vielen Immigranten als eine nichtamerikanische Betätigung empfunden; und dies zu einem Zeitpunkt, als der Stolz, in den USA geboren zu sein, und der Nationalismus ein spezifisch amerikanisches Selbstverständnis hervorbrachten.

Die Soccer-Enthusiasten unterließen daher jeglichen Versuch, diesen Sport in die Kultur ihrer Wahlheimat zu integrieren. Für den typischen soccerspielenden Immigranten wie auch für den ortsversetzten britischen Cricketspieler bildeten Soccer und Cricket vielmehr eine Verbindung zu den europäischen Wurzeln inmitten des unerbittlichen amerikanischen »melting pot«; eine »Amerikanisierung« des Sports hätte folglich seine *raison d'être* negiert.

Zwar gelang es nach der Jahrhundertwende, auch gebürtige Amerikaner für Soccer zu gewinnen, doch war dieser Erfolg auf die College- und Hochschulathleten begrenzt; darin liegt ein dritter Grund des Mißerfolgs. Diese Sportler wurden nämlich von der breiten Öffentlichkeit als Außenseiter, als zu »hochstehend« und daher ungeeignet für die allgemein akzeptierten Disziplinen Football und Baseball betrachtet. Viele, die Soccer spielten, taten dies ohnehin nur, um in der Nachsaison dieser Lieblingssportarten aktiv zu bleiben. Vergleichbar dem Ballspiel Lacrosse, gelang es Soccer daher nur, eine Nische an den amerikanischen Universitäten zu besetzen; das Spiel blieb die Domäne einer engagierten, aber kleinen Gruppe von Enthusiasten, die mit der von Football und später auch Basketball dominierten Campus-Sportkultur wenig zu tun hatten. Diejenigen, die den Soccer-Fußball nach den Regeln der FIFA zu organisieren versuchten, ignorierten wiederum den Hochschul-Soccer gänzlich.

Viertens schließlich wiederholten sich im Soccer die Erfahrungen des Cricket. Die Organisatoren des Spiels scheiterten an der Aufgabe, eine Dachorganisation zu errichten, um es modernisieren und seine Verbreitung fördern zu können. Sie verzettelten sich in persönlichen Rivalitäten, dachten nur daran, den Status quo zu erhalten, und machten keine Anstalten, ihren Sport in der amerikanischen Öffentlichkeit zu vermarkten. Mit Max Weber gesprochen, entwickelte der amerikanische Soccer daher nicht die organisatorische Rationalität, die erforderlich gewesen wäre, um in einer modernen Gesellschaft zu reüssieren.

Um die Jahrhundertwende, als der amerikanische Football wegen seiner Brutalität an manchen Bildungsanstalten vorübergehend verboten war, formierten einige wohlhabende Oberschulen und Colleges aus der Umgebung von Philadelphia Soccer-Mannschaften und gründeten die Intercollegiate Football Association. Harvard bildete bereits im Jahr 1905 eine Soccer-Mannschaft, und im Verlauf des nächsten Jahrzehnts folgten die meisten anderen Eliteuniversitäten diesem Beispiel. Um das Jahr 1910 begannen dann auch Studenten anderer, nicht so wohlhabenden Colleges, diesen Sport in ihr Programm aufzunehmen. 1926 gab es zwei College-Verbände für Soccer, 1936 sechs, 1954 acht und 1959, als die NCAA eine Meisterschaft für Soccer einführte, gab es zehn.[15] Es gelang jedoch immer noch nicht, mehr als ein mäßiges Zuschauerinteresse auf dem Campus hervorzurufen. Soccer wurde als eine Freizeitaktivität betrachtet, deren Wert durch den Wettbewerb zwischen den Schulen und Colleges etwas gesteigert werden konnte, und als eine Alternative für diejenigen Studenten, die nicht über die für Football erforderliche athletische Gewandtheit und Körpergröße verfügten. Die meisten Studenten betrachteten ihre soccerspielenden Kommilitonen daher als Eigenbrötler, als snobistisch oder ganz einfach als etwas seltsam.

Seit den 60er Jahren werden von den Colleges regelmäßig Sportstipendien in dieser Sportart vergeben, und einige unter ihnen, zum Beispiel die Universitäten von St. Louis und die von Virginia, dem amtierenden NCCA-Meister, brachten wahre »Bombenmannschaften« im Soccer hervor. In den 70er Jahren wurden dann sogar gute College-Spieler für die North American Soccer League (die erste und bis zur Gründung der MSL im Jahr 1996 einzige nationale Liga in den USA) gezielt angeworben, doch leider fielen die meisten nicht darunter. Immerhin: auf diese Weise brachten die US-Colleges Spieler wie Tab Ramos, John Harkes und Erik Wynalda hervor, von denen einige von den europäischen Erstliga-Klubs gekauft wurden; sie spielten jahrelang in Europa, machten bei der Weltmeisterschaft 1994 einen guten Eindruck in der amerikanischen Mannschaft und erweisen sich derzeit als ein Gewinn für die MSL.

Das größte Hindernis für die College-Soccerspieler, um ein professionelles Niveau zu entwickeln, ist die kurze Dauer der Spielsaison an den Hochschulen. Darüber hinaus gilt das Training an den meisten Colleges als unzulänglich und einfallslos. Obwohl das Spiel in letzter Zeit auf manchem Campus recht beliebt geworden ist, befindet es sich daher immer noch auf einer Stufe mit Volleyball, Lacrosse und Ringen, und nirgendwo besitzt es das Prestige von Football oder Basketball. Soccer bleibt eben weiterhin ein klarer Außenseiter in der Campus-Kultur der amerikanischen Universitäten.

Es gibt allerdings einen Bereich, in dem Soccer an US-Colleges auf höchstem Niveau gespielt wird: den Frauen-Soccer. Amerikanische Unversitäten haben die Spielerinnen für das US-Team gestellt, das im Jahr 1991 die erste Frauen-Weltmeisterschaft in China gewann und vier Jahre später, bei der zweiten Weltmeisterschaft in Schweden, den dritten Platz hinter Norwegen und Deutschland belegte. Das Zuschauerinteresse am Frauen-Soccer bleibt jedoch im College-Sport weiterhin äußerst gering, im übrigen ebenso wie an den meisten anderen Frauendisziplinen, mit Ausnahme vielleicht des Basketballs. Die Studentinnen bleiben unter sich, mißachtet von Amerikas »Sportwelt«. Der erstmalige Auftritt des Frauenfußballs bei den Olympischen Spielen 1996 in Atlanta war eine Gelegenheit, dem Frauenfußball in den USA (und anderswo) größere Sympathien zu verschaffen. Man muß sich jedoch darüber im klaren sein, daß das für den Männerfußball zu einer weiteren Marginalisierung führen kann: Soccer hätte dann den zusätzlichen »Makel«, ein Frauensport zu sein.

Amateur- und Profisoccer auf Klubebene

Im letzten Viertel des 19. Jahrhunderts wurde Soccer im östlichen Teil der USA von vielen Immigranten gespielt. Sie bildeten Amateur-Mannschaften, die sich, wie bereits die Namensgebung erkennen ließ, hauptsächlich aus Mitgliedern einer bestimmten ethnischen Gruppe zusammensetzen: Brooklyn Celtics, Anglo Saxons F.C., Spanish-Americans F.C. und Clan McKenzie F.C. Eine American Football Association (AFA) entstand im Jahre 1884; es war die erste Soccer-Liga, die jemals außerhalb Großbritanniens gegründet wurde. Kleinliches Gezänk unter den Klubs gab es beinahe von Anfang an, und die Mannschaften aus New York gründeten frühzeitig ihre eigene Organisation, die American Amateur Football Association (AAFA). Diese beiden Ligen, die sich sowohl aus Amateur- als auch aus halbprofessionellen Mannschaften zusammensetzten, baten 1912 um Anerkennung durch die FIFA. Es wurde ihnen jedoch aufgetragen, sich erst einmal zu vereinigen, worauf sie die United States Football Association (USFA) bildeten. Diese Organisation wurde von Amateuren geleitet, von denen nur wenige geborene Amerikaner waren, und erreichte niemals das von ihrem aus England eingewanderten Präsidenten festgesetzte Ziel, »Soccer zum nationalen Zeitvertreib im Winter« zu machen. Sie erwies sich darüber hinaus als ungeeignet und unfähig, zu organisieren, zu werben und Kapital anzuhäufen; es gelang ihr auch niemals, sich von der ethnischen Abgeschlossenheit zu lösen, die schon immer die ohnehin schwierige Integration des Spiels in die amerikanische Kultur behindert hatte. Außerdem ignorierte die USFA den College- und High School-Soccer vollständig und nahm sich dadurch die Möglichkeit, nennenswerten Einfluß auf die amerikanischen Spieler und potentiellen Fans auszuüben. Was das professionelle Spiel betrifft, erwies sich die USFA mehr als ein Verhinderer denn als ein Förderer.[16]

Ein kommerzielles Unternehmen, die mit Unterstützung von Großinvestoren der Ostküste gegründete American Soccer League (ASL), hatte mehr Erfolg bei den Zuschauern. Aber ihre Stabilität wurde immer wieder durch die Grabenkämpfe mit der USFA geschwächt, die der neuen Liga die Anerkennung versagte und damit auch die Anerkennung durch die FIFA verhinderte. Nachdem sie einige Zeit ihr Dasein als »geächtete Liga« gefristet hatte, verschwand sie ein Jahr nach dem Zusammenbruch des Aktienmarktes von 1929 von der Bildfläche. In dieser Liga hatten einige erstklassige Spieler aus Europa, zumeist Schotten gespielt, und sie hatte auch die meisten Spieler des US-Teams gestellt, das bei den ersten Weltmeisterschaften im Jahre 1930 bis ins Semifinale vordrang.[17]

Der nächste Versuch, eine American Soccer League zu etablieren, erfolgte im Jahr 1933. Mit Spielen im Frühjahr und Sommer schaffte es diese gleichnamige Vereinigung zu überleben, und dies trotz Kapitalmangels, geringer Zuschauerzahlen, nur geringfügiger Werbung und der Konvention, die Mannschaften nach ethnischen Gesichtspunkten aufzustellen, was das Desinteresse des größten Teils der amerikanischen Öffentlichkeit zur Folge hatte.[18] Gegenwärtig existiert sie als eine von zwei regional begrenzten und im Freien spielenden Profiligen in den USA und in Kanada, die jedoch beide auf einem Niveau spielen, das sich bestenfalls mit dem des letzten Drittels in den Zweiten Ligen der meisten europäischen Länder vergleichen läßt.

Die North American Soccer League

Im Jahr 1966, als im professionellen Baseball, Football, Basketball und Eishockey die Anzahl der Spielbetriebslizenzen kontinuierlich zunahm, bemühten sich drei unterschiedliche Gruppen wohlhabender Investoren um die Anerkennung einer United States Soccer and Football League durch die FIFA, um dadurch die formalen Voraussetzungen für eine neue Profiliga zu erfüllen. Zwei der Gruppen vereinigten sich, gründeten die National Professional Soccer League (NPSL) und schlossen einen Fernsehkontrakt mit Columbia Broadcasting System (CBS) ab. Diese Gruppe wies die Forderung der USFA nach einer prozentualen Beteiligung an den Eintrittsgeldern und den Fernsehhonoraren zurück, so daß sie nur als »Piraten-Organisation« operieren konnte. Die andere Gruppe, der einige der wohlhabendsten Männer des Landes angehörten, machte gemeinsame Sache mit der antiquierten und überheblichen USFA und gründete die United Soccer Association (USA – ein Kürzel, das wohl nicht ganz zufällig war).[19]

Trotz ihres Geächteten-Status war die NPSL in der Lage, Verträge mit genügend ausländischen Spielern abzuschließen, um zehn Mannschaften für die Saison 1967 zu bilden. Sie sicherte sich einen zweijährigen Fernsehkontrakt mit CBS für die wöchentlichen Übertragungen der Spiele und erhob als flankierende Maßnahme eine 18-Millionen-Dollar-Klage gegen die FIFA, die USFA und die USA wegen Einschränkung des freien Wettbewerbs. In der Zwischenzeit eilte die USA mit zwölf hastig zusammengestellten Mannschaften in die Spielsaison 1967. Auch in dieser Liga waren die meisten Spieler Ausländer. Die Spiele in beiden Ligen erreichten nicht eben Spitzenqualität, und die Fernseh-Einschaltquoten waren äußerst niedrig. Die Klage wurde rechtzeitig für die Saison 1968 zurückgezogen, da die beiden Ligen sich jetzt zur 17 Mannschaften zählenden North American Soccer League (NASL) vereinigten. Auch diese Saison verlief katastrophal, da sich die Fernsehquoten abermals im untersten Bereich befanden und die Zuschauerzahlen kaum anstiegen. CBS sah vernünftigerweise davon ab, seine Verpflichtungen zu erneuern, und die Liga schrumpfte für die Saison

1969 auf fünf Mannschaften zusammen. Daß es der NASL gelang, die nächsten sechs Jahre zu überstehen, war hauptsächlich dem Engagement von Lamar Hunt zu verdanken, dem wohlhabenden Eigentümer der Spielbetriebslizenz der Dallas Tornados (Soccer) und der Kansas City Chiefs (American Football).[20]

Die NASL erlebte im Jahre 1975 eine Auferstehung, als Cosmos New York den brasilianischen Starspieler Pelé mit einem Dreijahresvertrag über 4,5 Millionen Dollar verpflichtete und damit dem Soccer die bei weitem größte Aufmerksamkeit brachte, die er in den US-Medien je erlebt hatte. CBS gab den Startschuß durch die Übertragung von Pelés erstem Spiel für die NASL, und die Besucherzahlen schossen in die Höhe. Im folgenden Jahr unterzeichneten weitere ausländische Spitzenspieler Verträge mit der NASL, unter denen besonders Franz Beckenbauer, Giorgio Chinaglia und George Best hervorzuheben sind, damals schon allesamt Legenden. Cosmos gelang es auch weiterhin, viele Zuschauer in New York anzulocken. Im Jahr 1977 sahen 77000 Fans das Play-Off-Spiel gegen Fort Lauderdale. Und 1979 unterzeichnete die Liga einen Fernsehkontrakt mit der »American Broadcasting Company« (ABC).[21]

Es schien so, als wäre in Gestalt der NASL nun die große Zeit des Soccer in den USA gekommen, doch die Transaktionen mit hohen Summen und die Medienaufmerksamkeit verdeckten die Schwächen, die sowohl in strukturellen Problemen der Liga als auch in der geringen Attraktivität des Soccer für die amerikanische Öffentlichkeit begründet lagen. Im Jahr 1982 kündigte ABC, unzufrieden mit den konstant niedrigen Einschaltquoten, den Fernsehkontrakt mit der Liga, und die NASL, die bereits im vorhergehenden Jahr drei Spielbetriebslizenzen verloren hatte, verlor weitere sieben, darunter auch diejenige für die Dallas Tornados von Lamar Hunt. Es kam ans Licht, daß alle Lizenznehmer der Liga seit dem Aufschwung in der Mitte der 70er Jahre immense Geldsummen eingebüßt hatten; keiner der Vereine hatte jemals Profit abgeworfen. Die verbliebenen Lizenznehmer erklärten einen NASL-Beauftragten, Phil Woosman, zum Sündenbock für alle ihre Probleme und stellten den New Yorker Politiker Howard Samuels ein, um ihn zu ersetzen. Samuels führte umfassende Reformen durch, reduzierte den Personalbestand und handelte eine Vereinbarung über eine Gehaltsbegrenzung mit dem NASL-Spielerverband aus. Die Liga hatte noch neun Spiellizenzen, als Samuels im Jahre 1984 überraschend an einem Herzanfall starb. Es wurden keine Schritte unternommen, einen neuen Beauftragten zu finden, und im darauffolgenden Jahr war die NASL aus dem Geschäft.[22]

Im nachhinein betrachtet, waren es mehrere Faktoren, die zum Ruin der NASL führten, und nur einige waren finanzieller Art. Die Liga befand sich nämlich in mehrfacher Hinsicht in einem Dilemma. Als man erkannte, daß nur Soccer der Spitzenklasse eine ausreichende Zuschauerzahl anlocken würde, konkurrierten die Eigentümer der NASL gegeneinander und schlossen großzügigste Verträge mit ausländischen Spielern ab. Die Einnahmen konnten jedoch die Ausgaben für die Gehälter dieser Spieler niemals ausgleichen. Auf der anderen Seite wären ohne diese Spieler überhaupt keine nennenswerten Einnahmen zu verbuchen gewesen, da die Spielqualität auf dem Rasen bis dahin weder Zuschauer angelockt noch einen Fernsehvertrag mit einem der großen Sender nach sich gezogen hatte. Daß es nur wenige amerikanische Spieler in diesen Mannschaften gab, war ein weiterer Grund für den Zuschauerrückgang sowohl in den Stadien als auch im Fernsehen, zumal Pelé sich 1978 zur Ruhe gesetzt hatte. Aber die amerikanischen Spieler waren einfach nicht gut genug, um das erforderliche Niveau zu erreichen. Mit einer Mehrheit von US-Spielern wäre die Attraktivität der Liga wohl genauso gering gewesen wie mit den Spielern aus Übersee.

Eine denkbare Alternative hätte darin bestanden, die Liga langsam und mit begrenzten Einnahmen aufzubauen und dabei das Schwergewicht auf heimische Talente zu legen. Denn die Auswahlmannschaften der Highschools erfreuten sich seit den 70er Jahren eines überraschenden Zulaufs, und sogar kleine Kinder, insbesondere aus der bürgerlichen Mittelschicht in den Vororten der großen Städte, wurden von ihren Eltern zum Soccer-Fußball angehalten. Die Gesamtzahl der registrierten Jugendfußballer, die bereits 1980 bei knapp 890000 lag, ist mittlerweile auf rund 2,63 Millionen im Jahr 1994 angewachsen.[23] Doch auf dieser spielerischen Ebene hatte es Soccer in den USA immer gegeben. Ohnehin konnten die NASL-Eigner nicht erwarten, daß sie die Qualität ihres Produktes vermindern und gleichzeitig ihre riesigen finanziellen Verluste auffangen könnten. Die Liga war damit letztendlich an dem gescheitert, was den Soccer schon immer aus dem Mainstream des amerikanischen Sports herausgehalten hatte: an der Abwesenheit einer kommerziell unterstützten und konsumorientierten Soccerkultur, wie sie sich bei den »großen Dreieinhalb« herausgebildet hatte. Um das Problem auf den Punkt zu bringen: Die meisten Amerikaner hatten überhaupt kein Interesse daran, sich Soccer-Spiele anzusehen. Dies belegten die Fernseh-Einschaltquoten und auch die demographische Analyse des ständig abnehmenden Publikums auf den Rängen.

Ein bleibendes Vermächtnis der NASL ist Hallensoccer. Es begann damit, daß einige Klubs nach Möglichkeiten suchten, ihren Spielern in der Nachsaison etwas Spielpraxis zu verschaffen und einige Sportenthusiasten für den Soccer zu gewinnen.[24] Nun existiert eine Hallenliga (das Ergebnis einer Fusion des ursprünglichen NASL-Ablegers mit einer anderen später gegründeten Organisation), die in den Sommermonaten in mehreren Städten ihre Runden ausspielt. Da nur mit sechs Spielern auf jeder Seite gespielt wird, ähnelt Hallensoccer eher dem Eishockey als dem Soccer in seiner ursprünglichen Form. Obwohl diese Variante von den wahren Fans als Schandfleck betrachtet wird, ist sie doch die einzige Form des Spieles, die wirklich amerikanisiert wurde.

Einigen Hallenmannschaften gelang es in der Tat, Zuschauer anzulocken, und für die Arenen stellt Hallensoccer eine Möglichkeit dar, auch noch in der Nachsaison von Basketball und Eishockey Einnahmen zu erlangen. Hallenspiele locken normalerweise zwischen 2000 und 7000 Zuschauer pro Spiel an.[25]

Die Weltmeisterschaft 1994

»Die Vereinigten Staaten wurden übrigens wegen des vielen Geldes ausgewählt, das sich hier verdienen läßt, und nicht wegen irgendwelcher Verdienste des Soccer. Unser Land wurde als ein gigantisches Stadion, Hotel und Fernsehstudio für die nächsten 31 Tage angemietet – und das ist gut so. Ich hege keinerlei Illusion, daß diese Weltmeisterschaft den Durchbruch für den amerikanischen Soccer bringen könnte, aber für die nächsten Monate sind wir das Zentrum des Universums«, so ein Kommentator der ›New York Times‹ im Juni 1994.[26]

Die »World Cup USA«-Organisation, die für die Inszenierung der Fußball-Weltmeisterschaft 1994 verantwortlich war, hatte sich mehrere Ziele gesetzt. Im Vordergrund stand der maximale Profit für die Organisation selbst, für die USFA, für die FIFA, für die Fernsehstationen und für die neun Gastgeberstädte des Turniers. Dies erforderte, daß aus jedem einzelnen Spiel in punkto Zuschauerresonanz, Sicherheit und Logistik sowie Fernsehen und Presse ein

Erfolg werden mußte. Zusätzlich brachten die Vereinbarungen mit Sponsoren und Kleinhändlern über Verkaufswerbung und Warenlizenzen beträchtliche Einnahmen.[27] Ein weiteres Ziel wurde darin gesehen, in den USA ein möglichst großes Fernsehpublikum zu interessieren. Hierbei kam es darauf an, den amerikanischen Gelegenheits-Sportzuschauer anzulocken, also jemanden, der sich nicht unbedingt die wöchentlichen NFL-Übertragungen ansieht, wohl aber den »Super-Bowl«.[28] Dies bedeutete, das Interesse der amerikanischen Öffentlichkeit, die am Vorabend des Turniers den Spielen noch reichlich desinteressiert entgegensah, auf den Weltmeisterschafts-Soccer umzulenken.[29] Schließlich bestand noch das Ziel, die Weltmeisterschaft als Zugpferd zu verwenden, um eine neue professionelle Soccerliga zu lancieren, die dann später Erstliga-Soccer mit überwiegend amerikanischen Spielern darbieten sollte.[30]

Die Weltmeisterschaft 1994 war ein einzigartiges, sensationelles und finanziell erfolgreiches Ereignis, dem es für kurze Zeit gelang, Soccer auf die amerikanische Sport-Tagesordnung zu bringen. Ein Ergebnis mag sein, daß künftige Weltmeisterschaften, vergleichbar mit den Olympischen Spielen, ins Bewußtsein der amerikanischen Öffentlichkeit rücken werden: als spektakuläres Ereignis, das man sich alle vier Jahre einmal ansieht und über das man sich unterhält, sofern es eine US-Mannschaft zu bejubeln gibt. Wir nehmen an, daß eine große Anzahl Amerikaner sich aufgrund der Weltmeisterschaft 1994 die nächste in Frankreich 1998 ansehen wird, vorausgesetzt, das US-Team kann sich qualifizieren. Möglicherweise wird sich dies auch für den professionellen Soccer in den USA einmal auszahlen, wahrscheinlich aber erst in fünfzehn oder zwanzig Jahren, das heißt nach weiteren vier oder fünf Weltmeisterschaften. Die direkte Auswirkung der Weltmeisterschaft 1994 auf die Zukunft des professionellen Soccer in den USA läßt sich jedoch bestenfalls als gering veranschlagen, da die Aufmerksamkeit des größten Teils der amerikanischen Öffentlichkeit nur von kurzer Dauer war. Die Weltmeisterschaft war ein sensationelles Ereignis in den USA, aber es gelang ihr letztlich nicht, den erhofften Impuls für die Aufnahme von Soccer in die amerikanische Sportwelt zu geben. Obwohl die Major Soccer League (MSL), wie das neue Unternehmen jetzt heißt, sich vermutlich noch einige Jahre behaupten wird, ist doch jeder Vermarktungs- und Werbevorteil, der von der Weltmeisterschaft ausging, längst zerronnen. Die meisten Amerikaner blicken weiterhin desinteressiert auf den populärsten Zuschauersport der Welt, und es ist nicht zu erwarten, daß diese Haltung sich in nächster Zeit ändern wird.

Die Tatsache, daß die Weltmeisterschaft ein erfolgreiches Ereignis in den USA war, wird durch Rekord-Zuschauerzahlen, gute Fernseh-Einschaltquoten und durch den beträchtlichen Umfang der Berichterstattung in der amerikanischen Presse bestätigt. Alle Spiele gingen ohne größere Probleme über die Bühne. Die meisten waren ausverkauft, und nur einige wenige hatten Zuschauerzahlen unterhalb von 90 Prozent des Fassungsvermögens der Stadien, in denen zwischen knapp 60000 und über 100000 Zuschauer Platz finden. Marokko spielte gegen Saudi-Arabien im Giant-Stadion von New Jersey in einem beinahe ausverkauften Haus vor über 72000 Zuschauern[31], und es ist wohl nicht abwegig zu behaupten, daß ein solches Match in Italien 1990 oder in Mexiko 1986 allenfalls ein Fünftel dieser Zahl angelockt hätte. Ähnliches gilt für das in Boston abgehaltene Spiel Bolivien gegen Südkorea, das vor 60000 Zuschauern im ausverkauften Foxboro-Stadion stattfand und wohl an fußballkundigeren Orten niemals auf ein solches Interesse gestoßen wäre. Ohne Zweifel gibt es bei den Amerikanern wie auch bei den internationalen Soccer-Touristen ein großes Interesse, die Weltmeisterschaft »live« mitzuerleben. Die aufsummierten Fernseh-Einschaltquoten lagen über jenen 4,0 bis 4,3 Prozent die Alan Rothenberg, der Präsident von »World Cup USA«, prognostiziert hatte. Die nächtlichen Einschaltquoten erreichten einen Höchststand von 10,4 Prozent für ein Spiel der zweiten Runde zwischen Brasilien und den USA am 4. Juli, dem amerikanischen Unabhängigkeitstag, und diese Quote wurde schließlich beim Finale zwischen Brasilien und Italien (12,4 Perozent) noch einmal übertroffen.[32]

Die amerikanischen Medien generell, nicht nur die Sportzeitungen und Sportnachrichten-Sender, räumten der Weltmeisterschaft beträchtlichen Raum ein. Sie beschränkten sich dabei keineswegs auf die Berichterstattung über die Ereignisse auf dem Rasen, sondern beschrieben auch die Karnevalsatmosphäre in den Austragungsorten und untersuchten manch anderen Aspekt der Soccer-Kultur, sowohl international wie auch im eigenen Land.[33] Die Berichterstattung über die Weltmeisterschaft führte jedoch nicht zu Einschränkungen des Berichtsumfangs oder der Übertragungszeiten für irgendein anderes Sportereignis im Baseball, Basketball (hier fand am Tag des Spiels USA : Kolumbien das siebte und somit entscheidende Spiel eines NBA-Finales statt), im Eishockey (hier stand die Endrunde der Stanley Cup Play Offs an), im professionellen Golf und im Tennis (auch hier gab es während der Weltmeisterschaft bedeutende Turniere). Statt dessen wurde der Sportteil der Zeitungen einfach erweitert. Sofern überhaupt eine Benachteiligung anderer Sportereignisse erfolgte, betraf dies die Plazierung der Schlagzeilen und Reportagen. Und stets handelte es sich um Soccer-Spiele, die entweder eine besondere Attraktion in der jeweiligen Stadt darstellten oder um solche, an denen die US-Mannschaft beteiligt war. Zahlreiche amerikanische Sportjournalisten schrieben Kommentare über Soccer-Fußball, wobei die meisten sich positiv, ja sogar enthusiastisch über die Weltmeisterschaft und über das Spiel als solches äußerten. Hinsichtlich der Zukunftsaussichten des professionellen Soccer in den USA legten sie sich jedoch im allgemeinen nicht fest. Im übrigen gab es auch Kolumnisten, die sehr negativ schrieben, und andere, die nationalistische und chauvinistische Äußerungen machten (was zum Teil eine Gegenreaktion auf Bemerkungen von europäischen Kollegen über die vermeintliche Unterlegenheit und Minderwertigkeit der »American sports« gegenüber Soccer war).[34] Nicht wenige US-Sportmagazine, u. a. Amerikas führendes wöchentliches Sportjournal ›The Sporting News‹, ignorierten die Weltmeisterschaft gänzlich.

Der Soccer-Boom in den USA, der mit dem unerwarteten Sieg der US-Mannschaft gegen Kolumbien begann und mit der Niederlage gegen Rumänien endete, dauerte vier Tage. Die Medienberichterstattung über das US-Team wie auch über die gesamte Weltmeisterschaft war in diesem kurzen Zeitraum am intensivsten, und US-Spieler wie Alexi Lalas, Cobi Jones und Tony Meola wurden jetzt einem großen Teil der amerikanischen Öffentlichkeit bekannt (nicht zuletzt jedoch auch wegen ihrer Haartracht). Mit Beginn der Eröffnungszeremonie verbanden sich die Fernseh- und Zeitungswerbung mit der Weltmeisterschaft zu einer produktiven Gemeinschaft, die sich mit dem Auftreten von US-Spielern in unzähligen Werbeblöcken sogar noch verstärkte. Die Berichterstattung der Presse und das Interesse der Durchschnittsamerikaner begannen jedoch abzunehmen, nachdem die USA gegen Rumänien verloren hatten, und sie sanken dramatisch, als die USA aus dem Turnier ausscheiden mußten. Nachdem sich das Teilnehmerfeld gelichtet hatte, schränkten auch die Zeitungen jener Städte, in denen nun keine Spiele mehr stattfanden, ihre Berichterstattung über die Weltmeisterschaft beträchtlich ein.

Die auffallendsten Stadionbesucher bei diesen Spielen waren Ausländer, »ethnische« Amerikaner oder diejenigen, die ihren Stolz auf ihre Herkunft zum Ausdruck bringen wollten. Auch der Besuch von einheimischen, »nicht-ethnischen« und weißen Amerikanern war recht hoch. Aus unserer Sicht kamen jedoch die meisten, die nicht dem traditionellen Soccer-Umfeld angehörten, wegen der bei der Weltmeisterschaft zu erwartenden hohen Spielqualität und wohl auch wegen der begleitenden Fanfarenklänge, die ein solch großes Ereignis ankündigen. Nachdem die Weltmeisterschaft vorüber war, besuchten nur wenige oder gar keine Zuschauer dieser Kategorie noch Soccerspiele in den USA. Innerhalb von wenigen Tagen nach dem Finale reduzierte sich die Berichterstattung über Soccer wieder auf den Umfang, den sie schon immer eingenommen hatte: marginal bis überhaupt nicht existent. Die Leserbriefe an die Sportredaktionen, daß zu wenig über Soccer berichtet werde, gingen auch wieder auf das Maß vor der Weltmeisterschaft zurück. Es gab darunter zwar auch schrille und laute Stimmen, sie blieben jedoch vereinzelt angesichts der zahlreichen Football-, Basketball-, Baseball-, Eishockey-, Golf-, Tennis- und Boxfans unter den Lesern.

Am Vorabend der Weltmeisterschaft kündigte die Major League Soccer mit Rothenberg an der Spitze die Erteilung von Spiellizenzen für sieben Städte an, fünf weniger, als für die geplante Zwölferliga nötig gewesen wären. Die Finanzierung dieser fünf Mannschaften war noch nicht gesichert und die erforderliche Anzahl an Jahresabonnements noch nicht verkauft.[35] Die Ligaplanung, die Höchstgrenzen für Spielergehälter und Zahlungen aus einem gemeinsamen Topf vorsah (dadurch sollten die Fehler der NASL vermieden werden), erwies sich als großes Handicap bei der Suche nach Investoren. Angeblich wurden Änderungen dieser Finanzstrategie vorgenommen, doch gab die Liga zunächst weder Spielorte noch die Namen der Investoren für Spielbetriebslizenzen bekannt.[36] Nachdem die MSL ursprünglich geplant hatte, im Frühjahr 1995 mit dem Spielbetrieb zu beginnen, kündigte Rothenberg im November 1994 einen Aufschub bis 1996 an[37]; mittlerweile wurde der Spielbetrieb mit zehn Mannschaften aufgenommen. Doch abgesehen davon, daß das, was bei den Durchschnittsamerikanern über die Weltmeisterschaft hinaus an gutem Willen und Enthusiasmus übriggeblieben war, heute längst zerronnen ist, wurde durch diese Verzögerung die Gelegenheit verpaßt, den beispiellos langen und erbitterten Arbeitskampf in der Major Baseball League Ende 1994 zu nutzen, um die Medienaufmerksamkeit und das Interesse des Publikums umzulenken. Was die MLS betrifft, so haben die erklärten Soccer-Fans eine positive Haltung eingenommen, doch der Rest der amerikanischen Öffentlichkeit erweist sich als gänzlich desinteressiert. Die durchschnittlichen Besucherzahlen von ca. 30000 pro Match sind für dieses noch immer exotische Spiel ein beachtliches Forum; im Fernsehen hatte die Liga jedoch zumindest in dieser ersten Saison noch keinen Erfolg – und das ist das Entscheidende.

Zusammenfassung

In diesem Beitrag wurde argumentiert, daß die besondere Art und Weise, in der sich Amerika zur »First New Nation« entwickelte, wesentlich dazu beitrug, die Etablierung des Soccer-Fußballs zu erschweren. Im besonderen haben wir gezeigt, daß bestimmte soziale und historische Zusammenhänge, die die Entstehung einer großen Arbeiterpartei (eines »Sozialismus« im Sinne Sombarts) nach europäischem Vorbild verhinderten, gleichermaßen dazu beitrugen, den populärsten Massensport der Welt aus den USA fernzuhalten. Es war vor allem die frühe und umfassende Herausbildung einer bürgerlichen Gesellschaft in den USA – als Mythos wie als Realität –, durch die diese beiden »exceptionalisms« erzeugt wurden – ein Vermächtnis, dessen Konsequenzen bis zum heutigen Tag erkennbar sind.

Mit diesem Argument möchten wir nicht die Behauptung verknüpfen, daß ein solcher Rückblick in die Zeit vor dem Ersten Weltkrieg ausreicht, um die marginale Bedeutung von Soccer und »Sozialismus« im heutigen Amerika hinreichend zu erklären. Ebenso wie sich den amerikanischen Linksparteien in der Zeit des Kalten Krieges und der McCarthy-Ära neue Hindernisse entgegenstellten, wurde auch die Etablierung des Soccer-Fußballs durch bestimmte spätere Entwicklungen immer wieder von neuem erschwert. Zu nennen ist zum einen der Aufstieg jener erfolgreich amerikanisierten Sportdisziplinen, die hier als die »großen Dreieinhalb« bezeichnet wurden, zum anderen das Scheitern aller bisherigen Versuche einer Verankerung von Soccer in den Fernsehprogrammen. Diesen Umstand kann man aus der Perspektive der Produzenten und Anbieter erklären, was zu der Einsicht führen würde, daß Soccer nicht genügend Spielpausen aufweist, um Werbespots einzuspielen und daher als Werbeträger für die großen Sender unattraktiv ist. Man kann das gestörte Verhältnis zu den Medien aber auch aus der Perspektive der Nachfrage betrachten, wie es in diesem Beitrag versucht wurde. Aus dieser Perspektive geht hervor, daß das Spielniveau im amerikanischen Soccer sehr zu wünschen übrig läßt und daß es nicht genügend Spitzenspieler amerikanischer Herkunft gibt, die sich zur »Heldenverehrung« und Identitätsstiftung eigneten. So belegt die Weltmeisterschaft 1994 zwar ein grundsätzliches Interesse der Amerikaner an Soccer der Spitzenklasse, aber gleichermaßen ein Desinteresse an mittelmäßigen Spielen, insbesondere wenn keine amerikanischen Spieler dabei sind.

Trotz der unerwartet hohen Zuschauerzahlen zeigen die Nöte der MSL des weiteren, daß auch nach der wahrscheinlich erfolgreichsten Weltmeisterschaft der Fußballgeschichte manche Strukturprobleme einer Soccer-Profiliga in den USA fortbestehen. Dazu gehört auch, das sei hier noch einmal in Erinnerung gerufen, daß jedes amerikanische Soccer-Unternehmen sich dem Willen einer fremden Autorität, nämlich der FIFA, beugen muß, und daß dadurch das alte Vorurteil, Soccer sei ein »unamerikanischer« Sport, neu bestärkt wird, zumal es ja spezifisch amerikanische Mannschaftsspiele durchaus gibt.

Viele Soccer-Enthusiasten in den USA glauben in der enormen Popularität von Soccer als Freizeitsport ein Indiz für das Entstehen einer neuen Generation von Soccer-Zuschauern erkennen zu können. Dem steht jedoch die Erfahrung entgegen, die ein Spezialist des Sportmarketing am Vorabend der Weltmeisterschaft formuliert hat: »Die aktive Teilnahme mündet nicht zwangsläufig in einem Interesse am Zuschauen und umgekehrt. Bestünde hier eine Korrelation, würden wir [Amerikaner] an den Samstagnachmittagen alle Football spielen, oder die Tour de France wäre das Zuschauerergebnis schlechthin.«[38] Im Zeitalter der Massenmedien muß sich das beliebteste Mannschaftsspiel der Welt erst noch über den Status eines Freizeitsports (bisher hauptsächlich für Kinder) hinaus entwickeln, um als Teil der Fernseh-Sportkultur Aufmerksamkeit zu erlangen. Ob Soccer wirklich einmal ein Teil der populären Massenkultur werden und – gewissermaßen als Nr. 5 der großen Sportarten – den Sportraum der USA erobern wird, vermag niemand vorauszusagen. Was die unmittelbare Zukunft betrifft, bleiben wir jedoch skeptisch.

[1] Maui News (Associated Press), 26. 3. 95.

[2] W. Sombart, Warum gibt es in den Vereinigten Staaten keinen Sozialismus?, Tübingen 1906.

[3] Auch in Kanada dominieren neben Eishockey Amerikas »große Drei«. Dabei sind Baseball und Basketball genaue Kopien der amerikanischen Spiele, und Canadian Football unterscheidet sich nur geringfügig von seinem amerikanischen Pendant.

[4] Wir sind uns darüber im klaren, daß die meisten anderen Beiträge zu diesem Band sich nicht mit der Schwierigkeit herumschlagen müssen, zwischen den Bezeichnungen »Soccer« und »Football« zu unterscheiden. Wir glauben aber, daß diese Sonderstellung den amerikanischen Fall sehr gut widerspiegelt. Falls also nicht besonders darauf hingewiesen wird, bezieht sich der Begriff »Football« in unserem Beitrag stets auf »American Football« und »Soccer« stets auf das, was der Rest der Welt als »Fußball« bezeichnet.

[5] L. Samson, Towards a United Front, New York 1936.

[6] Z. Hollander, The American Encyclopedia of Soccer, New York 1980, S. 35.

[7] Ebd., S. 21.

[8] Bis zum heutigen Tag wird das alljährliche Match zwischen Harvard und Yale einfach »The Game« genannt, obwohl das Spiel viel von seiner ursprünglichen Bedeutung verloren hat.

[9] Hollander, Encyclopedia of Soccer, S. 25–26.

[10] Alle Informationen des folgenden Abschnitts stammen aus The NFL's Official Encyclopedia History of Professional Football, New York 1977, sowie aus D. S. Neft / R. M. Cohen / R. Korch, The Football Encyclopedia, New York 1994.

[11] Es gibt eine historische Untersuchung über die Vorläufer von Baseball und die meisten anderen modernen Sportarten, nämlich R. Henderson, Ball, Bat and Bishop: The Origins of Ball Games, New York 1947.

[12] Zur Frühgeschichte des Baseball als »New York Game« vgl. H. Seymour, Basketball, Bd. 1: The Early Years, S. 13–22; M. Adelman, A Sporting Time: New York City and the Rise of Modern Athletics, 1820–70, Chicago 1990, Abschnitt II; W. Goldstein, Playing for Keeps: A History of Early Baseball, Ithaca 1989.

[13] Vgl. G. B. Kirsch, The Creation of American Team Sports: Baseball and Cricket, 1838–72, Chicago 1989; und Adelman, A Sporting Time, Abschnitt II.

[14] Vgl. Seymour, Basketball, Bd. 2: The Golden Years, New York 1989; S. A. Riess, Touching Base: Professional Baseball and American Culture in the Progressive Era, Westport 1985; D. Q. Voigt, American Baseball: From Gentlemen's Sport to the Commissioner System, Norman 1966; R. Burk, Never Just a Game: Players, Owners, and American Baseball to 1920, Chapel Hill 1994; T. Vincent, Mudville's Revenge, New York 1983, Abschnitt II.

[15] Hollander, Encyclopedia of Soccer, S. 29–32, S. 135–141.

[16] P. Gardner, The Simplest Game, New York 1994, S. 212–213.

[17] Ebd., S. 214.

[18] Hollander, Encyclopedia of Soccer, S. 263–279.

[19] Ebd., S. 282–283; Gardner, Simplest Game, S. 216–217.

[20] Hollander, Encyclopedia of Soccer, S. 282–286; Gardner, Simplest Game, S. 218.

[21] Ebd., S. 220; Hollander, Encyclopedia of Soccer, S. 301–329.

[22] Gardner, Simplest Game, S. 221.

[23] Soccer Industry Council of America (SCIA), Soccer in the USA: Statistical Abstract on Soccer Participation, tracing the historical development of organized soccer in America, North Palm Beach, Fla. 1995, S. 3.

[24] Gardner, Simplest Game, S. 221–222.

[25] Dallas Morning News, 19. 6. 94.

[26] G. Vecsey, in: New York Times, 12. 6. 94.

[27] Dallas Morning News, 14. 6. 94.

[28] Dallas Morning News, 12. 6. 94.

[29] USA TODAY, 12. 6. 94. Nach einer Harris-Umfrage, die zwischen dem 23. und dem 26. Mai 94 durchgeführt wurde, wußten 71 Prozent der Amerikaner nicht darüber Bescheid, daß die Weltmeisterschaft 1994 in den USA stattfindet.

[30] USA TODAY, 17. 6. 94.

[31] San José Mercury News, 26. 6. 94.

[32] USA TODAY, 6. 7. 94; New York Times, 19. 7. 94.

[33] Der folgende Abschnitt basiert auf einer Auswertung aller Tageszeitungen der neun amerikanischen Gastgeberstädte im Zeitraum vom 1. Juni 94 bis 31. Juli 94, von mehreren Zeitungen aus anderen amerikanischen Städten, von verschiedenen amerikanischen Sportzeitschriften und von Interviews mit Sportjournalisten und -redakteuren.

[34] Es ist auch interessant festzustellen, wie oft europäische Journalisten die Tatsache kritisiert haben, daß die Weltmeisterschaft den USA, einem Land ohne lebensfähiger Soccerkultur, zuerkannt wurde.

[35] USA TODAY, 17. 6. 94.

[36] In einem Interview in Soccer America am 1. 5. 95 behauptete Rothenberg, daß eine finanziell abgesicherte Liga mit zehn Mannschaften für den Spielbetrieb 1996 bereit sei.

[37] New York Times, 16. 11. 94.

[38] Nye Lavelle, Präsident von Sports Marketing Inc., zit. nach San José Mercury News am 17. 6. 94. Kurz vor der Weltmeisterschaft veröffentlichte Lavelle die Ergebnisse einer Umfrage unter 1200 Amerikanern über zwölf Jahre, derzufolge die Weltmeisterschaft an 95. Stelle von 129 bevorzugten Publikumssportarten bzw. Sportereignissen eingeordnet wurde.

Australien

Wray Vamplew

Ein vorteilhaftes Klima, ein riesiges Land und ein hoher Männeranteil unter den Einwohnern lassen jeden Sport in Australien gedeihen.[1] So wird nicht zu Unrecht behauptet, daß die Australier vom Sport berauscht seien, ja daß er sie von der Wiege bis zum Grab, vom Tragen der Windeln in den Vereinsfarben bis zum Ausstreuen der Asche in ihrer Lieblings-Arena wie eine Obsession beherrsche. Die Kommentare von Besuchern haben dieses Image vom Sport als der »großen australischen Überreligion« noch verstärkt. Sicherlich enthalten solche Aussagen einen Schuß Übertreibung, doch wenn damit zum Ausdruck gebracht werden soll, daß aktivem Sporttreiben und dem Besuch von Sportveranstaltungen im australischen Alltag eine ganz zentrale Bedeutung zukommen, sind sie sicher zutreffend.[2]

In diesem sportfreudigen Land hat auch Soccer-Fußball seine Anhänger. Das Spiel wurde zum ersten Mal im Jahr 1880 gespielt und zählt heute 414 000 Aktive, von denen die meisten Freizeitkikker sind. Aber auch der Leistungssport Soccer ist vertreten. So hat die australische Jugendauswahl in letzter Zeit bei internationalen Turnieren gut abgeschnitten, die Olympiaauswahl belegte 1992 den vierten Platz in Barcelona und die Nationalmannschaft, die »Socceroos«, scheiterte nur knapp an der WM-Qualifikation 1994. Hinzu kommt, daß immer mehr Australier ihre Soccer-Fähigkeiten in Erstliga-Mannschaften in Großbritannien und auf dem europäischen Kontinent demonstrieren. Allerdings ist Soccer in keinem Bundesland die am meisten verbreitete Variante des Fußballspiels, und so gibt es nur wenige Australier, die das Wort »Football« mit dem Weltspiel in Verbindung bringen. Für sie wird »Football« nach »Australian Rules« gespielt, und damit ist eine besonders harte Variante des Rugby gemeint. Fußball im europäischen Sinn heißt im allgemeinen »Soccer« bzw. »Wogball« – eine abfällige Bezeichnung für das Spiel von Immigranten, die noch keine »richtigen Australier« sind.[3] Daraus ist eine paradoxe Situation entstanden, wie mittlerweile auch in der australischen Öffentlichkeit bemerkt worden ist: »In der multikulturellen Nation schlechthin kommt jener Variante des Fußballs, die auf der Welt am weitesten verbreitet ist, nur eine Außenseiterposition zu.«[4]

Dieser Beitrag untersucht, wie es dazu kam, indem zunächst die soziale Basis des Soccer in den unterschiedlichen Klassen, Nationalitäten und Konfessionen herausgearbeitet wird. Im Anschluß daran werden bestimmte, sich daraus ergebende Problemstellungen analysiert. Dies sind im einzelnen: die Konkurrenz anderer Sportarten, Konflikte und Abspaltungen im Verbandswesen, Finanzierung und Professionalisierung, schließlich das Thema Gewalt im Soccer. Abschließend wird mit Bezug auf den 1990 publizierten Bradley-Report über die Zukunft des Soccer die prekäre Situation dieses Sports im gegenwärtigen Australien skizziert.

Soziale Basis und organisatorische Verankerung

Das erste dokumentierte Soccerspiel in Australien fand am Nachmittag des 14. August 1880, einem Samstag, in Parramatta Common in New South Wales statt; der Ort wurde später ein Stadtteil von Sydney. Die eine Mannschaft rekrutierte sich aus Rugbyspielern der King's School in Parramatta, die andere aus Soccerspielern, die eine Woche später einen Klub, die Wanderers, gründeten.[5] Der Name war eine Reverenz an den gleichnamigen englischen Klub, dessen Mannschaft aus Absolventen unterschiedlicher Public Schools die ersten sieben Finalspiele um den englischen »FA-Cup« für sich hatte entscheiden können. Wie bei diesem Vorbild stammten die Spieler und Organisatoren überwiegend aus der bürgerlichen Mittelschicht.[6] Einer, James Todd, war jedoch Schuster von Beruf, so daß das Muster von Anfang an durchbrochen wurde. Möglicherweise geschah das nur, um die notwendige Spielerzahl zu erreichen. Aus der Rückschau erscheint Todds Berufung in die Mannschaft jedoch als Vorbote der künftigen Entwicklung. Innerhalb von vier Jahren verließen die bürgerlichen Spieler und Funktionäre den Klub und wurden ersetzt durch Einwanderer wie den Uhrmacher Joseph Dugmore, den Eisenbieger John Wallace und den Installateur Charles Stephen. Soccer entwickelte sich fortan als ein Arbeiterspiel.[7]

Dazu trug auch bei, daß in den folgenden Jahren eine ganze Reihe Werksmannschaften in den Minen und Fabriken entstanden. Diese Mannschaften, die zumeist unter dem Firmennamen antraten, spielten entweder in der örtlichen Liga oder beteiligten sich an speziellen Firmenturnieren. Die meisten hatten nur geselligen Charakter, doch einige, so z. B. die Minmi Rangers, die zu einem Arbeiterklub der Minmi-Zeche gehörten, brachten es auch zu sportlichen Ehren. Zu einer nennenswerten Ausbreitung dieses Firmenfußballs kam es jedoch erst nach dem Ersten Weltkrieg, als solche Klubs zu Hunderten entstanden; erst jetzt entwickelte sich auch ein durchorganisierter Spielverkehr der Werksmannschaften.[8]

Von den Unternehmern wurden sie durchaus unterstützt. Dies beschränkte sich zwar meist darauf, daß Bälle und Tornetze oder ein Sandplatz zum Üben zur Verfügung gestellt wurden, doch wurde eine beträchtliche Anzahl der Werksmannschaften auch in Projekte der betrieblichen Sozialpolitik einbezogen, um die Arbeitsfreude und Leistungsbereitschaft der Belegschaften zu erhöhen. Hinter dieser Politik stand das patriarchalische Konzept der »industriellen Familie«, das für Fürsorge des Arbeitgebers die Loyalität und Kooperationsbereitschaft der Belegschaft verlangte.[9] Dieses Konzept war – wie der Fußball selber – im Gefolge des Imports britischen Kapitals und Know-Hows ins Land gekommen, denn Firmen wie Lever Brothers, Rowntree und Cadbury versuchten, ihre Managementphilosophien auch in die australischen Wirtschaft einzuführen.

Im Verlauf der 30er Jahre kamen solche Ideen jedoch wieder aus der Mode, und nach einer kurzen Renaissance direkt nach dem Zweiten Weltkrieg gerieten sie in den 50er Jahren allmählich in Vergessenheit. Sobald sich die Massenproduktion durchsetzte, fiel die Unterstützung für die Werksmannschaften dem Wunsch nach Kosteneinsparung zum Opfer. Die meisten australischen Unternehmen waren ohnehin zu klein, um sich derartiges leisten zu können. Überdies wollten sich die Gewerkschaften nach dem Zweiten Weltkrieg nicht länger mit freiwilligen Leistungen der Unternehmer begnügen, sondern versuchten, die Arbeitsbedingungen mit Hilfe des Gesetzgebers zu verbessern. Dadurch erschienen die Werksmannschaften bald in einem politisch fragwürdigen Licht. Der entscheidende Faktor, der ihnen die Existenzgrundlage entzog, waren jedoch die erneuten Immigrantenströme aus Europa: Jene Einwanderer, die nach dem Zweiten Weltkrieg kamen, zeigten nämlich wenig Neigung, derartigen Vereinigungen beizutreten.

Zwar brachten viele dieser Immigranten das Spiel bereits in ihrem kulturellen Gepäck mit, und so gehörten auch sie bald zu den Stützen des australischen Soccer; das alte Gesetz, wonach jede neue Immigrantenwelle eine neue Soccer-Welle anstieß, wurde erneut bestätigt. Doch erstmals kamen nicht primär Briten, sondern auch und vor allem Griechen, Italiener und Jugoslawen, und diese Nationalitäten bevorzugten das Zusammentreffen außerhalb der Arbeitsstätten, wo sie sich nicht auf Englisch verständigen mußten. Nur in diesem Rahmen ließ Soccer auch Heimatgefühle aufkommen und ermöglichte, die in Australien geborenen Nachkommen in die ethnische Gruppe zu sozialisieren. Je mehr Soccer-Vereine nun in den ethnisch geprägten Nachbarschaften entstanden, desto »nationaler« (im wörtlichen Sinn) wurde der Spielverkehr.[10] Wie schnell diese Tendenz überhandnahm, wurde 1957 deutlich, als die wichtigsten ethnischen Vereine aus der bestehenden, britisch geprägten Soccer-Organisation austraten und sich selbständig machten; den Höhepunkt dieser Entwicklung stellte die Gründung der Australian Soccer Federation im Jahr 1961 dar.

Indem dieser Verband die administrative Kontrolle über den Soccer-Fußball in Australien übernahm, verfestigte sich das Bild vom Soccer als einem Sport der Einwanderer und der ethnischen Subkulturen; deshalb die abfällige Bezeichnung »Wogball«, die sogar in dem »Macquerie Dictionary«, das Wörterbuch für australisches Englisch, aufgenommen wurde.[11] Durch die neuen elektronischen Medien wurde dieses Image abermals bekräftigt, werden doch Soccerspiele ausschließlich vom multikulturellen Sender SBS übertragen, der sich speziell an die Zielgruppe der ethnischen Subkulturen richtet.

Ein weiterer Beleg für die Außenseiterrolle von Soccer ist die Reaktion der australischen Ureinwohner, der Aborigines. Sie übernahmen zahlreiche andere Sportarten, z. B. Boxen, Rugby und vor allem Fußball nach »Aussie Rules«; aber für Soccer interessierten sie sich kaum. Das ist um so bemerkenswerter, als mit Harry Williams ein führender politischer Aktivist der Aborigines in der Soccer-Nationalmannschaft spielte; ebenso wie die Starspieler Charlie Perkins und John Moriarty – letzterer ist mittlerweile ein hochrangiger Beamter – hatte Williams sein Universitätsstudium mit Soccerspielen finanziert. Unter den Aborigines erfuhren Williams, Perkins und Moriarty niemals die Anerkennung wie etwa der Boxer Lionel Rose, wie die Spielführer des australischen Rugby-Teams, Mal Maninga und Arthur Beetson, oder wie die Gebrüder Krakouer als Stars des »Australian Rule«-Fußballs. Er sei in der Tat mehr bei seinen Mannschaftskameraden aus unterschiedlichen ethnischen Gruppen als bei den Australiern akzeptiert worden, an deren Anerkennung ihm eigentlich viel mehr gelegen habe, erklärte Charlie Perkins später.[12]

Daß sich die Immigranten nach dem Zweiten Weltkrieg gegenüber den bestehenden australischen Vereinigungen zurückhaltend zeigten, lag in vielen Fällen auch in der traditionellen Verflechtung zwischen Soccer und Protestantismus begründet. Sie entstand nach der tiefgreifenden Spaltung zwischen Protestanten und Katholiken seit dem Ersten Weltkrieg, als die beiden australischen Kirchen in der Frage der Wehrpflicht unterschiedliche Positionen vertraten und sich der irische Nationalismus formierte.[13] Seitdem kommen die Meinungsverschiedenheiten auch im Sport zum Ausdruck – eine Tradition, die sich in Sydney sogar bis in die 60er Jahre hinein fortsetzte: Innerhalb der Arbeiterklasse bevorzugten die Katholiken Rugby und die Protestanten Soccer.

Vor diesem politischen Hintergrund war es nicht primär der Wunsch nach innerer Mission im Sinne eines »muskulösen Christentums«, der seit den 20er Jahren das sportliche Engagement enthusiastischer Kirchenmänner motivierte, sondern das eher profane Motiv, durch gesellige Angebote den Zusammenhalt unter den Gemeindegliedern zu stärken. Dies und der hohe Reiz der Meisterschaften und Pokale führte dazu, daß sich die kirchlichen Sportgruppen frühzeitig für jedermann öffneten. Dadurch und durch ihre gezielte Jugendarbeit gaben sie Soccer in Australien ähnliche Entwicklungsimpulse wie später die Einwanderervereine.[14]

Die erste protestantische Organisation, die sich dem Spiel ernsthaft widmete, war die New South Wales Protestant Churches Soccer Football Association, kurz »Leichhardt« genannt, die 1920 auf Initiative junger Leute aus der All Souls Church of England ins Leben gerufen wurde; zur ersten Vorstandssitzung trafen sich die Delegierten von sechs Mitgliedsvereinen sinnigerweise in einem Stall. Aus diesen bescheidenen Anfängen wuchs der Verband innerhalb eines Jahres auf 20 und bis 1930 auf 94 Vereine an, womit er zu dieser Zeit der größte Soccerverband von Sydney war. Mit einem Mitgliederhöchststand von 809 Mannschaften und 12000 registrierten Spielern (1979) konnte er diese Spitzenposition im Jugendfußball des Großraums Sydney bis in die 80er Jahre hinein halten. Anderswo in New South Wales verlief die Entwicklung weniger spektakulär, jedoch ähnlich erfolgreich, insbesondere seit dem Zweiten

Weltkrieg, und so wurden die Hunter District Protestant Church Soccer Federation und eine Schwesterorganisation in Newcastle ebenfalls die größten Soccerverbände in diesen Regionen. Nachdem erstmals 1967 einem katholischen Verein die Mitgliedschaft gestattet worden war, wurde das »Protestant« im Namen der Verbände schließlich 1983 gestrichen.[15]

Soccer in der australischen Gesellschaft

Ein schwer zu lösendes Problem des australischen Soccer war die Konkurrenz der anderen Varianten des Fußballspiels, die sich schon früher etabliert hatten. Die Rugby Union, aus der 1907 die Rugby League hervorging, entstand bereits im Jahr 1865, und 1874 wurde eine Southern Rugby Union für New South Wales gegründet; der Verband für Queensland folgte wenig später. Seit 1882 wurden Wettbewerbe gegen andere britische Kolonien auf dem australischen Kontinent veranstaltet, und am Ende der 1880er Jahre fanden bereits internationale Begegnungen statt.[16] Neben Rugby kannte man in Australien ein weiteres Spiel mit dem eiförmigen Ball, Fußball nach »Australian Rules«. Für dieses Spiel, das ursprünglich als Fitneßübung für die Nachsaison im Cricket gedacht war, wurden die Regeln bereits 1859 schriftlich fixiert, und 1877 wurde die Victorian Football Association gegründet, die das Spiel kontrollieren und den Spielverkehr mit den anderen britischen Kolonien organisieren sollte.[17] Diese Konkurrenz schadete dem Soccer nicht nur indirekt, indem sie potentielle Anhänger und finanzielle Mittel absorbierte. Dadurch daß die früher und besser organisierten Fußballverbände frühzeitig mit den Schulen kooperierten, konnten sie auch den Zugang zu deren Sportanlagen für sich monopolisieren; zumindest in Viktoria durfte Soccer dort nämlich nicht gespielt werden.[18]

Zu allem Überfluß wurde und wird Soccer auch noch von den australischen Medien mißachtet. Die kommerziellen Sender zeigen so wenig Interesse an dem Spiel, daß es im Fernsehalltag fast gar keine Rolle spielt. Und der wenig populäre Regierungssender, der die Berichterstattung über die National Soccer League übernommen hat, läßt sich dafür von der Australian Soccer Federation auch noch bezahlen.[19] Die kommerziellen Sender tragen überdies dazu bei, das verbreitete Vorurteil aufrechtzuerhalten, daß Soccerstadien in erster Linie Kampfplätze für die Austragung ethnischer Konflikte seien. So wird über Soccer in erster Linie in den Nachrichten, nicht in den Sportsendungen berichtet, und einer Reportage über Zuschauerausschreitungen bei einer Begegnung zwischen Sydney Olympic und Preston Makedonia wird beispielsweise mehr Sendezeit eingeräumt als dem Bericht vom großen Meisterschaftsfinale am Ende der Saison.

Die Herausforderung der anderen Spielarten des Fußballs konnte auch aufgrund von Uneinigkeit und Spaltungen im Verbandswesen nicht erfolgreich angenommen werden. In den Anfangsjahren hatten die Fachverbände durch ihre Namensgebung noch dem britischen Ursprung des Spiels Rechnung getragen; so gab es in New South Wales die Southern British Football Association, in Victoria die Anglo-Australian Football Association usw. Als der stärker werdende Nationalismus im Jahr 1901 dazu führte, daß sich die britischen Kolonien zu einem Staatenbund zusammenschlossen, wurden bald nur noch die »amtlichen« Namen zugelassen, und die alten britischen verschwanden innerhalb einer Generation.

Noch eine andere Änderung war eingeführt worden: Auf der höchsten Spielebene wurde das noch in britischer Zeit entstandene System der Vereinswettbewerbe abgeschafft und durch ein System der Bezirkswettbewerbe ersetzt[20], so wie man es im Cricket, Rugby und beim »Australian Rules«-Fußball schon seit dem 19. Jahrhundert kannte. Zu dieser Zeit war das Bezirkssystem, dem die Grenzen der Wahlbezirke zugrundelagen, eine Konzession an die großen Entfernungen im Land gewesen. Zu Beginn des 20. Jahrhunderts sollte es hingegen die von den britischen Immigranten aufgebauten Vereine ausschalten. Denn ein Bezirksverein hatte das Recht, jeden auf seinem Gebiet wohnhaften Spieler zu verpflichten, so daß die Klubs ihre größten Talente verloren. Ehemalige Spitzenmannschaften wie Lancashire Society, Scottish Rifles oder Burns Anniversary fanden sich bald in den unteren Soccerligen wieder und durften allenfalls eine Feuerwehrfunktion ausüben, wenn der Hauptverein des Bezirks einmal ausfallen sollte. Nachdem die britischen Vereine von New South Wales im Jahr 1914 einen Vorstoß zur Überprüfung dieses Systems unternommen hatten und gescheitert waren, kündigten sie ihre Mitgliedschaft und gründeten die Metropolitain League; dadurch blieb die administrative Kontrolle der New South Wales Football Association den australischen Delegierten überlassen.

Es war allerdings nicht nur das Bezirkssystem, durch das das Verhältnis zwischen den beiden Gruppen vergiftet wurde. Die Schotten und die »Poms« (von »pomegranade« – Granatapfel, wie die Engländer mit Bezug auf ihren permanenten Sonnenbrand im australischen Sport genannt werden) prahlten allzu aufdringlich mit ihrer Soccer-Ahnentafel und brachten dadurch die in Australien geborenen Anhänger dieses Sports, die hart arbeiten mußten, um ihre Spielqualität zu verbessern, immer wieder gegen sich auf. Diese revanchierten sich dadurch, daß sie die in Übersee geborenen Spieler von repräsentativen Spielen ausschlossen – ein permanenter Kleinkrieg.[21]

Diese Auseinandersetzungen gaben bereits einen Vorgeschmack auf die Entwicklung nach dem Zweiten Weltkrieg. Daß der Zustrom von Immigranten aus Europa neue Probleme erzeugen würde, die im Rahmen der bisherigen Organisation nicht zu lösen sein würden, zeichnete sich recht bald ab. Zunächst einmal hatten auch die nicht-britischen Immigranten kein Verständnis für das Bezirkssystem. Zweitens fühlten sie sich diskriminiert, weil ihre Spieler nicht in die Auswahlmannschaften des Verbandes aufgenommen wurden und weil sie keine Chance erhielten, in die höheren Spielklassen aufzusteigen; da es weder eine Aufstiegs- noch eine Abstiegsregelung gab, bedienten sich die alteingesessenen Vereine zumeist selber.[22] Drittens weigerten sich die Immigrantenvereine, den vom Verband geforderten Anteil an den Zuschauereinnahmen abzuliefern, aus dem die allgemeine Sportförderung bestritten wurde; sie wollten die Gelder lieber für die Verstärkung ihrer eigenen Mannschaften ausgeben. All dies führte 1957 schließlich zur Verselbständigung von acht führenden Klubs, überwiegend solchen aus ethnisch geprägten Nachbarschaften. Nach und nach gesellten sich einige andere starke Klubs zu ihnen, und im Jahr 1961 gründeten sie die Australian Soccer Federation (ASF).[23] Dieser Organisation obliegen bis heute sämtliche Angelegenheiten des Soccer-Fußballs in Australien inklusive des Marketing und des internationalen Spielverkehrs. Mitglieder der ASF sind die Unterverbände der Bundesstaaten sowie die Amateur-, Jugend- und Frauenorganisationen.

Die Unfähigkeit des Soccer, mit den anderen Varianten des Fußballspiels gleichzuziehen, resultiert auch aus seiner unzureichenden finanziellen Basis. In der Frühzeit des Spiels kümmerte sich niemand um planvolles Wirtschaften; die Verbände waren vielmehr an der Verbreitung des Spiels interessiert.[24] Auch dazu wurde Geld benötigt, doch man beschaffte es sich, in dem man gelegentlich mit einigem Werbeaufwand Turniere gegen Mannschaften aus Übersee veranstaltete, die dann ein stattliches Publikum anzogen. Darüber hinaus waren die Verbandsfunktionäre bemüht, das Pokalendspiel und sonstige wichtige Begegnungen in umzäunten Stadien stattfinden zu lassen, weil es andernfalls ganz unmöglich war, Eintrittsgelder zu kassieren.

Bis in die 70er Jahre hinein änderte sich nicht viel an dieser Wirtschaftsweise, zumal die Klubs nach den Querelen der späten 50er Jahre ihre eigenen partikularen Interessen über das allgemeine Interesse an der Fortentwicklung des Spiels stellten. Die ersten Überlegungen, einen nationalen Ligabetrieb aufzuziehen, kamen 1965 unter dem Eindruck zurückgehender Zuschauerzahlen auf; doch ausschlaggebend wurde letztlich der Erfolg der »Socceroos«, die sich für die Weltmeisterschaft 1974 qualifizieren konnten.[25] Bis dahin war fast ausschließlich auf lokaler Ebene gespielt worden, und die Fans hatten größere Chancen, eine attraktive ausländische Mannschaft, die sich auf Tournee befand, zu Gesicht zu bekommen als eine Mannschaft aus einem anderen Bundesstaat Australiens. Der von der National Soccer League (NSL) veranstaltete nationale Wettbewerb auf Klubebene hatte keine Vorbilder in anderen Sportarten und war daher eine echte Pionierleistung, auch wenn Western Australia und Tasmanien wegen der hohen Reisekosten bzw. der unzureichenden Spielstärke noch immer fernblieben.[26] Erster Sponsor der Liga wurde der Elektrokonzern Philips, gefolgt von Coca Cola und der Fluglinie Ansett Australia. Dennoch mußte die NSL immer wieder um ihr Überleben kämpfen. So änderte sie mehrfach ihren Umfang, übernahm das Play-Off-System und verlegte den Spielbetrieb in den Sommer, um die Konkurrenz mit Rugby und »Australian Rules«-Football zu vermeiden.

Wenn es heute in Europa mehr australische Soccer-Profis gibt als in Australien selbst, ist das auf die unterschiedliche Größe der Spielermärkte, aber auch auf das tiefe Mißtrauen gegen Professionals generell zurückzuführen. Im 19. Jahrhundert wurden sie mit »Theatermenschen« verglichen, die schauspielern und einem festen Drehbuch folgen müßten; dies ging so weit, daß ein ehrlicher Profi als eine »menschliche Ausnahmeerscheinung« bezeichnet wurde. Überdies vermuteten die Zeitgenossen bei den Profis Absprachen und befürchteten, daß der den Sport auszeichnende »Charme des Unerwarteten« verlorengehe.[27] Wer sich fürs Gewinnen bezahlen lasse, sei bereit, das auch fürs Verlieren zu tun, lautete das Argument. Auch um das »müßige und wertlose Leben« der Berufssportler nicht zur Regel werden zu lassen, sollte Sport nur zur Erholung und zum Ausgleich betrieben werden.[28] Mittlerweile hat sich diese Einstellung geändert, doch dem ging eine lange und zähe Entwicklung voraus, die immer wieder von Rückschlägen begleitet wurde.[29]

Auch in den 30er/40er Jahren, also ein halbes Jahrhundert nach der Professionalisierung des Fußballs in England und Schottland, herrschte in Australien immer noch unangefochten das Amateurethos vor. Seitdem in den 20er Jahren die Kassierung von Eintrittsgeldern üblich geworden war, erstatteten die Klubs den Spielern zwar die Spesen und manchmal noch etwas mehr. Aufs Ganze gesehen waren es jedoch erst die Immigrantenvereine der 50er Jahre, die auf einen Wechsel hinsteuerten. Da der Erwerb von Siegestrophäen für sie stets auch einen »nationalen« Triumph bedeutete, entwickelten sie eine gewisse Bereitschaft, für den Erfolg zu zahlen. Das damals entstandene System beschränkte sich jedoch auf Spielprämien und Sonderzahlungen; Gehälter werden noch heute nicht gezahlt.

Dieser Halb-Professionalismus, genauer: der Wunsch der Halbprofis, nach Übersee zu gehen und dort Vollprofi zu werden, hat ohne Zweifel der Korruption Vorschub geleistet. Doch ein kürzlich publizierter Bericht des früheren Richters Donald Stewart, in dem illegale Zuwendungen und andere finanzielle Unregelmäßigkeiten aufgedeckt werden, enthält keine Anhaltspunkte oder gar Beweise, daß Spiele manipuliert wurden.[30] Wenn man dem Halb-Professionalismus etwas vorwerfen kann, dann, daß er die Entwicklung gewerkschaftlicher Aktivitäten unter den Spielern behindert hat. Das erklärt sich dadurch, daß Soccerspielen immer nur einen Nebenjob darstellte, ist angesichts der traditionell starken Position der Gewerkschaftsbewegung in Australien aber dennoch bemerkenswert.

Der erste Streik im australischen Soccer fand während einer Tournee einer Mannschaft der englischen Football Association im Jahr 1925 statt. Nach dem ersten von zwei Spielen der Engländer gegen eine Auswahlmannschaft aus New South Wales hatte der Kassierer insgesamt 4300 australische Pfund in seiner Kasse. Als die Spieler nun erfuhren, daß ihnen ein weiteres Mal nur Spesen von 10 sh bezahlt werden sollten, lehnten sie es ab, den Umkleideraum zu verlassen, bevor dieser Satz nicht verdoppelt worden sei. Man einigte sich schließlich auf 15 shillings, und die Spieler gingen aufs Spielfeld, um vor 6000 Zuschauern eine 8:0-Niederlage zu beziehen; glücklicherweise wurde die Prämie unabhängig vom Ergebnis gezahlt.[31] Beim neuesten Spielerstreik, der im Vorfeld der Weltmeisterschaft in den USA 1994 stattfand, stritt man in einem Qualifikationsspiel gegen Kanada bereits um die Anhebung der Spielprämie von 1000 auf 5000 $ – ein Beleg für die mittlerweile eingetretene Niveauanhebung.[32]

Eine frühe Spielergewerkschaft, die Soccer Union of the New South Wales Soccer Federation, veranstaltete ihr erstes und zugleich letztes Treffen im Juni 1959. Von Ray Haddington, einem ehemaligen Spieler von Manchester City, wurde in der darauffolgenden Saison die South Australian Soccer Players' Association ins Leben gerufen, aber sie konnte nur 40 Mitglieder mobilisieren und ging am Ende des Jahres ebenfalls wieder ein. Diese Aufzählung gescheiterter Initiativen in einzelnen Bundesstaaten könnte fortgesetzt werden.[33] Recht vielversprechend läßt sich jedoch die Arbeit einer ganz jungen Organisation für ganz Australien an, der im April 1993 gegründeten Soccer Players' Association, die mittlerweile auch von der ASF als Vertretung der Spieler anerkannt wurde. Für ihr Eröffnungstreffen war eine Telekonferenz mit Delegierten der einzelnen Bundesstaaten geschaltet worden, die sich in Melbourne, Sydney und Adelaide zusammengefunden hatten. Unter Beteiligung eines ASF-Vertreters wurde über rechtliche Fragen und Fair Play, den Spielerstatus und über Sicherheitsprobleme diskutiert.[34]

Das Thema Gewalt

Dieser letzte Tagesordnungspunkt der Soccer Players' Association bezog sich auf das Thema Gewalt auf dem Spielfeld und auf den Rängen, über das seit der systematischeren Organisation des Spiels durch die Immigrantenvereine in den 50er Jahren immer wieder diskutiert werden mußte. Obwohl es mangels offizieller Untersuchungen schwierig ist, die Zunahme von Gewalttätigkeiten gerade in diesem Zeitraum quantitativ zu belegen, gibt es keinen Zweifel, daß sie vor dem Zweiten Weltkrieg noch weithin unbekannt waren. Dies belegen die Aussagen von Zeitzeugen, auch aus den ethnischen Gruppen, von denen übereinstimmend die Immigrantenvereine als Verursacher bezeichnet werden.[35]

Zu Gewalttätigkeiten auf dem Spielfeld kam es zunächst insbesondere dann, wenn Mannschaften der Immigranten und der Australier gegeneinander spielten. Aggressive Reaktionen wurden dabei nicht nur durch verbale Invektiven hervorgerufen, sondern auch durch die unterschiedlichen Spielweisen. Der traditionelle britische Stil, den das australische Soccerspiel vor dem Zweiten Weltkrieg ausgebildet hatte, war sehr körperbetont, und es wurde stets an der Grenze des Erlaubten gespielt. Insbesondere die Spieler aus den Bergbaugebieten in New South Wales waren für ihr hartes Attakkieren des Gegners bekannt.[36] Vertraut man dem Urteil eines österreichischen Zeitgenossen, der die Szene gut kannte, war die australische Version des »Kick and Rush«-Fußballs um einiges härter als die britische, die mehr auf Kraft, Durchhaltevermögen und Schnelligkeit aufbaute.[37] Diese verschärfte »britische« Spielweise kollidierte nun mit der »kontinentaleuropäischen« der Immigrantenmannschaften, die einen eleganteren, mehr auf Geschicklichkeit statt auf Muskelkraft Wert legenden Stil mitbrachten, und daraus entstanden in den australischen Städten der 50er Jahre Streitigkeiten. Dabei war es nicht nur so, daß die »britische« Körperbetonung die »Europäer« erboste; dem Historiker Philip Mosely zufolge empfanden umgekehrt die Australier die »europäische Trickserei« als beleidigend, zumal sie mit einer hohen Meisterschaft im versteckten Foulspiel einherging.[38] Eine besondere Provokation war es für sie, wenn sich ein »europäischer« Torhüter mit dem Ball in der Hand vor ihnen aufbaute; darin sahen sie einen Affront gegen ihre Männlichkeit. Diese Konflikte wurden oftmals noch verschärft, weil die meisten Schiedsrichter in dem australischen »Blut-und-Mut-Klima« aufgewachsen waren und die Fouls durchgehen ließen. So kam es verschiedentlich zu einer Kettenreaktion: Beschimpfungen des Schiedsrichters, Platzverweise, Revanchefouls außerhalb des Spielfelds, Einbeziehung der Funktionäre in die Auseinandersetzungen, schließlich Erstürmung des Platzes durch die Zuschauer.

Solche Eskalationen erklären sich darüber hinaus durch die vielfältigen Diskriminierungen der Immigranten am Arbeitsplatz und in der Politik sowie durch ihre untergeordnete Position in der gesellschaftlichen Hierarchie. Soccer eröffnete eine der wenigen Chancen, mit den Australiern von gleich zu gleich zu kommunizieren, und wenn diese Chance beeinträchtigt wurde, konnte das Gewaltausbrüche nach sich ziehen.

Seit einigen Jahrzehnten sind die Immigranten und ihre Nachkommen jedoch sehr viel besser in die australische Gesellschaft integriert, so daß Soccer seine Ventilfunktion weitgehend verloren hat. Wenn es dennoch auch heute immer wieder zu gewalttätigen Ausbrüchen in den Stadien kommt, spielen andere Probleme eine Rolle, in erster Linie der überschäumende Nationalismus und die Differenzen einzelner ethnischer Gruppen untereinander. In den höheren Spielklassen wurde diese Tendenz seit den 60er Jahren dadurch entschärft, daß die Spitzenmannschaften nur noch pro forma einige Spieler der eigenen Nationalität einsetzen und im übrigen dem Leistungsprinzip folgen.[39] Doch in den unteren Spielklassen, wo die Herkunftsmilieus nach wie vor eine wichtige Rolle spielen, können diese Konflikte ungebremst eskalieren.[40]

Daraus erklärt sich auch das hohe Ausmaß von Zuschauerausschreitungen im australischen Soccer, das nach einer neueren Umfrage über Gewalt im australischen Sport jedenfalls ein ungleich größeres Problem darstellt als die gelegentlichen Unruhen beim Cricket oder bei den jährlichen Motorradrennen in Bathhurst.[41] Mehr als ein Drittel der Befragten sind denn auch der Meinung, daß Soccer-Zuschauer sich besonders schlecht benehmen. 14 Prozent klagen über Vandalismus, 21,6 Prozent darüber, daß Gegenstände auf den Platz geworfen werden, 26 Prozent über Erstürmungen des Platzes, 49 Prozent über Rassismus und beleidigende Äußerungen über bestimmte ethnische Gruppen und 80 Prozent über die allgemein unflätige Sprache, insbesondere gegenüber Schiedsrichtern und sonstigen Offiziellen. Hingegen fühlen sich nur 22 Prozent der Befragten durch Betrunkene belästigt, ein Punkt, der bei anderen Sportarten viel höher zu veranschlagen ist.[42] Auch dies belegt die hohe Bedeutung der ethnischen Rivalitäten und des aus Europa importierten europäischen Nationalismus.

In diesem Klima kann der australische Nationalismus nicht gedeihen. Zwar eröffnet der Sport für Australien eine der seltenen Gelegenheiten, um überhaupt mit den Supermächten konkurrieren zu können, ja sie gelegentlich sogar zu schlagen. Wohl jeder Australier wird sich an den Sieg der Australia II beim »America's Cup« 1983 erinnern, und auch bei anderen Sportveranstaltungen schlagen die Wogen der Begeisterung hoch, insbesondere wenn die »Poms« wieder einmal übertroffen werden konnten. Dennoch ist es bislang noch nicht soweit gekommen, daß sich die europäischen Einwanderer (inklusive der Briten) mit den internationalen Sporterfolgen des Landes identifiziert hätten. Im Soccer erfahren Mannschaften aus Übersee jedenfalls seitens der Zuschauer im allgemeinen mehr Unterstützung als die »Socceroos« oder die Auswahlmannschaften der Bundesstaaten.[43] Ein charakteristisches Beispiel für den geringen Stellenwert des australischen Nationalismus in diesem Sport ist der Fall des jungen Stürmers Mark Viduka, der sich kürzlich von Funktionären der Melbourne Knights (vormals Melbourne Croatia) überreden ließ, seine internationale Karriere nicht mehr für sein Heimatland Australien, sondern für Kroatien fortzusetzen.[44]

Der bereits erwähnte Fußballhistoriker Mosely ist der Meinung, daß die Aggressivität der Zuschauer als eine nachhaltige Folge der politisch aufgeheizten Atmosphäre in Europa seit den 20er und 30er Jahren anzusehen ist. Er geht jedoch zu weit, wenn er diese Traditionen als direkt handlungsleitend betrachtet.[45] Was viele Immigranten aus Europa mitbrachten, waren kollektive Erinnerungen an Greueltaten und Blutvergießen, die anläßlich von Fußballspielen wieder geweckt werden konnten. Wenn in den 60er Jahren beispielsweise Croatia gegen Yugal spielte, wurden die alten politischen Fronten wieder errichtet.[46] Diese Politisierung des Soccer-Fußballs findet man in ähnlicher Form auch noch heute. So mußte die Polizei 1992 anläßlich eines Spiels zwischen Preston Makedonia und Heidelberg Alexander mit einem Helikopter ins Stadion eingeflogen werden, um einen Zuschaueraufruhr zu unterdrücken, der durch eine aktuelle Auseinandersetzung über den Namen Makedonia mehrere tausend Kilometer entfernt in Europa zustande gekommen war. Und im selben Jahr wurden in einem Spiel im Rahmen der Gastspielreise einer kroatischen Auswahl einige »Socceroo«-Spieler serbischer Abstammung von den kroatischen Zuschauern lautstark ausgepfiffen; das Spiel mußte für zehn Minuten unterbrochen werden, und es kam sogar zu Verhaftungen.[47]

Die ethnische Vielfalt in den australischen Städten bewirkt, daß sich derartige Konflikte dort auf relativ kleinem Raum verdichten. Während es in den ehemaligen Ländern Jugoslawiens heute durchaus möglich ist, daß die Serben und Kroaten in den Fußball-Ligen eine friedliche Koexistenz führen, muß man in Australien stets damit rechnen, daß die Begegnungen in eine wahre Schlacht ausarten. Diese Schattenseite der multikulturellen Gesellschaft Australiens tritt im übrigen nicht nur beim Soccer zutage. Eine Untersuchung über soziale Unruhen der letzten Jahre ergab, daß von 288 politisch motivierten Störungen, an denen Angehörige ethnischer Gruppen beteiligt waren, 32 mit Ereignissen außerhalb Australiens in Verbindung standen.[48]

Man sollte die starke Identifikation der australischen Soccer-Anhänger mit bestimmten ethnischen Gruppen jedoch nicht nur negativ sehen; jedenfalls tendieren in den letzten Jahren mehrere Beobachter dazu, die positiven Effekte stärker zu gewichten. Roy Jones und Philip More weisen beispielsweise in einer Reportage über Western Australia darauf hin, daß das Soccerspiel stets eine »wichtige Rolle bei der Ausbildung und Konservierung einer konkreten ethnischen Identität« gespielt habe, Soccer mithin einen Weg weise, um Einwanderer ins australische Leben zu integrieren.[49] Mosely stellt in einer Fallstudie über die Subkultur der Einwanderer vom Balkan fest, daß die Soccerklubs dort wichtige Funktionen als Kultur- und Nachbarschaftsvereine erfüllen und Teil eines kommunalen Netzwerkes seien, das dem einzelnen materielle Unterstützung gewähre. Vor allem seien die Soccerklubs jedoch emotionale Bollwerke gegen die oftmals als feindlich empfundene australische Gesellschaft, und durch ihren Beitrag zur Aufrechterhaltung der ethnischen Identität milderten sie die Erfahrung der Entfremdung ab.[50] Im Detail belegt wurde diese Funktion des Soccer in einer Studie von Roy Hay über die kroatische Gemeinde von Geelong. Indem es einigen jungen Männern mit Hilfe von Soccer gelungen sei, sich zu Führungsfiguren aufzuschwingen, hätten sie erfolgreich Brücken zu anderen ethnischen Gruppen herstellen können. Auf diese Weise hätten Spannungen kanalisiert und die aus der Heimat mitgebrachten Vorurteile abgebaut werden können. So habe Soccer das vorhandene Gewaltpotential absorbiert und die Energien in geordnete Bahnen gelenkt.[51] Wenn Hays Untersuchungsergebnisse für andere ethnische Gruppen bestätigt werden können, dann erscheinen die gelegentlichen Gewaltausbrüche auf dem Spielfeld und die Zuschauerausschreitungen als ein eher niedriger Preis, der für die erfolgreiche Integration von Einwohnern in die australische Gesellschaft zu zahlen ist.

Im November 1990 legte Graham Bradley von der University of New South Wales dem Spielausschuß der ASF Empfehlungen zur Umstrukturierung der Organisation des australischen Soccer vor, so wie er es zuvor schon für die Rugby League von New South Wales getan hatte. Bradley nannte eine breite Palette möglicher Veränderungen, von der Umstrukturierung des Spielausschusses selbst bis zur Neuorganisation des Junioren-Wettbewerbs in den Kommunen. Besondere Aufmerksamkeit erregte sein Vorschlag, die National Soccer League auf der Grundlage eines Bezirkssystems zu reorganisieren, denn ein solches System hatte es im australischen Soccer bereits gegeben, wie oben gezeigt wurde, und es hatte sich nicht bewährt. Bradley begründete seinen Vorschlag mit dem allmählichen Rückgang der Unterstützung des Soccer-Fußballs durch die ethnischen Gruppen und mit der Überlegung, daß ein »australisches Spiel« potentiellen Sponsoren besser zu vermitteln sei; auch würde Soccer dann mehr Aufmerksamkeit der Medien zuteil. Die ASF machte sich diese Empfehlung zu eigen. Zunächst ermutigte sie ihre Mitglieder, jene Bestandteile des Vereinsnamens zu tilgen, die auf die Verankerung in bestimmten ethnischen Traditionen hindeuteten, und in der Spielsaison 1992/93 erlegte sie den Mitgliedern diese Verpflichtung verbindlich auf.[52]

Es war nicht das erste Mal, daß dem Spiel das ethnische Element genommen werden sollte; schon 1951 hatte es einen Antrag gegeben, daß Mannschaften sich nur noch nach Orten, Firmen oder sonstigen anerkannten Institutionen benennen sollten. Damals war der Antrag in Bausch und Bogen abgelehnt worden[53], und nur einige wenige Klubs, deren ethnische Traditionen ohnehin schwach entwickelt waren, hatten ihre Namen freiwillig geändert (in einem Fall ganz offensichtlich deshalb, weil der Stadtrat die Kreditvergabe für den Stadionausbau daran gekoppelt hatte).[54] Auch dieser neuerliche Vorstoß Anfang der 90er Jahre stieß auf Protest; so wurde das von den ASF-Funktionären in New South Wales ausgesprochene Verbot, in den Stadien Staatsflaggen zu schwenken, von den Fans dadurch unterlaufen, daß sie sich die Gesichter und Jacken mit den Nationalfarben bemalten; ähnliches geschah auch in Perth. Die Vereine scheinen sich der ASF-Politik jedoch zu fügen, zumal sie in der Praxis nicht so rigoros gehandhabt wird wie ursprünglich befürchtet. Sydney Olympic und Marconi Fairfield durften beispielsweise nach massiven Protesten ihre Namen behalten, und in den Fällen Sydney bzw. Melbourne Croatia begnügte sich die ASF mit der leicht aufzulösenden Abkürzung C. S. C. (Croatian Soccer Club). Das Verbot von nicht-englischsprachigen Stadionansagen wurde ohnehin niemals beachtet.[55]

Das weitgehende Ausbleiben von Protest hat im wesentlichen zwei Gründe. Der erste Grund ist die unklare Rechtslage. Auf den ersten Blick steht die Politik der AFS zwar im Gegensatz zur politischen Philosophie und zur Gesetzgebung in Australien, wonach die Vielfalt kultureller Erfahrungen gewahrt werden soll und keineswegs eine Assimilierung in einen kulturellen Mainstream angestrebt wird; daher wäre es vermutlich nicht ganz aussichtslos, ein Verfahren gegen die Beschlüsse anzustrengen. Auf der anderen Seite hat der Gesetzgeber jedoch »Gesten, das Tragen und Zurschaustellen von Kleidungsstücken, Abzeichen, Fahnen, Emblemen usw.« explizit verboten, »sofern diese sich gegen andere Hautfarben, Nationalitäten und ethnische Abstammung richten«, und derartiges kommt im Soccer ohne Zweifel vor.[56]

Der zweite Grund für die Akzeptanz der AFS-Politik ist die normative Kraft des Faktischen. Wenn Sam Papasavas, ehemaliger Vorsitzender der South Melbourne Hellas Gunners und später Bevollmächtigter der ASF, davor warnt, daß die Austreibung des ethnischen Elements aus den Vereinen die Vertreibung jener Menschen aus dem Soccer nach sich ziehen werde, die diesem Sport in den letzten dreißig Jahren die Treue gehalten haben,[57] ist das letztlich nur ein moralischer Appell, keine Drohung. Denn aufgrund des nachlassenden Zustroms europäischer Einwanderer nach Australien können die Soccer-Klubs auf diese traditionelle Klientel längst nicht mehr bauen, und in vielen dieser Klubs werden die ethnischen Traditionen über kurz oder lang von selbst in Vergessenheit geraten.

Natürlich besteht die Möglichkeit, daß neue ethnische Gruppen neue Vereine gründen. Bereits jetzt spielen in Perth Asiaten, Afrikaner und einige Südamerikaner (Chilenen) Soccer.[58] Daß diese Gruppen ausreichen, um die ethnische Basis dieses Sports zu stabilisieren, ist jedoch nicht anzunehmen. Wahrscheinlicher ist, daß Soccer in Australien in seinem circulus vitiosus der Unterentwicklung gefangen bleibt: Bei zurückgehender Unterstützung durch die ethnischen Gruppen werden internationale Erfolge auch längerfristig ausbleiben. Die so sehr umworbenen Australier werden jedoch erfahrungsgemäß erst dann Interesse entwickeln, wenn sich solche Erfolge einstellen.

[1] Eine kurze Übersicht bieten R. Cashman, The Australian Way of Sport, in: W. Vamplew u. a., The Oxford Commpanion to Australian Sport, Melbourne 1994, S. 47–48, und W. Vamplew, Australians and Sport, in: W. Vamplew / B. Stoddart (Hgg.), Sport in Australia: A Social History, Cambridge 1994, S. 1–18.

[2] K. Dunstan, Sport, Melbourne 1973, S. 1. Als kritischen Überlick über die Leidenschafts-Hypothese in der australischen Literatur vgl. R. Cashman, The Australian Sporting Obsession, in: Sporting Traditions 4.1. 1987, S. 47–55, und D. Adair / W. Vamplew, Sport in Australian History, Sydney 1996.

[3] The Macquarie Dictionary, Sydney 1981, S. 1960.

[4] J. Hughson, Australian Soccer: »Ethnic« or »Aussie« – The Search For An Image, in: Current Affairs Bulletin 68.10, 1992, S. 12.

[5] P. Mosely, Soccer, in: Vamplew, Oxford Companion, S. 385.

[6] Ders., A Social History of Soccer in New South Wales 1880–1957, Dissertation University of Sydney 1987, S. 3–8.

[7] Ebd., S. 10–12, 33. Danach waren zwischen 1900 und 1920 93 Prozent aller Soccerspieler aus der Gegend von Newcastle, deren Beruf festgestellt werden konnte, Arbeiter.

[8] P. Mosely, Factory Football: Paternalism and Profits, in: Sporting Traditions, 2.1, 1985, S. 25.

[9] Ebd., S. 31.

[10] Mosely, Social History, S. 298–306. Als detailliertere Fallstudie eines Bundesstaates vgl. R. Charles, The Growth of Ethnic Soccer Clubs in Post Second World War Adelaide, Magisterarbeit Flinders Universität 1994.

[11] S. Kamasz, It's Time to Australianise the Round-Ball Code, in: Weekend Australian Nr. 11–12, 1989; vgl. ferner die Erinnerungen eines Ex-Kapitäns der australischen Soccer-Auswahl und heutigen Sportmoderators: L. Writer, Winning: Face to Face with Australian Sporting Legends, Chatswood 1990, S. 15.

[12] Perkin wird zitiert bei C. Tatz, Aborigines in Sport, Adelaide 1987, S. 8–11; vgl. auch B. Harris, The Proud Champions, Sydney 1989, S. 50–53.

[13] Dazu M. Hogan, The Sectarian Strand: Religion in Australian History, Melbourne 1987.

[14] Mosely, Social History, S. 146–152.

[15] Ebd., S. 148f., 162.

[16] T. Hickie, Rugby Union, in: Vamplew, Oxford Companion, S. 367–370.

[17] R. Stremski, Australian Rules Football, in: Vamplew, Oxford Companion, S. 36–40.

[18] P. Mosely / B. Murray, Soccer, in: Vamplew / Stoddart, Sport in Australia, S. 224.

[19] Hughson, Australian Soccer, S. 15.

[20] Mosely, Social History, S. 24, 66.

[21] Ebd., S. 76.

[22] Ebd., S. 351; vgl. auch Charles, Growth.

[23] Die ersten acht waren Sydney Austral, Prague, Hakoah, Europa (später Budapest), APIA, Eastern Suburbs (ehemals Imperial Services), Canterbury-Marrickville und Bankstown. Mosely, Social History, S. 333. Als Fallstudie über den Bundesstaat Victoria vgl. R. Hay, Marmaras »Oyster or Seamonds« Baby: The Formation of the Victorian Soccer Federation, 1956–64, in: Sporting Traditions 10, 1994, S. 3–24.

[24] Mosely, Social History, S. 64.

[25] Soccer World, 30. 4. 1965.

[26] Cricket wurde bereits vor Erfindung des Sheffield-Shield-Wettbewerbs im Jahre 1892 auf inter-kolonialer Ebene gespielt, aber hierbei kam es nur zu Begegnungen von Auswahlmannschaften der Vereine. In den letzten Jahren haben sowohl die Australian Football League als auch die National Basketball League die NSL an geographischer Ausbreitung übertroffen.

[27] Zitiert in W. F. Mandle, Games People Played, in: Historical Studies 15, 1973, S. 434. Vgl. auch G. H. Inglis, Sport and Pastime in Australia, London 1912, S. 261.

[28] Zit. nach R. J. Paddick, Amateurism, in: Vamplew, Oxford Companion, S. 13.

[29] B. Stoddart, Saturday Afternoon Fever, Sydney 1986, S. 125.

[30] M. Cockerill, Offside, in: Sunday Age 15. 1. 1995; R. Galvin, Eddie Thomson's Wrong Moves, in: Inside Sport, Juni 1994, S. 16–24.

[31] New South Wales Soccer F. A., Jahresbericht 1926, S. 27.

[32] Australian, 11. 8. 93.

[33] B. Dabscheck, Early Attempts at Forming Soccer Player Unions in Australia, in: Sporting Traditions 10, 1994, S. 31–37.

[34] Ebd., S. 25; R. Galvin, Soccer's Slave Trade, in: Inside Sport, Oktober 1993, S. 16–24, 140.

[35] P. Mosely, European Immigrants and Soccer Violence in New South Wales 1949–59, in: Journal of Australian Studies 40, 1994, S. 14, 16.

[36] Ders., Social History, S. 244–245.

[37] L. Baumgartner, The Little Professor of Soccer, Sydney 1968, S. 104.

[38] Mosely, European Immigrants, S. 23.

[39] Ders. / Murray, Soccer, S. 223.

[40] W. Vamplew, Sports Violence in Australia: Its Extent and Control, Canberra 1991.

[41] R. Lynch, Disorder on the Sidelines of Australian Sport, in: Sporting Traditions 8, 1991, S. 50–75.

[42] W. Vamplew, Sports Crowd Disorder: An Australian Survey, in: J. O'Hara (Hg.), Crowd Violence at Australian Sport, Sydney 1992, S. 79–108.

[43] Ein spezifischer Fall, bei dem Australien gegen Hajduk Split spielte, wird beschrieben in J. Wells, Socceroo's Reception. A National Disgrace – But Which Nation?, in: Weekend Australian Nr. 9–10, 1990.

[44] Inside Sport, 6. 1994, S. 6.

[45] Mosely, European Migrants, S. 18–19.

[46] B. James, We Are Playing Soccer Not Politics, in: Sports Magazine, 16. 1. 1963, S. 36–37. Eine detailliertere Untersuchung des politischen Nationalismus findet sich in: P. Mosely, Balkan Politics in Australian Soccer, in: J. O'Hara (Hg.), Ethnicity and Soccer in Australia, Sydney 1994, S. 32–43.

47 Ausralian, 17. 3. 1992; Winners and Loosers, in: Inside Sport 8, 1992, S. 8.

48 R. J. Holton / P. Fletcher, Public Disorder in Contemporary Australia, Canberra 1988, S. 43.

49 R. Jones / P. Moore, He Only Has Eyes For Poms: Soccer Ethnicity and Locality in Perth, in: O'Hara, Ethnicity, S. 39.

50 Mosely, Balkan Politics, S. 33. Ähnlich auch die Argumentation von Charles, Growth.

51 R. Hay, British Football, Wogball or the World Game? Towards a Social History of Victorian Soccer, in: O'Hara, Ethnicity, S. 72.

52 R. Gatt, Ethnic Names Alien to the Game, in: Australian, 6. 11. 1991.

53 Charles, Growth, S. 37–39.

54 L. Allan, Ethnic and Race Politics: Reverse Multiculturalism and the Politics of Soccer, in: Soccer Action, 2. 9. 1981.

55 R. Gatt, Ethnic Feuds Give the Game Its Bad Name, in: Australian, 3. 1. 1990; ders., Ethnic Names Out in Compromise, in: Australian, 29–30. 8. 1992; J. Wells, Mystery Seems the Best Bet on De-Ethnicity, in: Australian, 1. 10. 1992.

56 F. Devine, Colour Me Angry, the Ghastly Clique Has Struck Again, in: Australian, 1. 2. 1993.

57 Allan, Ethnic and Race Politics.

58 Jones / Moore, He Only Has Eyes, S. 29.

Die Autoren und die Autorin

EDUARDO P. ARCHETTI, geb. 1943, Professor für Sozialanthropologie am Department and Museum of Anthropology an der Universität Oslo. Publikation u. a.: Violencia y fútbol, Buenos Aires 1985.
Aus dem Englischen übertragen von Horst Welter.

WALDENYR CALDAS, Professor für Soziologie der brasilianischen Kultur an der Escola de Comunicaçoes e Artes, Universität Saõ Paulo. Publikation u. a.: O Pontapé Inicial. Memoria do futebol Brasileiro, Rio de Janeiro 1990.
Aus dem Portugiesischen übertragen von Ingrid Führer.

CHRISTIANE EISENBERG, geb. 1956, Privatdozentin für Neuere Geschichte am Fachbereich Geschichtswissenschaft der Universität Hamburg. Publikation u. a.: Gesellschaftsgeschichte des bürgerlichen Sports. England und Deutschland vom 18. bis zum frühen 20. Jahrhundert, erscheint vorauss. 1997.

STEVEN L. HELLERMAN, geb. 1958, Sportjournalist und Doktorand der Politikwissenschaft an der Claremont School of Graduate Studies der University of California, Santa Cruz. Publikation u. a.: The Other »American Exceptionalism«: Why There is no Soccer in the United States, erscheint Princeton 1997 (zusammen mit Andrei S. Markovits).
Aus dem Englischen übertragen von Horst Welter.

MICHAEL JOHN, geb. 1954, Universitätsassistent am Institut für Wirtschafts- und Sozialgeschichte der Universität Linz. Publikation u. a.: Schmelztiegel Wien – einst und jetzt. Geschichte und Gegenwart der Zuwanderung nach Wien, Wien 1993 (zusammen mit Alfred Lichtblau).

PIERRE LANFRANCHI, geb. 1959, Research Professor am International Centre for Sports History and Culture, De Montfort University Leicester. Publikationen u. a.: Il calcio e il suo pubblico, Neapel 1992 (Hg.); Les footballeurs professionnels des années trente à nos jours, Paris 1995 (zusammen mit Alfred Wahl).
Aus dem Französischen übertragen von Wolfram Bayer.

Andrei S. Markovits, geb. 1948, Professor für Politikwissenschaft am Board of Studies in Politics der University of California, Santa Cruz, und ständiger wissenschaftlicher Mitarbeiter am Center for European Studies der Harvard University, Cambridge/Mass. Publikation u. a.: The Other »American Exceptionalism«: Why There is no Soccer in the United States?, erscheint Princeton 1997.
Aus dem Englischen übertragen von Horst Welter.

Tony Mason, geb. 1938, Professor für Sozialgeschichte an der Universität Warwick in Coventry und Direktor des Warwick Centre for the Study of Sport in Society. Publikationen u. a.: Association Football and English Society 1863–1915, Brighton 1980; Sport in Britain. A Social History, Cambridge 1989 (Hg.).
Aus dem Englischen übertragen von Horst Welter.

Jim Riordan, geb. 1936, Professor für Russische Studien am Department of Linguistics and International Studies der University of Surrey; arbeitete in den frühen sechziger Jahren als Übersetzer in Moskau und spielte Fußball bei Spartak Moskau. Publikation u. a.: Sport in Soviet Society, Cambridge 1977.
Aus dem Englischen übertragen von Horst Welter.

Wray Vamplew, geb. 1943, Professor für Geschichte an der De Montfort University Leicester und Direktor des Centre for Sports History and Culture. Publikationen u. a.: Pay up and Play the Game. Professional Sport in Britain, Cambridge 1988; The Oxford Companion to Australian Sport, Melbourne 1994 (Hg.).
Aus dem Englischen übertragen von Horst Welter.

Deutsche Geschichte der neuesten Zeit

Fritz Blaich:
Der Schwarze Freitag
Inflation und Wirtschaftskrise
dtv 4515

Martin Broszat:
Die Machtergreifung
Der Aufstieg der NSDAP und die Zerstörung der Weimarer Republik
dtv 4516

Norbert Frei:
Der Führerstaat
Nationalsozialistische Herrschaft 1933 bis 1945
dtv 4517

Bernd-Jürgen Wendt:
Großdeutschland
Außenpolitik und Kriegsvorbereitung des Hitler-Regimes
dtv 4518

Hermann Graml:
Reichskristallnacht
Antisemitismus und Judenverfolgung im Dritten Reich
dtv 4519

Hartmut Mehringer:
Emigration und Widerstand
Das NS-Regime und seine Gegner
dtv 4520 (i. Vorb.)

Lothar Gruchmann:
Totaler Krieg
Vom Blitzkrieg zur bedingungslosen Kapitulation
dtv 4521

Wolfgang Benz:
Potsdam 1945
Besatzungsherrschaft und Neuaufbau
dtv 4522

Wolfgang Benz:
Die Gründung der Bundesrepublik
dtv 4523

Dietrich Staritz:
Die Gründung der DDR
Von der sowjetischen Besatzungsherrschaft zum sozialistischen Staat
dtv 4524

Kurt Sontheimer:
Die Adenauer-Ära
Grundlegung der Bundesrepublik
dtv 4525

Manfred Rexin:
Die Deutsche Demokratische Republik
dtv 4526 (i. Vorb.)

Ludolf Herbst:
Option für den Westen
Vom Marshallplan bis zum deutsch-französischen Vertrag
dtv 4527

Peter Bender:
Die »Neue Ostpolitik« und ihre Folgen
Vom Mauerbau bis zur Vereinigung
dtv 4528

Thomas Ellwein:
Krisen und Reformen
Die Bundesrepublik seit den sechziger Jahren
dtv 4529

Helga Haftendorn:
Sicherheit und Stabilität
Außenbeziehungen der Bundesrepublik zwischen Ölkrise und NATO-Doppelbeschluß
dtv 4530

Gesellschaft
Politik
Wirtschaft

Christoph Buchheim:
Industrielle Revolutionen
dtv 4622

Noam Chomsky:
Wirtschaft und Gewalt
dtv 4665

Ralf Dahrendorf:
Der moderne soziale Konflikt
dtv 4628

Erich Fromm:
Arbeiter und Angestellte am Vorabend des Dritten Reiches
dtv 4409

Klaus P. Hansen:
Die Mentalität des Erwerbs
Erfolgsphilosophien amerikanischer Unternehmer
dtv 4656

Gerd Hardach:
Der Marshall-Plan
Auslandshilfe und Wiederaufbau in Westdeutschland 1948-1952
dtv 4636

Eric J. Hobsbawm:
Nationen und Nationalismus
dtv 4677

Indianische Realität
Nordamerikanische Indianer in der Gegenwart
Herausgegeben von Wolfgang Lindig
dtv 4614

Lothar Laux / Astrid Schütz:
»Wir, die wir gut sind«
Die Selbstdarstellung von Politikern
dtv 4683

Hans van der Loo/ Willem van Reijen:
Modernisierung
Projekt und Paradox
dtv 4573

Herbert Marcuse:
Der eindimensionale Mensch
Studien zur Ideologie der fortgeschrittenen Industriegesellschaft
dtv 4623

Peter Cornelius Mayer-Tasch:
Politische Theorie des Verfassungsstaates
dtv 4557

Jörg P. Müller:
Demokratische Gerechtigkeit
dtv 4610

Manfred Wöhlcke:
Soziale Entropie
Die Zivilisation und der Weg allen Fleisches
dtv 4687

Gesellschaft Politik Wirtschaft

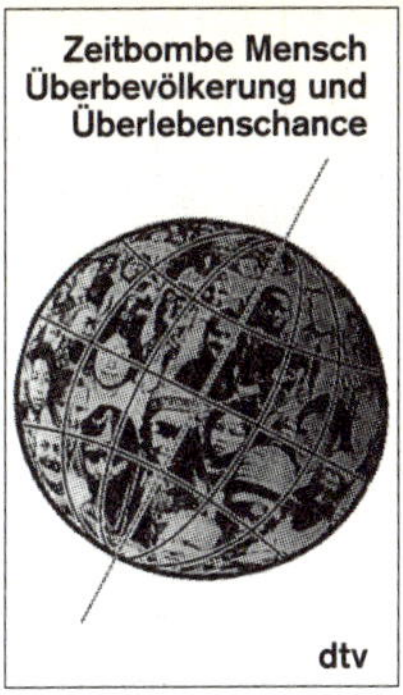

Jewgenia Albaz:
Das Geheimimperium KGB
Totengräber der Sowjetunion
dtv 30326

Timothy Garton Ash:
Ein Jahrhundert wird abgewählt
Aus den Zentren Mitteleuropas 1980-1990
dtv 30328

Fritjof Capra:
Wendezeit
Bausteine für ein neues Weltbild
dtv 30029

Das neue Denken
Ein ganzheitliches Weltbild im Spannungsfeld zwischen Naturwissenschaft und Mystik, Begegnungen und Reflexionen
dtv 30301

Graf Christian von Krockow:
Politik und menschliche Natur
Dämme gegen die Selbstzerstörung
dtv 11151

Heimat
Erfahrungen mit einem deutschen Thema
dtv 30321

Dagobert Lindlau:
Der Mob
Recherchen zum organisierten Verbrechen
dtv 30070

John R. MacArthur:
Die Schlacht der Lügen
Wie die USA den Golfkrieg verkauften
dtv 30352

Gérard Mermet:
Die Europäer
Länder, Leute, Leidenschaften
dtv 30340

Der Deutsche an sich
Einem Phantom auf der Spur
dtv 30406

Hans Jürgen Schultz:
Trennung
Eine Grunderfahrung des menschlichen Lebens
dtv 30001

Dorothee Sölle:
Gott im Müll
Eine andere Entdeckung Lateinamerikas
dtv 30040

Roger Willemsen:
Kopf oder Adler
Ermittlungen gegen Deutschland
dtv 30405